L'ÉTRURIE

ET

LES ÉTRUSQUES

Paris. — Typographie de Firmin Didot frères, fils et Cie, rue Jacob, 56.

L'ÉTRURIE

ET

LES ÉTRUSQUES

OU

DIX ANS DE FOUILLES DANS LES MAREMMES TOSCANES

PAR

A. NOËL DES VERGERS

CORRESPONDANT DE L'INSTITUT

Membre de la Société des antiquaires de France, du conseil de la Société asiatique,
de l'Académie pontificale d'archéologie, de la Société des antiquaires de Londres,
de l'Institut de correspondance archéologique de Rome, etc.

TOME PREMIER

PARIS

FIRMIN DIDOT FRÈRES, FILS ET Cie, ÉDITEURS

IMPRIMEURS-LIBRAIRES DE L'INSTITUT DE FRANCE

Rue Jacob, 56

1862-64.

[Droits de traduction et de reproduction réservés.]

A M. AMBROISE FIRMIN DIDOT

Mon excellent Ami,

Je ne vous devrais pas l'hommage de mon livre comme ayant pris part à nos longues recherches dans les Maremmes, que je vous prierais de l'agréer comme un témoignage de profonde sympathie et de respectueuse affection.

Votre Gendre tout dévoué,

A. NOËL DES VERGERS.

PREMIÈRE PARTIE.

LES MAREMMES.

Entre la Méditerranée, le cours inférieur de l'Arno, celui du Tibre et les premières pentes de l'Apennin, s'étendent les vastes plaines qu'on nomme les Maremmes, solitudes meurtrières où la limpidité du ciel, la riche végétation des forêts, la fertilité du sol auraient appelé de nombreux habitants, si l'air qu'on y respire n'était chargé de miasmes délétères qui ramènent, à chaque retour de l'été, des fièvres endémiques et souvent mortelles. Rien de plus séduisant et de plus trompeur que ce calme admirable, cette température égale, cette douce brise des Maremmes qui invitent le voyageur au repos; repos perfide, car la brise, en rasant la plaine, s'y est imprégnée d'effluves insalubres dus à la décomposition des végétaux dans des lacs sans écoulement. La transparence de l'atmosphère donne aux montagnes qui bordent l'horizon des teintes singulièrement harmonieuses. Les flots bleus de la Méditerranée étincellent au soleil. Les champs d'asphodèles aux pâles couleurs se courbent à peine sous le souffle léger du vent de mer. Les bois de chênes-liéges, d'yeuses, de caroubiers, de lentisques, s'avancent sur les promontoires ou déploient leur verdure foncée sur les premières ondulations du terrain qui se relève en se rapprochant des montagnes. Des rivières au cours presque insensible forment, à leur embouchure, de vastes estuaires où, dans leur inertie, les eaux du fleuve et celles de la mer se joignent sans se confondre, et où des myriades de petites plantes aquatiques semblent à l'œil d'immenses prairies. Ces eaux stagnantes sont autant de foyers de corruption. Ce sont elles qui font un désert de ces plaines maritimes de l'Étrurie, autrefois couvertes de cités populeuses. Combien de fois, cherchant sous la végétation luxuriante des forêts les traces de la nation mystérieuse qui peupla ce désert, et trouvant tant de preuves de son séjour, ne me suis-je pas pris à douter que ces bois parfumés, ces pâturages, cet air doux et tiède pussent recéler les maladies et la mort. Il fallait, pour me convaincre, la rencontre fortuite de quelques rares habitants, dont les traits amaigris, les yeux mornes, le teint jaune, le ventre ballonné, disent toutes les souffrances mieux que ne saurait le faire le récit le plus éloquent.

Comment l'abandon et l'isolement ont-ils succédé à la culture, la maladie à la salubrité? Les conditions de géographie physique ont-elles changé pour le pays? Les Maremmes, en s'étendant du côté de la mer par l'apport continuel de terres enlevées à l'Apennin, ont-elles modifié la forme des côtes? Les sables, charriés chaque jour par les torrents, ont-ils formé des barres assez fortes pour s'opposer à l'écoulement des eaux? L'examen des anciens documents, joint à celui des lieux dans leur état actuel, permet de décider quelques-unes de ces questions.

Si l'on étend jusqu'à la Magra, frontière moderne du Piémont, les frontières de l'ancienne Étrurie, on trouve d'abord Luna ou Luni, ville de fondation étrusque, possédée plus tard par les Ligures. Des ruines, tout informes qu'elles puissent être, indiquent sa position d'une manière irrécusable (1). Or

---

(1) Le site de Luna a été longtemps un sujet de controverse pour les archéologues : sans parler ici de ceux qui ont placé tour à tour cette ville à Carrare (Annius de Viterbe), à Avenza (Giacinto Vincioli de Pérouse), à Sarzane (Luigi Bossi), et même au fond du golfe de la Spezzia, sur l'emplacement de la ville du même nom, les géographes ou antiquaires qui ne se sont pas autant éloignés du but l'ont cependant fait varier, dans leurs conjectures, d'un côté à l'autre du fleuve dont les eaux coulaient près de ses murs, et ont cherché la vieille cité, qui sur la rive droite, qui sur la rive gauche de la Magra. C'est ainsi que Cluvier et Mannert, s'appuyant sur Strabon contre l'autorité de Pline, de Ptolémée et de l'*Itinéraire* d'Antonin, plaçaient Luna à l'ouest du fleuve, alors que Cyriaque d'Ancône avait vu, dès le commencement du quinzième siècle, des murailles, des ruines et des inscriptions sur sa rive orientale. Des fouilles entreprises en 1837, sur la rive gauche, entre la grande route de Gênes à Lucques et la mer, vers la partie du littoral appelée *la Marinella*, à deux milles environ à l'orient de la Magra, et à un mille à l'occident d'un petit cours d'eau appelé Permignola, ont exhumé les restes d'un amphithéâtre presque entièrement recouvert par les sables, d'autres ruines romaines et un certain nombre d'inscriptions qui ont rendu désormais évidente à

l'emplacement que ces ruines occupent se trouve maintenant à plus d'un mille de la mer, alors qu'au commencement du cinquième siècle la nef de Rutilius Numatianus venait jeter l'ancre sous les blanches murailles de la cité qui devait son nom, ainsi que le dit le poëte, à la sœur du Soleil :

---

tous les yeux l'ancienne position de la ville de Luna. Ces résultats ont été constatés par M. Promis, architecte, dans les mémoires de l'Académie des sciences de Turin (*Dell' Antica città di Luni e del suo stato presente, Memorie raccolte da Carlo Promis, aggiuntovi il corpo epigrafico lunense;* Torino, 1838). Puis, il y a quelques mois à peine (novembre 1857), d'autres fouilles entreprises près de la route qui va du bord de la mer à Sarzane, dans la même localité, ont encore fait retrouver quelques chapiteaux, des fragments de colonnes, de gracieux débris de sculpture et des inscriptions intéressantes par leur haute antiquité. Ces dernières, outre la lumière qu'elles peuvent jeter sur l'histoire ou la condition de la ville, indiquent la position qu'y occupait le Forum. Voici la première de ces inscriptions : M. CLAVDIVS M. F. MARCELVS ‖ CONSOL. ITERVM. Deux autres sont consacrées à des duumvirs : 1° —. M. MINATIO. M. F. GAL ‖ SABELLO ‖ DVOVIR. ITER. — 2°. L. TITINIO L. F. PETRINIANO. II. VIR. ITER ‖ COLONI. ET INCOLAE. — M. Henzen a prouvé, dans le *Bulletin de l'Inst. archéol. de Rome* (janvier 1858), que la première de ces inscriptions ne peut appartenir qu'au M. Claudius Marcellus, petit-fils du vainqueur de Syracuse, et dont le second consulat, en l'an de Rome 599, fut marqué par des victoires sur les Ligures, qui lui obtinrent les honneurs du triomphe (voy. Tite-Live, l. XIV, 44 ; Épit. XLVI, et les Fastes capitolins). Rien de plus naturel que les habitants de Luni aient consacré par un monument la mémoire du général qui les avait protégés contre leurs dangereux voisins. Ce qu'il y a du reste de remarquable dans la nouvelle découverte, pour l'objet particulier de nos recherches, qui est la position exacte de Luna, c'est que les trois inscriptions, étant honoraires, paraissent indiquer l'emplacement du Forum, où les habitants des colonies et municipes avaient coutume de faire dresser les statues votées par le peuple aux hommes qui avaient bien mérité de la patrie.

Advehimur celeri candentia mœnia lapsu :
Nominis est auctor Sole corusca soror (1).

Au douzième siècle, la ville ne touchait plus au rivage ; mais elle n'en était encore séparée que par une esplanade, ainsi que le prouvent les termes d'une donation faite, en 1181, par Frédéric Barberousse, à Pierre, évêque de Luna, donation par laquelle l'empereur accorda à ce prélat l'emplacement de la ville alors déserte et l'esplanade qui se trouve entre les murailles et la mer :

---

(1) L. II, vv. 63 et 64. Nous ne voulons pas parler ici du grand port dont Strabon a fait la description, et qui ne peut être évidemment que le golfe de la Spezzia : « La ville est d'une étendue médio-
« cre, dit ce géographe, mais le port est très-vaste et très-beau. On
« peut dire qu'il renferme plusieurs autres ports qui ont tous beau-
« coup de profondeur : en un mot, il est digne d'un peuple qui a
« dominé si longtemps sur les mers. Des montagnes élevées l'enser-
« rent, et du haut de ces montagnes on découvre la Sardaigne ainsi
« qu'une grande partie des côtes de l'Italie (l. v, p. 222). » Perse, en citant ce vers d'Ennius :

Lunai portum est operæ cognoscere, cives !

et en ajoutant qu'au port de Luna les montagnes s'ouvrent en un vaste enfoncement où le rivage se creuse en nombreuses vallées (Sat. VI, vv. 7-10), semble aussi faire allusion à cette immense baie de la Spezzia où les flottes les plus nombreuses peuvent trouver un abri, mais qui est séparée du site de Luna, désormais bien connu par les collines formant le cap Corvo à l'occident de la Magra. Il est donc probable qu'en outre de ce grand estuaire, assez voisin de la ville pour en tirer son nom, Σελήνης λιμήν (Str., l. c.), il y avait, à l'embouchure de la Magra, un port s'avançant jusqu'aux murailles de la ville, port où venaient jeter l'ancre les bâtiments qui, n'étant que d'un faible tonnage, comme la nef de Rutilius, portaient des passagers ou des marchandises en destination de Luna. C'est ce port qui s'est exhaussé peu à peu par les dépôts du fleuve, et qui a fini par se combler en éloignant ainsi la ville du rivage. Voyez, à ce sujet, Holstenius, *Observ. ad Cluver.*, p. 25 et suiv.

et plateam quæ est inter murum civitatis et mare (1).

Cependant, sur toute la courbe que forme le rivage, depuis l'embouchure de la Magra jusqu'au port moderne de Viareggio, les Apennins sont trop rapprochés de la mer pour qu'il ait pu se former de grands atterrissements. Il y a eu seulement encombrement partiel, par suite de l'amoncellement des sables, et quelques lacs se sont formés qui n'existaient pas autrefois. C'est ainsi qu'on n'a pas de notions sur le *lago di Porta* antérieures au treizième siècle, et qu'on y a retrouvé dans la vase une borne terminale ou peut-être milliaire ayant appartenu à la via Æmilia (2), dont la chaussée antique se trouve en ce lieu recouverte par les eaux.

---

(1) Repetti, *Diz. geogr. stor. della Toscana,* vol. II, p. 705.

(2) Il s'agit ici de la voie due à M. Æmilius Scaurus, consul en l'an de Rome 639 avec Cæcilius Métellus, et censeur en 645 avec M. Livius Drusus. C'est probablement pendant sa censure qu'il dota l'Étrurie maritime de cette voie nouvelle de communication (voy. Strabon, l. v, p. 217, et Aurélius Victor, *de Vir. illustr.*, c. LXXII). Comme cette route consulaire était une prolongation de la voie Aurélia, dont quelques archéologues font remonter la création à la censure de C. Aurélius Cotta en l'an de Rome 512 (voy. Nibby, *Analisi della carta de' Dintorni di Roma*, t. III, p. 564), route qui finissait au *Forum Aurelii*, on l'appela du même nom, ainsi que le prouvent quelques passages de Cicéron (Philipp. XII, c. IX), de Vopiscus, de Rutilius Numatianus (l. I, v. 39 et suiv.), etc. On la distinguait toutefois par l'épithète de *via Aurelia nova*, tandis qu'on appelait la première *via Aurelia vetus*. C'est ainsi qu'une inscription de Tibur qui se trouve maintenant dans la collection du Vatican, et qui a été donnée très-inexactement par Gruter, 457, plus exactement par Kellermann, *Vigiles*, 247, et tout dernièrement par Henzen, 3ᵉ volume de l'Orelli, nº 6501, est consacrée à un certain C. Popilius Pedo CVRATORI VIAR. AVRELIAE VETERIS ET

C'est à l'embouchure du Serchio et à celle de l'Arno que les atterrissements ont dû naturellement changer d'une manière plus marquée l'ancien aspect des lieux, éloigner du rivage les cités qui se trouvaient d'abord placées sur le bord de la mer, et, en entravant le cours de deux fleuves importants, former des lagunes insalubres dont on n'aurait pu combattre l'influence que par les effets d'une population nombreuse et active qui se retira au lieu de résister (1). Pise,

---

NOVAE. Une borne milliaire trouvée sur cette voie dans le Val-di-Fine, et qui est maintenant conservée dans le Campo-Santo de Pise, porte toutefois l'inscription suivante : CAES. T. AE... ‖ HADRIANVS ANTONINVS. AVG. PIVS. P. M. TR. P. VI COS. III ‖ IMP. II. P. P. VIAM AEMILIAM ‖ VETVSTATE DILAPSAM OPERIB. ‖ AMPLIATIS. RESTITVENDAM. CVR ‖ A ROMA. M. P. CLXXXVIII. En sorte qu'il semble que les voies ouvertes par Æmilius Scaurus, soit du Forum Aurelii à Pise, soit de Pise à Luna, aient porté le nom de leur fondateur sur le lieu même, et quand il s'agissait spécialement de leur parcours, tandis que le nom d'*Aurelia,* comme terme générique, était donné à la voie qui commençait à Rome, à la porte du Janicule, passait par Lorium, Alsium, Centumcellæ, et suivait les bords de la Méditerranée à travers les plaines de l'Étrurie maritime. C'est dans ce sens que Rutilius (l. I, v. 39) parle de l'*Aurelius agger,* et que Balbus, cité par Frontin (*de Coloniis*), disait qu'Auguste, après la bataille d'Actium, distribua à ses légions victorieuses les champs de la Campanie et les campagnes ou les forêts qui se trouvent tout le long de la *via Aurelia.*

(1) Pise se trouvait placée au confluent de l'Arno et de l'Auser (le Serchio), qui se réunissaient autrefois et se déchargeaient dans la mer par une embouchure commune. Strabon affirme (l. v, p. 222) que les eaux de ces deux fleuves s'élevaient, en se rencontrant, par la force du choc, à une hauteur telle que d'une rive à l'autre on ne pouvait s'apercevoir. Ici le géographe prosateur s'est montré probablement quelque peu poëte, et se trouve démenti par un poëte qui, lui, ne fait aucune mention de ce phénomène et décrit en géographe, dans

d'après Strabon, n'était qu'à vingt stades de la Méditerranée, et, quelle que soit la valeur du stade qu'il a employé, si on veut persister à croire qu'il en ait employé plusieurs, cette distance ne peut pas équivaloir à plus de deux milles et demi, tandis que l'on en compte plus de six aujourd'hui. Cet accroissement

---

ses vers, la situation précise de l'ancienne cité : « J'ai vu cette ville, « dit Rutilius Numatianus (l. 1, 565 sqq), que des Grecs, venus des « bords de l'Alphée, ont autrefois bâtie, et que l'Arnus et l'Auser cei-« gnent de leurs eaux. Ces deux fleuves décrivent le long de ses murs « comme les deux côtés d'une pyramide dont la pointe est formée « par leur confluent. L'Auser perd son nom dans les flots de l'Arnus, « qui conserve le sien jusqu'à la mer. » Suivant la tradition mythologique du pays, dit encore Strabon, la première fois que l'Arnus et l'Auser, descendant des montagnes, arrivèrent à ce confluent, les habitants du pays, craignant qu'ils ne débordassent, les empêchèrent de se réunir jusqu'à ce qu'ils eussent fait la promesse de ne jamais inonder le pays. Strabon ajoute qu'ils avaient fidèlement tenu leur promesse; mais, depuis le temps du géographe d'Amasée, ils y ont manqué bien des fois. On ne sait pas à quelle époque le cours du Serchio a changé de manière à s'ouvrir un nouveau lit jusqu'à la mer. Il est probable toutefois que ce n'est pas avant le treizième siècle, et nous savons que, dans le douzième siècle, l'Osari ou Serchio venait encore baigner les murailles de la ville pour se réunir à l'Arno, puisque l'église de Saint-Étienne *extra mœnia*, qui existe encore, était nommée Saint-Étienne au delà de l'Auser, *ultra Auxerem*. Toutefois, la date précise du changement est si incertaine que, dans le congrès scientifique réuni à Pise, en 1839, on avait proposé à la section de géologie et de géographie cette question : *Quando il Serchio cessò di mantenersi nell' alveo suo proprio per entrare in quello nuovo, in cui tuttora scorre fino al mare?* question qui ne fut pas résolue. L'ancien lit de l'Auser formait encore, au seizième siècle, un marais dont les exhalaisons étaient fâcheuses pour la ville, ainsi que le prouve une lettre de G. Vasari où il se plaint qu'au delà du Campo-Santo, hors des murs de la ville, *ciè un padule che fa trista aria*. (Voy. Gaye, *Carteggio d'artisti*, t. III, p. 64.)

de près de quatre milles s'est étendu des deux côtés du fleuve, dont le lit a aussi varié d'une manière notable, puisque l'ancienne église de San-Rossore, construite en 1080, près du rivage sur les bords de l'Arno, *prope littora maris et juxta flumen Arni*, se trouve maintenant à deux milles de la mer et à deux milles et demi de l'embouchure du fleuve. Le voyageur qui suit la chaussée tracée pour le passage du chemin de fer de Pise à Livourne, voit, en approchant de cette dernière ville, l'effet produit par le défaut d'écoulement sur ces terrains d'alluvion. D'immenses marais verdoyants, que de nombreux canaux n'ont pu dessécher encore, sont traversés par la chaussée de la voie ferrée, d'où l'œil aperçoit toute la ligne des dunes de sable qui bordent le rivage et retiennent les eaux prisonnières.

De Livourne, où finit le bassin de l'Arno, jusqu'au bassin de la Cécina, sur une longueur de dix-huit à vingt milles, règne un massif de collines calcaires dont le pied est baigné par la mer, et la conformation du rivage n'a pu, par conséquent, être altérée depuis les temps historiques jusqu'à nos jours. C'est en descendant des hauteurs de Rosignano qu'on entre dans les Maremmes proprement dites et que la chaîne des Apennins s'éloigne de la mer. L'œil s'étend sur ces vastes plaines ondulées, où les marais profonds, les forêts inextricables, cachent désormais les vieilles cités de l'Étrurie. On a sous les yeux le tableau que le vieux poëte gibelin, Fazio Degli Uberti, traçait au quatorzième siècle :

> .....Vidi piana
> Cogli altri colli la maremma tutta
> Dilettevole molto e poco sana.

C'est là, en effet, le domaine de la mort, c'est là cette Étrurie maritime où l'on ne retrouve plus que des nécropoles, où la terre, d'une admirable fertilité, a dévoré toutes les populations qui ont tenté depuis les Étrusques de la mettre en culture, où le proverbe italien dit qu'on s'enrichit en un an, mais qu'on meurt en six mois : *In Maremma si arrichisce in un' anno, si muore in sei mesi.* Le premier lieu où l'on arrive en descendant de la montagne, c'est le petit port de Vada, plus encombré encore qu'il ne l'était lorsque Rutilius Numatianus, revenant par mer de Rome dans les Gaules, s'arrêta à la villa voisine de son ami Albinus Cæcina. Déjà il était difficile d'accoster cette rive inhospitalière où les atterrissements, rétrécissant de plus en plus le chenal, exigeaient, de la part des marins, la plus grande vigilance. Des signaux indiquaient la voie étroite qu'il fallait suivre : « Nous entrâmes, dit le poëte, dans le canal de Vada, dépendant de la région de Volaterræ, suivant avec précaution cette voie périlleuse. Le pilote, les yeux fixés en avant, dirigeait le gouvernail et commandait à haute voix la manœuvre. Le chemin que les nefs doivent tenir est tracé par deux mâts plantés à l'entrée du canal étroit qu'il faut remonter... A peine débarqués, un ouragan nous força d'aller chercher un abri dans la villa de mon cher Albinus, qui se trouvait voisine (1). » La tradition, d'accord avec le poëte, et quelques portulans du moyen âge placent en effet la villa d'Albinus près de l'embouchure du fleuve Cécina, qui porte encore aujourd'hui le nom de cette ancienne famille de l'Étrurie (2). Cependant plusieurs antiquaires ou géographes modernes, entre autres Targioni, dans son *Voyage de la Toscane*, et Repetti dans son *Dictionnaire de géographie et de statistique,* ont voulu reporter la résidence

---

(1) Livre 1, v. 453-466.

(2) « Les Cæcina de Volaterræ ont évidemment donné leur nom au fleuve qui baigne la base de la colline sur laquelle s'élève cette cité, dit Otfried Müller, et ils avaient probablement leurs grandes possessions sur les rives de ce fleuve. Ces possessions semblent s'être conservées dans la famille pendant un millier d'années. » (Voy. *Die Etrusker,* t. I, p. 406.) — Sans étendre aussi loin l'existence de cette famille et de son influence dans l'Étrurie centrale, nous pouvons observer que déjà sous la république, soixante-neuf ans avant notre ère, Aulus Cæcina de Volaterræ était défendu par Cicéron dans une cause importante; que son fils fut l'auteur d'un livre estimé sur la discipline religieuse des Étrusques; qu'un Aulus Cæcina de Volaterræ était gouverneur de la Mœsie sous Auguste, et avait sous Tibère le commandement d'une partie de l'armée romaine dans la Germanie inférieure; qu'un autre Cæcina surnommé Pætus fut mis à mort par Claude en l'an de J. C. 42, mort qui l'a rendu célèbre par le mot héroïque de sa femme : *Pæte, non dolet;* qu'Aulus Licinius Cæcina, questeur dans la Bétique à la mort de Néron, fut consul en 69 et puni de mort par Titus pour avoir pris part à un complot en 79 ; enfin que Décius Cæcina Albinus était préfet de Rome sous Théodose et Honorius. (Voy. Gruter, 286, 7, 287, 2; voy. aussi Macrobe, Sat., l. 1, c. 2). Albinus possédait encore les biens appartenant aux Cæcina sur le fleuve qui portait leur nom, lorsque Rutilius aborda sur cette côte, et nous pouvons suivre ainsi pendant plus de cinq cents ans l'histoire de cette famille.

d'Albinus Cæcina à cinq milles plus au nord, et ont supposé qu'elle était construite sur les pentes méridionales de la colline de Rosignano, en se fondant sur le passage où le poëte parle des salines dominées par la villa :

> Subjectas villæ vacat aspectare salinas.

Or, dit-on, l'expression *subjectas villæ salinas* indique d'une manière irrécusable la position élevée de la villa, par rapport au rivage, et, la colline de Rosignano étant le point élevé le plus voisin de la rade de Vada, c'est là qu'il faut chercher l'emplacement de la villa d'Albinus. Si l'habitation de l'ami de Rutilius s'était ainsi trouvée placée sur une hauteur qui, aujourd'hui encore, échappe aux miasmes délétères de la plaine, il n'y aurait rien à conclure de l'existence de cette villa pour croire à un changement progressif dans les conditions de salubrité où se sont trouvées les Maremmes depuis l'antiquité jusqu'à nos jours ; mais il en est tout autrement, ainsi que le prouvent des fouilles récentes. On a découvert, en 1848, à quelques pas du pauvre hameau nommé *il Fitto di Cecina*, sur la rive gauche du fleuve de ce nom et à un mille environ de son embouchure, les substructions d'une villa considérable. Une salle souterraine de 15 à 16 mètres de longueur sur 8 de large a dû servir de vaste réservoir, et des conduits, établis sur plusieurs points, y amenaient les eaux pluviales filtrées à travers des appareils qui ont encore été retrouvés sur place. Des tranchées, creusées à la surface du sol, ont fait reconnaître ce qui restait des bâtiments d'habitation. On a constaté ainsi l'existence de plusieurs murs construits en pierraille reliée par des bandeaux de briques. Les deux objets les plus importants étaient le soubassement d'une édicule de forme ronde et une mosaïque formant le pavé d'une chambre carrée, probablement un *triclinium*. Cette mosaïque, représentant en cubes de couleur des ornements et des poissons, avait été fortement endommagée par un incendie qui semble avoir dévoré tous les bâtiments. Des chapiteaux, des fûts de colonnes, des débris de marbres précieux, de jaspes, de porphyres, de vert antique, quelques fragments de statues, indiquaient l'importance de cette résidence et le soin qui avait présidé à son ornementation. Aussi semble-t-il tout à fait probable que c'est là le point où Rutilius vint s'abriter dans la villa d'Albinus, d'autant plus que l'élévation du sol, quoique peu sensible à l'œil au milieu de ces vastes plaines, est cependant assez considérable pour justifier l'expression du poëte : *subjectas villæ salinas* (1). Il en résulterait qu'au commencement du cinquième siècle cette partie du rivage était encore choisie comme un séjour de plaisance par

---

(1) Voyez ce que j'ai dit de ces fouilles dans le *Bulletin de l'Institut archéologique,* 1850, p. 74-79.

les riches habitants de l'Étrurie, qui probablement n'avaient pas à y redouter les terribles effets de la *mal'aria*. Aujourd'hui, et malgré les louables efforts du gouvernement toscan, des tentatives de colonisation entreprises près de l'embouchure de la Cécina ont peine à réussir. Des habitations ont été construites sur un plan uniforme. Elles sont vastes, aérées, entourées chacune d'un lot de terrain fertile; mais les chaleurs de l'été ramènent la fièvre, les puits creusés dans ces terres marécageuses ne donnent qu'une eau corrompue. Aussi les fenêtres et les portes de ces silencieuses demeures sont-elles hermétiquement fermées; il n'en sort ni bruit, ni habitants, ni fumée : point de mouvement, point de laboureurs. Le nouveau village de *Fitto di Cecina*, qui se compose d'une auberge, d'une église, de quelques maisons, ne reprend un peu d'animation que pendant l'hiver, alors que le climat est redevenu salubre, et que les habitants de la montagne viennent faire paître leurs troupeaux dans les Maremmes.

De l'embouchure de la Cécina à Porto-Baratto, où commence le promontoire de Populonia, sur une longueur de 22 milles, le rivage, qui forme une courbe régulière coupée de loin en loin par de petits ruisseaux sans courants rapides, ne paraît pas avoir changé de forme depuis l'antiquité jusqu'à nous. La *via Æmilia*, dont les traces sont encore visibles, en suit les contours à peu de distance de la mer, qui ne s'est pas retirée comme elle l'a fait sur d'autres points du littoral, puisque la tour de *San-Vincenzo*, bâtie par les Pisans au treizième siècle, a encore aujourd'hui, comme elle l'avait alors, sa base baignée par les flots. Dans la plaine ondulée qui s'étend de la Méditerranée à l'Apennin, les hauteurs de Riparbella, de Guardistalla, de Bibbona, de Bolgari, sont entourées de tumulus, tombes isolées ou hypogées de famille, annonçant l'ancienne existence de centres de population. A Beloria, entre autres, entre Riparbella et la mer, sur la route qui conduit des Maremmes à Volterra, les collines qui bordent la rive droite du fleuve recèlent une véritable nécropole, trop éloignée de Volaterræ ou de Populonia pour pouvoir être rattachée à l'une de ces vieilles cités. Et ce ne sont pas seulement des tombeaux qui attestent l'ancienne population de ces contrées désertes, mais souvent des ruines remontant à la période étrusque ou romaine n'ont pas été si bien cachées par la végétation des forêts, qu'elles ne se montrent au voyageur dès qu'il s'écarte de la route. On peut, en cheminant le long de cette côte, tantôt en vue de la mer, tantôt au milieu des bois de chênes-liéges, des bouquets d'yeuses ou de lentisques, s'imaginer qu'on y retrouvera les ruines de quelques villes ignorées, et qu'on va voir apparaître ce qui peut rester encore de ces cités perdues qu'on appelait Caletra, Sudertum, Salpinum, Statonia, Manliana, Vetulonia, etc.; *inania regna*, royaumes vides, ne contenant plus que la poussière des peuples qui les ont fondés.

Le promontoire de Populonia, dont les pentes abruptes dominent la mer presque à pic, ne peut avoir éprouvé aucune altération dans sa forme ; mais les deux ports qui l'enserrent, *Porto-Baratto* au nord, et *Porto-Vecchio di Piombino* au sud, ont dû subir l'influence des courants. Ce dernier surtout s'est trouvé presque entièrement ensablé par les cailloux roulés que charrie avec elle la Cornia, aux époques d'inondations. Quant à Porto-Baratto, c'est une crique pouvant encore servir d'abri aux felouques d'un faible tonnage, et qui, de tout temps, s'est trouvée creusée par la nature au milieu des terres, ainsi que le constatait Rutilius :

Proxima securum reserat Populonia littus
Quo naturalem ducit in arva sinum.

« Sur ce rivage, ajoute le poëte, point de phare
« qui, s'élevant jusqu'aux nues, projette au loin,
« pendant la nuit, sa bienfaisante lumière ; mais on
« y voit un château formidable placé sur le haut du
« promontoire. Il avait autrefois pour double objet de
« protéger la côte et de servir de signal aux naviga-
« teurs. Le temps destructeur a rongé ses fortes mu-
« railles, dont quelques débris reparaissent, de place
« en place, à demi ensevelis sous des amas confus de
« décombres. Ne nous plaignons pas de la mort, et
« reconnaissons, par de tels exemples, que les cités

« aussi peuvent mourir : *Cernimus exemplis oppida*
« *posse mori!* (1) »

C'est en gravissant le promontoire qu'on retrouve encore les vestiges de ces murs, formés de puissantes assises qui n'ont pu défendre Populonia d'une ruine prématurée. Déjà au temps de Strabon la ville était déserte, et il n'y restait debout que les temples des dieux et quelques maisons (2). Aujourd'hui qu'un simple hameau en indique la place, il faut chercher avec soin parmi les anfractuosités du rocher, sous les plantes grimpantes qui les recouvrent, des murailles formées de blocs équarris, ajustés sans ciment, dont quelques fragments conservent jusqu'à sept ou huit assises, et qui donnent, quand on les relie par la pensée, le périmètre entier de la ville. Elle avait un peu plus de deux kilomètres de tour, proportions très-inférieures à celles de plusieurs autres cités de l'Étrurie, bien qu'on l'ait souvent placée au nombre des douze lucumonies étrusques, sans que le fait soit attesté positivement par aucun des écrivains de l'antiquité (3). D'après Servius (4), Populonia aurait

---

(1) *Itinéraire de Rutilius*, v. 401-414 du livre premier.

(2) L. v, p. 223.

(3) « Nous pouvons en toute sûreté laisser de côté Populonia, dit Otf. Müller, quand nous cherchons quelles ont été les douze cités confédérées de l'Étrurie, car ceux qui soutenaient que la ville n'avait été fondée qu'après la formation de la confédération, et encore par une tribu venue de Corse, devaient être bien sûrs que la ville, qui de leur temps était si florissante par l'industrie, ne faisait cependant pas partie de la ligue des douze États. » (Voy. Müller, *Die Etrusker*, t. I, p. 347.)

(4) *Ad Æneid.* l. x, v. 172.

été fondée, ou par une colonie venue de la Corse, ou par une autre colonie venue de Volaterræ, à moins que, selon une troisième opinion émise par le même auteur pour faire accorder les deux autres, les habitants de Volaterræ n'aient conquis Populonia sur les Corses (1). Quoi qu'il en soit, la ville, qui, ainsi que l'observent Pline et Strabon (2), était la seule cité

---

(1) *Quidam Populoniam, post* XII *populos in Etruria constitutos, populum ex insula Corsica in Italiam venisse et condidisse dicunt; alii Populoniam Volaterranorum coloniam tradunt; alii Volaterranos Corsis eripuisse Populoniam dicunt.* Telles sont les paroles de Servius, et l'abbé Lanzi a cru qu'il fallait entendre, par les Corses auxquels le commentateur de Virgile faisait allusion, les descendants de ces Phocéens qui s'étaient emparés de l'île de Corse et dont Sénèque a dit : *Corsica Phocæo tellus habitata colono* (ad Helv., c. 8. Voyez Lanzi, *Saggio di lingua Etrusca*, t. II, p. 65.) M. Millingen a supposé que la conjecture de Lanzi devait recevoir une confirmation de la découverte d'une monnaie d'argent de Populonia portant un type évidemment imité de ceux de l'Ionie et appartenant précisément à l'époque où les Phocéens étaient établis dans la Corse. (*Considérations sur la numismatique de l'ancienne Italie*, p. 164.)

(2) Pline, l. III, 5 : *Populonium Etruscorum quondam hoc tantum in littore.* — Strabon, p. 223. « Populonia, dit-il, est la seule des anciennes cités tyrrhéniennes qui se trouve bâtie sur le bord de la mer. Partout ailleurs la côte n'offrant point de ports, les fondateurs des villes auront eu soin de s'éloigner du rivage ou de construire en avant quelques forts qui les empêchassent d'être la proie du premier pirate. Au sommet du cap est placée une guérite d'où l'on observe l'arrivée des thons. » Ce rocher s'appelle encore la *Punta della Tonnarella*. Quant à l'observation de Pline et de Strabon, ces deux auteurs, d'après Otf. Müller, l'ont évidemment puisée à une source commune ; peut-être dans les livres de Caton. La donnée qui sert de fondement à cette assertion, ajoute Müller, peut avoir été une espèce de mythe tel que celui qui voudrait que Tarchon n'eût pas fondé de ville sur la côte : et cela deviendrait un argument pour prouver que Populonia aurait été fondée dans l'antiquité par un

d'Étrurie placée sur le bord de la mer, prit un grand développement par son commerce et son industrie. Non-seulement on y travaillait l'admirable fer oligiste qu'on tire, en si grande abondance, de l'île d'Elbe, séparée de Populonia par un canal d'environ 10 kilomètres de largeur, mais il se trouvait aussi des mines de fer dans les environs (1). Aussi, lorsqu'à l'époque de la seconde guerre punique, les peuples d'Étrurie vinrent au secours des Romains, Tite-Live nous apprend-il que, tandis que Céré offrait du blé, Tarquinies de la toile pour les voiles des navires, Volaterræ des agrès de toutes sortes, Arretium des armes, Pérouse, Clusium et Rosellæ du bois de sapin pour les constructions maritimes, Populonia s'était chargée de fournir le fer dont on aurait besoin (2). La reconnaissance du bienfait ne fut pas de longue durée : Populonia fut assiégée par les légions de Sylla et devint

---

autre peuple que les Étrusques (voy. Otf. Müller, *Die Etrusker*, t. Ier, p. 348).

(1) Probablement dans les collines de Campiglia. Aristote cite déjà la ville de Populonia en Étrurie comme remarquable par la manière dont elle employait le fer. « Il y a, dit-il, en Tyrrhénie une île appelée Æthalia, dans laquelle se trouvaient des mines d'airain dont on tirait tout le métal qui servait à la fabrication dans le pays. Ces mines se sont épuisées ; mais, après un long intervalle de temps, on a trouvé du fer dans ces mêmes mines, et c'est celui dont se servent les Tyrrhéniens qui habitent la ville qu'on appelle Populonia. ᾧ νῦν χρῶνται Τυῤῥηνοὶ οἱ τὸ καλούμενον Ποπλώνιον οἰκοῦντες. » (Voyez *Aristotelis opera omnia*, περὶ θαυμασίων ἀκουσμάτων, c. XCIII, éd. Amb. Firmin Didot, t. IV, p. 90.)

(2) L. XXXVIII, 45.

la proie des soldats du vainqueur. Ce fut l'époque de la décadence de l'Étrurie tout entière : les colonies militaires, les lois agraires envahirent son territoire, et Populonia ne put échapper à leur action destructive. Toutefois la ville était déjà déserte que le port avait conservé une partie de son activité, ainsi que nous l'apprend Strabon (1). L'abri qu'il offrait aux bâtiments, sur cette côte si dénuée de ports de refuges, avait dû combattre sur ce point les causes de dépopulation qui agissaient chaque jour davantage sur les provinces maritimes de l'Étrurie (2).

Outre les restes de ses antiques murailles qui remontent à l'époque étrusque, Populonia a conservé quelques traces du séjour des Romains. On y admirait, il y a quelques années, une des plus belles mosaïques que nous ait transmises l'art ancien. Elle fut découverte en 1842, dans une vigne située près du petit hameau qui a remplacé l'ancienne cité dont il occupe une faible partie. Peut-être formait-elle le pavé d'un triclinium ou d'une salle de bain. On y a représenté la mer, dont les vagues soulevées viennent assaillir un vaisseau sur le point de sombrer. Un des matelots embrasse le mât comme pour résister à la force de l'ouragan. Des poissons, imités avec une telle fidélité que les

---

(1) V. p. 223.
(2) Tite-Live rapporte qu'en l'an de Rome 552 le consul Claudius Néron, assailli par une tempête sur les côtes d'Étrurie, fut obligé de chercher un abri dans le port de Populonia, où il attendit que le mauvais temps fût passé.

pêcheurs du hameau les reconnaissent et les nomment, paraissent à la surface de la mer. Les cubes en marbre de couleur sont d'une grande finesse, et l'ensemble du travail révèle l'art romain à une excellente époque. Probablement la décadence, dont parlent successivement Strabon et Rutilius, au premier et au cinquième siècle, avait subi, dans l'intervalle, un temps d'arrêt. Le règne des Antonins a dû être pour l'Étrurie comme pour tout l'empire une époque réparatrice. Déjà du temps de Pline, c'est-à-dire sous les Flaviens, on admirait à Populonia une curieuse statue de Jupiter faite d'un seul cep de vigne, que les siècles avaient respectée ; et M. Letronne regardait, comme ayant dû appartenir à un temple de Minerve, dépendant de la ville, la belle statue de bronze, de style archaïque, maintenant au Louvre, et qui fut retirée de la mer par des pêcheurs de Piombino, près du promontoire où florissait la vieille cité étrusque (1). Les flancs de la colline qui forme ce promontoire et la plaine qui s'étend à ses pieds cachent une vaste nécropole, dont l'existence a été très-anciennement connue, ainsi que le prouve le nom de trous des fées, *Buche delle fate,* donné à des ouvertures qui se trouvaient sur la pente méridionale et qui conduisaient sans doute à des hypogées maintenant détruits, dont les trésors découverts à une époque dont on ne garde

---

(1) Voy. *Ann. de l'Inst. archéol.,* t. VI, p. 218, et t. V, p. 323.

plus la mémoire auraient été la cause de ce surnom populaire. Des fouilles tentées en 1840, puis en 1850, et dirigées avec toute l'habileté qui caractérisait M. François, ont prouvé, tout à la fois, et le grand nombre de tombes qui entourent la ville, et le peu de profit qu'on en peut retirer pour l'art ou la science : non que les rares objets qui y ont été trouvés ne soient dignes d'une des plus célèbres cités de l'Étrurie (1), mais parce que la nécropole est presque entièrement dépouillée de ses richesses. Les tombes sont vides, et comme la cupidité a été probablement le seul mobile des premiers excavateurs, il n'est pas même resté de ces anciennes fouilles un souvenir.

Au pied du promontoire de Populonia, du côté du sud, est placée la petite ville de Piombino, dont on

---

(1) Nous n'avons obtenu des fouilles entreprises en 1850 par M. François et par moi que des résultats presque nuls ; mais M. François avait été plus heureux en 1840 (voy. *Bull. de l'Inst. archéol.*, 1843, p. 148). J'ai vu encore à Populonia, chez M. Desideri, propriétaire du territoire où s'élevait la vieille cité, quelques beaux vases d'un travail très-fin, mais qui se trouvaient en fragments, n'ayant pas encore été restaurés, et plusieurs de ces monnaies dont l'abondance et la variété ont donné raison de croire, plus que tout autre motif, à la richesse et à la grande industrie de cette ville. En effet, quelques monnaies en or de petit module sont attribuées à Populonia ; elle en a beaucoup d'autres en argent, outre les types variés en bronze avec le nom ANVѴΠVΠ, qui n'admettent aucun doute; en sorte que cette cité commerçante se trouvait, pour ainsi dire, la seule de l'Italie centrale qui eût employé les métaux précieux dans ses ateliers monétaires. (Voy. Millingen, *Considérations sur la numismatique de l'ancienne Italie*. p. 165.—Eckhel, *D. N. V.*, t. I, p. 93.— Sestini, *Classes gen.*, p. 11. — Otf. Müller, t. I, p. 323, 330, 337. — Mionnet, *Descr.*, t. I, p. 101, 41-51; *Suppl. I*, p. 199, 203, etc.)

chercherait en vain quelques traces dans l'histoire de l'antiquité. La première mention qui en soit faite date du douzième siècle. C'est une charte par laquelle Hubert, abbé du monastère de Saint-Justinien, à Falesia, échange contre de l'argent et une terre située à Pise une partie de la ville de Piombino, *Castellum Piumbini*, avec ses tours, ses maisons, ses édifices (1). Remarquons que Falesia, où se trouvait alors le monastère dont l'abbé disposait ainsi de la ville de Piombino, est nommée dans les itinéraires (2) comme une station militaire située à treize milles au sud du port de Populonia, et qui devait par conséquent se trouver dans le voisinage immédiat de Piombino. Toute cette côte, maintenant si désolée par les miasmes qui s'échappent des marais formés à l'embouchure de la Cornia, était pleine de vie et d'animation quand Rutilius y aborda à son retour de Rome : « Lorsque nous descendîmes à Falesia, dit le poëte gaulois, les habitants, répandus dans la campagne, se délassaient de leurs travaux champêtres par des jeux solennels. C'était la fête d'Osiris, alors qu'on l'invoque par des rites sacrés pour le rendre favorable à la production

---

(1) Murat., *Ant. med. æri*, III, 117.

(2) *A portu Telamonis Umbronis flurius*, M. P. XII. — *A portu Telamonis lacu Aprile*, M. P. XVIII. — *A lacu Aprile in Alma flumen habet positionem*. M. P. XVIII. — *Ab Alma flumine Scabris portus*, M. P. VI. — *Ab Scabris Falesia, portus*, M. P. XVIII. — *A Falesia Populonio, portus*, M. P. XIII. (Voy. *Itinerarium maritimum apud Vetera roman. itineraria ed. Wesseling*, p. 500-501.)

des fruits de la terre (1). » La Cornia, qui a encombré l'ancien port de Falesia, appelé aujourd'hui *Porto-Vecchio*, a passé, près de quelques antiquaires, pour le *Lyncée* dont l'obscur Lycophron a dit dans la *Cassandre* : « Le fils de Castrie (Énée) trouvera l'hospitalité en Tyrrhénie, sur les bords du *Lyncée*, qui roule des eaux fumantes (2). » En effet, un grand nombre de sources thermales, à une haute température, dont la plus importante porte le nom de *Bagno del Re* ou *Bagni Vetuloniesi*, sont des affluents de la Cornia et peuvent justifier, jusqu'à un certain point, l'expression employée par le poëte alexandrin.

C'est dans le bassin de la Cornia qu'on a cherché, depuis quelques années, l'ancienne Vetulonia, dont la position controversée a peut-être donné lieu à plus de conjectures que celle d'aucune autre cité de la péninsule italique. Quelques vers d'un poëte du second ordre sont, pour ainsi dire, le seul titre de Vetulonia

---

(1) L. I, v. 371 et suiv. On trouve ce lieu désigné tantôt sous le nom de *Faleria*, tantôt sous celui de *Falesia*.

(2) Voy. vv. 1239-1240, p. 54 de l'édition donnée par M. Dehèque. Plusieurs manuscrits portent Λιγγεύς, le *Lingée*. Cependant Tzetzès dit à ce sujet dans son Commentaire : « Le *Lyncée* est un fleuve d'Italie qui reçoit plusieurs sources thermales. On l'appelle ainsi parce qu'il a rendu la vue à beaucoup de personnes, à ce que disent les uns ; ou, selon les autres, parce que le Lyncée de la Fable a été submergé dans ses flots. » Onofrio Gargiulli, le traducteur italien de la *Cassandre*, dit en note, à propos de ce passage de Lycophron : *Linceo*, fiume di Toscana... Il Mariani, *de Etruria*, III, 12, crede che sia questo fiume quello che *Aquas calidas Vetulonienses* appellarono i Romani, oggi *Caldano*.

au renom d'avoir occupé l'un des premiers rangs parmi les lucumonies étrusques. « Vetulonia fut au-
« trefois la gloire de la race Méonienne, dit Silius
« Italicus; c'est d'elle que Rome a reçu l'usage des
« douze licteurs portant les faisceaux et la hache,
« muet symbole de terreur. D'elle nous est venue la
« chaise curule ornée d'ivoire et la bande de pourpre
« qui borde la toge des magistrats. C'est encore à
« elle que nous devons la trompette d'airain aux sons
« belliqueux (1). » Cet éloge, d'un écrivain ayant plus

(1) L. VIII, vv. 483-488. Évidemment Silius Italicus a personnifié dans *Vetulonia* l'Étrurie tout entière, ainsi que le prouvent les passages de Denys d'Halicarnasse, de Tite-Live, de Florus, où ces historiens ont parlé de l'influence étrusque sur la Rome des rois. Denys raconte qu'après la longue guerre soutenue par Tarquin l'Ancien contre les Tyrrhéniens, alors que ces peuples abattus imploraient la paix, ils présentèrent à leur vainqueur les marques de la dignité souveraine dont leurs propres rois aimaient à se parer, c'est-à-dire la couronne d'or, le trône d'ivoire, le sceptre, la robe de pourpre et les douze faisceaux surmontés de haches, un de la part de chacune des villes dont l'ensemble formait la grande confédération étrusque. (L. III, c. 61.) Tite-Live, qui fait remonter jusqu'à Romulus tout l'appareil de la royauté chez les Romains, dit que ce prince se fit précéder de douze licteurs. « Quelques personnes pensent, ajoute-t-il, qu'il régla ce nombre sur celui des douze vautours dont l'apparition lui avait présagé l'empire; mais je partage volontiers le sentiment de ceux qui, retrouvant chez les Étrusques nos voisins, l'idée première de ces officiers publics, ainsi que celle de la chaise curule et de la robe prétexte, pensent que c'est aussi dans leurs coutumes qu'il faut chercher l'origine du nombre douze : ils l'avaient adopté parce que les douze peuples qui concouraient à l'élection de leur souverain fournissaient chacun un licteur à son cortége. » (l. I, c. 8.) Florus suit l'opinion de Denys d'Halicarnasse quant à l'époque où les usages de l'Étrurie furent introduits à Rome : « Tarquin, dit-il, subjugua les douze peuples de l'Étrurie; de là nous sont venus les faisceaux, les toges employées par la grande magistrature de Rome,

d'érudition que de génie, doit avoir sans doute une certaine autorité ; mais il faut avouer que sans lui nous n'aurions pas sujet d'accorder à Vetulonia une haute importance ou une grande renommée. Cette ville n'est même pas nommée par Tite-Live; Strabon n'en parle pas dans sa description de l'Italie, et Denys d'Halicarnasse, en rapportant quelles sont les cités de l'Étrurie qui prirent les armes en faveur des Latins lors de la ligue formée par les peuples italiotes pour repousser les agressions des Tarquins, ne cite Vetulonia qu'au dernier rang : « Les Tyrrhéniens, dit-il, « s'engagèrent à envoyer des troupes auxiliaires ; « mais cependant tous ne furent pas de cet avis, « puisque cinq villes seulement entrèrent dans la confédération : c'étaient Clusium, Aretinum, Vola« terræ, Rusellæ et, en outre, les habitants de Ve« tulonia : καὶ ἔτι πρὸς τούτοις Οὐετυλωνιᾶται (III, 51). » Pline et Ptolémée ont placé Vetulonia dans le catalogue qu'ils ont donné des villes de l'Étrurie. Pline cite au nombre des colonies situées dans l'intérieur du pays, *intus coloniæ* : Tarquinies, Toscanella,

---

la chaise curule, les anneaux des chevaliers, les *paludamenta*, la robe prétexte, etc. » On peut conclure de cette unanimité des historiens que ce n'est point une cité d'Étrurie en particulier qui a transmis ses usages à la ville éternelle; mais il n'en est pas moins vrai qu'en choisissant *Vetulonia* comme personnification de la confédération étrusque, Silius Italicus a prouvé que de son temps cette ville avait encore une célébrité qui lui a mérité un tel honneur de la part du poëte et dont les causes nous sont inconnues ainsi que tant d'autres faits de l'histoire d'Étrurie.

Vétulonia, Véies (1). Ptolémée range les villes étrusques dans l'ordre suivant : Florentia, Pisa, Volaterræ, Rusellæ, Fæsulæ, Perusia, Aretium, Cortona, Acula, Biturgia, Manliana, Vetulonium, Saena, Suana, Saturniana Colonia, Heba, Volci, Clusium, Volsinium, Sudernum, Ferentia, Sutrium, Tarquinii, Blesa, Forum Claudii, Nepetum, Falerii, Cære (2). Si nous ajoutons encore un passage de Pline, où, en parlant de la nature des eaux, il dit que dans les sources chaudes de Vetulonium en Étrurie, non loin de la mer, on trouve des poissons, nous aurons à peu près tous les renseignements fournis par l'antiquité sur la ville dont la position a excité tant de controverses (3). Joignons

---

(1) L. III, c. 8. On a voulu quelquefois se faire un argument de l'ordre dans lequel Pline a cité les villes d'Étrurie pour décider de leur position respective, sans remarquer que cet ordre, qui est géographique pour les villes du littoral, c'est-à-dire immédiatement situées sur le bord de la mer, devient ensuite alphabétique à partir d'Arezzo jusqu'à Vulsinies.

(2) Ptolémée, *Géogr.*, III, 1, p. 72, éd. Bert. ; p. 65 de l'éd. de Mercator, où *Viterbe* est indiqué comme la ville moderne construite sur l'emplacement de *Vetulonium*.

(3) Cluvier attribue encore à Denys d'Halicarnasse un passage relatif à Vétulonia : c'est celui où l'historien des origines romaines raconte que lors de la guerre des Sabins contre les Romains, un certain Lucumon, guerrier brave et habile, amena d'une ville de Tyrrhénie un corps de troupes au secours du roi de Rome dont il était l'ami (L. II, c. 37). Cette ville, Denys l'appelle Solonie « ἐκ Σολονίου πόλεως. » Casaubon, comprenant qu'il ne pouvait être question ici des *Solonates* dont parle Pline (l. III, c. 20) et qu'il place dans la huitième région entre l'Ariminum (la Marucchia), le Pô et l'Apennin, avait supposé qu'il fallait lire ἐκ Ποπλωνίου, et qu'il s'agissait de Populonia : Cluvier croit devoir lire ἐκ Οὐετυλωνίου, et dit à ce propos : « De cætero Ve-

toutefois à ces rares documents quelques monuments épigraphiques qui prouvent du moins que, malgré le silence fort extraordinaire de Strabon, Vetulonia existait encore sous l'Empire, que son existence est même constatée à une époque assez avancée, puisque la ville eut un curateur, fonction dont nous n'avons pour ainsi dire pas d'exemple avant la fin du premier siècle de notre ère, et que nous trouvons même une des inscriptions qui se rapportent à cette cité datée du consulat de l'an de J.-C. 173 (1). Des éléments de dis-

---

tulonios unam fuisse ex XII principibus Etruriæ urbibus ex Dionysio Halicarnassensi colligere est..... (male Σολονίου vulgata exemplaria habent). » *Ital. Ant.*, p. 454, 472 et 473. On voit que l'argument employé ici pour ranger Vétulonia au nombre des douze villes principales de l'Étrurie ne repose pas sur des bases bien solides. Otfried Müller, en rapprochant le passage de Denys du chant II du quatrième livre des *Poésies de Properce*, où le poëte fait dire à Vertumne : « Je « suis Toscan de naissance et d'origine, et je n'ai nul regret d'avoir « pendant les combats déserté Vulsinies et mes foyers..... Rome, tu « as récompensé mes Toscans en donnant leur nom à un de tes quar- « tiers, depuis que Lucumon vint associer ses armes aux tiennes et « brisa la pique sabine dans la main du farouche Tatius, » a conjecturé, avec cette sagacité de critique qui lui était si ordinaire, que la *Solonie* de Denys, puisqu'elle devait être changée, devait l'être en Vulsinies. Voyez Otf. Müller, *Die Etrusker*, t. I, p. 116.

(1) La première de ces inscriptions qui existait encore à Arezzo du temps de Gori a été consacrée par les habitants d'Arretium à un certain Q. Spurinna Quintianus, qui avait été curateur à Vétulonia. Elle est ainsi conçue : Q. SPVRINNAE Q. F ‖ P. QUINTIANO ‖ EQ. PVB. LAVR. LAVIN ‖ AEDIL. II VIR CVRAT ‖ CALEND. PLEB. ARRET ‖ CVR. REIPVBL. VETVLO ‖ NENSIVM. PLEBS ‖ VRBANA ‖ L. D. D. D. ‖ Voy. Gori, t. II, p. 288. — Gruter, p. MXXIX, 7. — Murat., p. MXCIV, 2. — Vulp. Lat., t. VI, 102. — Mariani, Etr. Metrop., 119.

La seconde inscription trouvée récemment à Pesaro, et relevée

cussion si restreints et si vagues, leurs dissemblances, et même l'espèce de contradiction qui paraissait exister entre eux, ont ouvert un large champ aux conjectures.

---

sur un marbre très-fruste par M. le professeur Rocchi, qui s'était chargé de recueillir les inscriptions du Picenum lorsque la France devait publier un *Corpus* général des inscriptions latines, mentionne un *M. Justinus Pudens Augustalis Vetuloniæ*. La voici :
CVLTORES.IOVIS.LATII ‖ M. FREMEDIVS SEVERVS. ET BLASSIA VERA PATRONI ‖ IN DEDICATIONE DEVERVNT PANE ET VINV ET. X. S ‖ P. SENEKA CORNELIVS PATRONVS.AREAM.D.D ‖ M. FREMEDIUS IVSTVS ET IVSTINVS SECVNDVS MVRS. Ↄ ‖ L. LVRIVS CLEMENS P. CEIIENNIVS LEO ‖ T. COSSONIVS SEVERVS M. INSTEIVS PVDENS ‖ AVGVSTALIS VETVL ‖ C TEDIVS SALVTARIS T SVEDIVS PROCVLVS... IIIIII. C INSTEIVS . . . .
Elle vient d'être publiée dans les *Addenda* du troisième volume de l'Orelli, édité par Henzen, n° 7415.

Une troisième inscription est tirée d'un rôle de soldats (*laterculum militare*), dont les fragments ont été trouvés à Rome et transportés à Florence. On y lit le nom des hommes compris dans chaque compagnie, ainsi que celui du pays d'où ils étaient originaires. Parmi ces hommes se trouve un certain Caïus Pomponius Firmus de Vetulonia :
SEVERO II COS ‖ TVBI L GAVIVS IVSTVS FLORENT ‖ FISC I FLAVIVS LVCANVS EMONA ‖ C LVSI... FESTVS ARRETIO ‖ BVC M FANNIVS VELOX CORTON. . . . .
‖ IMP N III COS 7 GRANI ‖ L MAGIVS STATVTVS FELTRIS ‖ L VALERIVS RVFINVS ROMA ‖ SEX PISONIVS SATVRNINVS CAPVA ‖ C POMPONIVS FIRMVS VETVLO. . . . .
Cette inscription publiée dans son entier (nous n'en citons qu'un fragment) par Malvasia, *Marm. Fels.*, p. 215 ; par Fabretti, p. 605, chap. IX, n° 48 ; par Montfaucon, *Diar.* 386 ; par Gori, *Inscr. étr.*, t. I, p. 132 ; par Gudius, 205, 3 ; par Muratori, 1095, avait donné lieu à la plupart de ces épigraphistes de rechercher quel était le consulat indiqué, et on l'avait généralement reporté au règne de Septime Sévère. Marini a prouvé qu'il s'agissait ici du second consulat d'un certain L. Catilius Severus, gouverneur de Syrie, proconsul d'Asie (voy. une inscription donnée par Muratori, CCCXX, 2), consul pour la seconde fois en l'an de Rome 873, de J. C. 120 : « Io giudico

L'un des points signalés dès les premiers temps où l'étude de l'antiquité reprit faveur fut Viterbe. L'im-

---

« che i due pezzi di una iscrizione militare che si trovano nel Gori, « t. I, p. 132, con i consoli IMP. N. III e SEVERO II siano degli anni « 119 e 120, spiegando io la parola del primo consolato *imperatore* « *nostro tertium* che è Adriano console nell' anno 119 per la terza « volta. » (*Fr. arv.*, p. 407, note 51). Cette opinion du savant épigraphiste a été adoptée aussi par Kellermann, *Vigilum Romanorum laterculo duo Cœlimontana*, 99ᵃ et p. 45.

Un autre rôle de soldats existant au couvent de Saint-Grégoire, sur le mont Cœlius à Rome, recule l'existence de Vetulonia jusqu'en l'année de J. C. 173 : MAXIMO COS ‖ SING PR PR C. ROMANIVS C. F. IVL. ITALICVS. EMON ‖ C. VENNACIVS. C. F. PVB. TERTIVS. VERON ‖ SEVERO II COS ‖ M. AVRELIVS. M. F. CLA. PATERNVS. CEMEN ‖ M. AVRELIVS. M. F. CLA. SATVRNIN. CELEI ‖ M. AVRELIVS. M. F. CLA SPERATVS. CELEI. ‖ T. TITTIVS. T. F. CRV PLACIDVS. TVDER ‖ C. ANNEVS. C. F. SCAT. FIRMVS VETLO. . . . .

Il s'agit ici du consulat de Maximus en l'an de Rome 925 (de J. C. 172) et du second consulat de Septime Sévère dans l'année suivante (de Rome 926, de J. C. 173). Le laterculum que nous venons de citer a été publié par Oderic, *Dissert.*, p. 320 ; Donat., p. 452, 2 ; Fea, *Fasti*, p. 31, n° 9 ; Kellermann, *Vigiles*, n° 103.

Une autre inscription, dans laquelle Kellermann (*vig.* 9) croit reconnaître' aussi le nom de Vetulonia, fait partie de la collection épigraphique du Vatican. C'est la consécration d'une chapelle, en l'an de J. C. 153, sous le consulat de C. Clodius Crispinus, par quelques militaires, au nombre desquels se trouvait un certain SEX. IVLIVS. TROM CLEMENS VET., si nous nous en rapportons du moins à la reproduction de l'inscription donnée par Amaduzzi dans la *Collection des monuments de la villa dei Mattei*, t. III, p. 123. Cette reproduction est évidemment la meilleure, bien que le monument ait été aussi publié par Muratori, CCCLVI ; Maffei, *Inscr. étr.*, à la suite du *Museum Veronense*, p. 267, n° 1, et par Donati, p. 173, 1. Maintenant les noms de Sextus Julius Clemens, de la tribu *Tromentina* n'existant plus, il ne reste que l'indication du pays VET, qui semble en effet ne pouvoir se rapporter qu'à Vetulonia, les habitants de la ville ombrienne de *Vettona* étant inscrits dans la tribu *Crustumina* (voy. Vermiglioli, *Inscr. Perug.*, t. II, p. 409). Cette fois le soldat désigné comme originaire de Vetulonia était inscrit dans la tribu *Tromentina*. Cette tribu fut créée en 367, en même temps que les tribus *Stellatina*,

portance des ruines qui entourent cette ville, l'emplacement qu'elle occupe au pied du Cimino, d'anciennes traditions, quelques-uns de ces rapports de noms si facilement exploités par les chercheurs aventureux, la désignèrent de bonne heure comme l'antique Vetulonia. L'un des plus fameux imposteurs littéraires du quinzième siècle, Annius de Viterbe, entraîné par cette triste vanité de clocher qui a inspiré tant de déguisements, d'altérations et de faux, ne s'était pas contenté de forger des textes sous les noms de Bérose, de Fabius Pictor, de Caton, de Mégasthène, de Manéthon, etc.; il avait encore fabriqué une inscription par laquelle Didier, le dernier roi des Lombards, décrétait qu'une même muraille renfermerait les trois villes de Longula, Vetulonia et Volturna, qui, désormais réunies, prendraient le nom de Viterbe (1). Si

---

Sabatina et *Arniensis*, sept ans après que la conquête de Véies sur les Étrusques eut reculé vers l'Étrurie les limites du territoire romain. Elle tirait son nom, dit Festus, d'un lieu appelé Tromentum : *a campo Tromento*, et ce lieu faisait partie du territoire de Véies (voy. Nibby, *Analyse*, t. III, p. 412). Les habitants de cette ville furent assignés à la nouvelle tribu, ainsi que semblent le prouver plusieurs inscriptions (voy. Fabretti, *Inscr.*, p. 170. — Orelli, n° 3448). Une autre ville étrusque, Pérouse, était aussi inscrite dans la tribu *Tromentina*. (Voy. C. VITRICIVS C. F. TRO. MAXIMVS D (omo) PERVSIA, Vermiglioli, *Iscrizioni Perugine*, t. II, p. 406, — SEX. HOSTILIVS SEX. F. TRO. MANSVETVS. PERVSIA, *ibid.*, p. 438, etc.) On pourrait donc supposer que Vetulonia appartenait à la même tribu. Toutefois, comme dans l'inscription précédente, C. Anneus Firmus de Vetulonia paraît avoir été inscrit dans la tribu *Scaptia*, on ne peut rien décider à cet égard.

(1) Ce décret est encore conservé dans le palais communal de Vi-

l'identité de Vetulonia avec la ville du moyen âge n'avait eu d'autre appui que celui d'un faussaire, il est probable qu'on en aurait fait justice dès que l'imposture fut reconnue ; mais Annius de Viterbe, tout en voulant donner à ses conjectures l'autorité de textes prétendus authentiques, n'avait été que l'écho de traditions antérieures. Hermolaüs Barbarus, dans ses corrections à l'Histoire naturelle de Pline, avait déjà fait mention du nom de *Vetulone* ou *Betulone*, qu'aurait porté de son temps un des quartiers de la ville (1). Mais Godefroid de Viterbe, dès le douzième siècle, désignait, dit-on, sa ville natale sous le nom de Vetulonia, et une inscription funéraire, rapportée par Ciacconi sous la date de 1345, donne le nom de *Vetuloniensis* au cardinal Marc de Viterbe (2). On cite

---

terbe. Gruter l'a inséré dans son recueil, p. ccxx. On le trouve aussi dans Manuce, art. 317. — Fabretti, 453. — Mabillon, *It. Ital.*, p. 158. — Tacuin, *Inscr. ant.*, p. LXXIII. — Cluv., *Ital. ant.*, p. 564. — Holsten. ad Cluver., p. 68. Holstenius, malgré l'habileté habituelle de sa critique, défend l'authenticité de l'inscription contre Cluvier, qui avait reconnu l'imposture d'Annius.

(1) *Hermolai Barbari in castigationes Plinianas*, l. II, c. CVI, Romæ, 1493. Ce qu'il est nécessaire de remarquer à ce propos, c'est que d'une part Hermolaüs Barbarus, tout en parlant du nom de *Betulone*, ne prétend nullement identifier Viterbe avec Vetulonia, qu'il place à Orbitello, au pied du mont Argentaro ; d'autre part, que ce n'est point un quartier de la ville qui porte le nom qu'on a voulu identifier avec celui de la ville étrusque ; c'est une fontaine qu'on appelle, non pas *Betulone*, mais *Bottalone*, ou le gros tonneau, augmentatif populaire du mot *botte*, n'ayant aucun rapport avec Vetulonia.

(2) *Ciacconii Vita et res gestæ pontific. et cardinal.*, t. II, an. 1362, p. 564.

encore une lettre de congratulation écrite au pape français Urbain IV, élu à Viterbe en 1261, et dans laquelle on le félicite d'avoir été couronné de la tiare pontificale à Vetulonia (1). Il est donc évident qu'une rumeur généralement répandue attribuait à Viterbe l'emplacement qu'avait occupé l'ancienne ville étrusque, et il n'est pas étonnant que de nos jours encore cette opinion ait trouvé des partisans. C'est ainsi qu'un antiquaire toscan qui s'est occupé avec beaucoup de zèle de l'archéologie étrusque, M. Inghirami, a consacré de longues recherches, consignées dans les Mémoires de l'Institut archéologique de Rome, à démontrer que la ville de Vetulonia, l'ancienne gloire des Méoniens,

Meoniæque decus quondam Vetulonia gentis,

devait avoir existé sur l'emplacement ou dans les environs immédiats de Viterbe (2). Il est vrai que, comme

---

(1) Sarzana, *Della capitale dei Tuscaniesi*, part. I, c. IV, § 2, p. 270; et Inghirami, *Memorie dell' Instituto di corrisp. archeol.* IV, p. 104.

(2) La situation de Viterbe, au pied du Cimino, ne permet guère de supposer que, si l'on devait chercher l'emplacement de Vetulonia sur celui de la ville moderne, la vieille cité étrusque n'eût pas occupé une place dans le récit de Tite-Live, lorsqu'il nous raconte qu'au cinquième siècle de Rome les légions traversèrent enfin cette forêt Ciminienne, « plus impénétrable, plus effrayante d'aspect, dit-il, que ne l'étaient les forêts de la Germanie, à ce point que l'amour du gain, si puissant sur les hommes, n'avait pu jusqu'alors déterminer aucun marchand à y entrer. » Les Romains cependant arrivèrent au sommet du *mons Ciminus*, virent pour la première fois les plaines fertiles de l'Étrurie, y descendirent et ne traversèrent de nouveau la montagne que chargés de riches dépouilles (l. IX, c. 36). De Vetu-

si ce n'était pas assez d'un tel problème, comme si les cinq ou six lignes que l'antiquité nous a laissées

---

lonia pas un mot ; et cependant elle se serait trouvée sur la route de l'armée, qui s'en serait emparée, ou aurait été arrêtée par ses remparts au débouché de la forêt. Nous ne pouvons croire avec Dempster (*Etrur. reg.*, IV, 13) que la ville fût déjà détruite : c'est une supposition toute gratuite qui, non-seulement n'est appuyée sur aucun témoignage historique, mais qui se trouve en contradiction formelle avec le témoignage de Pline, avec celui de Ptolémée et avec les inscriptions que nous avons citées tout à l'heure. Puis encore on ne saurait dire, en parlant de la situation de Viterbe : *non procul a mari*, ce que Pline dit positivement de Vetulonia. Enfin les nécropoles de *Castel d'Asso* et de *Norchia* que M. Inghirami supposait appartenir à Vetulonia, et dont l'existence dans le voisinage de Viterbe lui semblait un argument très-favorable à l'identité des deux cités, sont évidemment trop éloignées de la ville moderne pour avoir jamais servi de champ des morts à une ville autrefois placée sur le même lieu. Castel d'Asso en est à six milles, Norchia à quinze. Il serait contraire à tout ce que nous a démontré l'expérience, à tout ce que nous avons constaté pendant dix années de fouilles suivies avec méthode, et dont les circonstances étaient soigneusement notées jour par jour, d'admettre entre la nécropole et la cité une distance aussi considérable. Ajoutons que toute possibilité d'assigner à Vetulonia l'emplacement de Viterbe disparaîtra si cette dernière ville doit être identifiée avec une autre cité. Or, il y a déjà quelques années que le professeur Orioli avait reconnu le site d'une ville appelée *Surrina Nova*, dont quelques inscriptions nous ont révélé l'existence (voy. Muratori, CCI, 6; DCLXXXI, 2; MLXXXIII, 8. — Marini, *Atti*, t. II, p. 424. — Orelli, 3722 et 3723). Des chartes du moyen âge avaient fait connaître à Marini que près de la ville de Viterbe se trouvait une localité appelée *Surianum* ou *Soriano*. Un examen plus attentif, ou du moins dirigé sur les lieux mêmes, a convaincu M. Orioli qu'entre Viterbe et le *Bulicame*, chanté par le Dante, se trouvaient des ruines romaines assez considérables pour indiquer le site, non pas de quelque monument isolé, mais bien d'une cité antique, au lieu appelé *Colle delle Vigne*, et que ce lieu se trouvait identique avec celui que d'anciennes chartes désignaient sous le nom de *Surianum*. Il était facile d'en conclure que la *Surrina Nova* des anciens s'élevait sur cette place, à un mille environ de la moderne Viterbe. Mais le travail

sur la ville étrusque pouvaient défrayer deux cités, l'archéologue florentin voulut trouver encore ailleurs une seconde Vetulonia, qu'il s'agissait de placer dans les Maremmes, où de puissantes raisons concouraient à faire croire à son antique existence. Ce n'eût plus été alors la Vetulonia, capitale d'une puissante lucumonie, qui eût été placée dans la vallée de la Cornia, mais une ville ou plutôt une bourgade du même nom, celle dont Pline avait dit qu'elle était située près de la mer, et que son territoire était arrosé par des eaux chaudes où les poissons pouvaient vivre. Le naturaliste latin aurait donc parlé de deux Vetulonia dans les deux passages où il nomme cette ville. En citant les colonies de l'Étrurie, placées dans l'intérieur du pays, il aurait désigné la Vetulonia chef-lieu d'un puissant État, la cité dont l'organisation avait servi de modèle à Rome, à qui elle avait donné ses licteurs, sa pourpre, les signes distinctifs de ses magistrats, ses instruments de guerre. Dans le second passage, Pline aurait cité un village du même nom, remarquable par un phénomène natu-

---

du savant professeur ne s'est pas borné à cette simple constatation. Le nom de *Surrina Nova* semblait indiquer une *Surrina Vetus* détruite probablement par les Romains, emportée par la conquête, et que son peu d'importance avait condamnée à l'oubli, ce qui n'aurait pas pu être le cas pour Vetulonia. Quelques restes de constructions étrusques trouvés aux flancs de la colline du Dôme ont semblé à M. Orioli présenter tous les caractères nécessaires pour justifier ses conjectures et expliquer, selon lui, l'étymologie du nom de Viterbe, qui ne serait ainsi que la contraction de *Vetus urbs*.

rel. Rien ne justifie cette opinion, et les deux passages de Pline peuvent très-bien se rapporter à la même ville. En plaçant Tarquinies et Vulci parmi les villes de l'intérieur, Pline a démontré ce qu'il entendait par cette expression. Toute ville qui n'est pas bâtie sur le rivage est rangée dans cette catégorie, et il ne devient nullement nécessaire que l'Apennin la sépare de la Méditerranée : par cela même qu'elle est placée à quelque distance de la côte, elle n'a plus le droit d'être appelée une ville maritime, quoiqu'elle puisse ne pas être éloignée de la mer, *non procul a mari* (1). Voyons maintenant quelles raisons peuvent avoir déterminé le choix des archéologues qui ont cherché Vetulonia dans les Maremmes. On sait que Ptolémée, manquant d'observations pour construire une carte vraiment neuve, nous a donné, sous une forme purement astronomique, les travaux de ses devanciers, composés d'après des mesures itinéraires, et que ce n'est pas sous le rapport de leur exactitude absolue que ses tables doivent être envisagées : tout y serait faux, à l'exception de quelques latitudes. Le grand intérêt qu'elles offrent, ainsi que l'a observé Gossellin, est de présenter d'une manière claire, précise, et dans le plus vaste ensemble géographique que les Grecs et les Romains aient jamais possédé, les distances respectives des lieux, telles qu'il avait pu les déterminer soit d'après

---

(1) *Ad Vetuloniam in Etruria, non procul a mari*, l. II, § 106.

les itinéraires, soit d'après les mesures de ses prédécesseurs (1). Il est donc évident que, prises relativement et non d'une manière absolue, les positions qu'il assigne aux localités doivent entrer comme un élément important dans toute discussion de géographie comparée. Or Ptolémée a fixé la longitude de Vetulonia à 34°, celle de Populonia à 33° 1/2, celle de Sienne à 34° 1/3, ce qui place le méridien de Vetulonia entre ceux de Populonia et de Sienne. Quant à la latitude, il donne à Volterra 42° 2/3, à Populonia 42°, à Vetulonia 42° 1/2, et indique ainsi le parallèle de cette dernière cité entre les deux premières. Il en résulte que c'est dans le triangle formé par les positions respectives de Volterra, de Populonia et de Sienne, c'est-à-dire dans la *Maremma massetana*, qu'il faudrait chercher l'emplacement de Vetulonia. Leandro Alberti, vers la moitié du seizième siècle, donna le premier la description des ruines d'une ville étrusque dont il supposait l'existence entre le port de Populonia et la tour de Saint-Vincent. « Je veux décrire, dit-il, des
« ruines qui se trouvent au milieu des bois touffus
« recouvrant tout le pays qui s'étend entre le promon-
« toire de Populonia et la tour de garde appelée *San-*
« *Vincenzo*, à trois milles de la mer. On voit en ce
« lieu, et sous la végétation qui le recouvre en partie,

---

(1) Voy. Gossellin, *Recherches sur la géographie systématique et positive des anciens*, t. IV, p. 340, 341.

« un long et grand mur construit en grosses pierres
« de quatre à six pieds de largeur, ajustées avec tant
« d'art, qu'il paraît n'y avoir eu ni chaux ni ciment.
« Cette muraille a dix pieds de largeur, et, bien
« qu'elle soit détruite en quelques endroits, il y a des
« parties qui sont entièrement conservées. A l'intérieur
« de cette enceinte on trouve des fontaines, je veux
« dire des édifices, d'où l'eau devait jaillir autrefois,
« mais qui maintenant sont en ruines et où l'eau
« manque depuis longtemps. Des pavés en mosaïques,
« composés avec un art merveilleux de pierres pré-
« cieuses, sont encadrés par les marbres les plus fins.
« Un superbe amphithéâtre, dont on peut reconnaître
« la grandeur et la richesse, ornait la ville. On y re-
« marque une immense tablette de marbre sur laquelle
« on avait gravé une inscription en lettres étrusques.
« Pas un buisson, pas une touffe d'arbres, qui ne re-
« couvre quelques débris des plus beaux marbres,
« chapiteaux, frises, fragments de toutes sortes........
« D'après tout ce que je puis croire, cette forêt, qu'on
« appelle maintenant la *Selva di Vetletta*, est le lieu
« que Ptolémée appelle *Vetulonium* (1). » Voilà une

---

(1) Cette description, tout à fait fantastique si on veut l'appliquer au lieu désigné par Leandro Alberti, doit avoir pour base un rapport exagéré fait à propos des restes de constructions placées au lieu dit *Bagno del Re*, ou *Bagni Vetuloniesi*, ruines romaines de la décadence de l'empire, situées près d'une source thermale, à deux milles au midi de l'éminence appelée *Poggio di Castiglione Bernardi*, et à dix milles de Massa-Maritima. Plusieurs voûtes, des salles, des con-

description bien capable de faire venir l'eau à la bouche de tous les antiquaires; et comme l'époque où elle fut publiée était fort crédule, il ne faut pas trop s'étonner si on ne demanda pas à voir l'inscription, si on n'alla pas sur les lieux dessiner les fontaines ou mesurer l'amphithéâtre, et si on accepta tout d'abord l'assertion de Leandro Alberti. La source d'eau chaude dite *la Caldana*, qui vient se jeter dans le marais formé à l'embouchure de la Cornia, devint la source thermale à laquelle Pline avait fait allusion, et l'identité des localités anciennes et modernes ainsi complétée fut adoptée par Cluvier, dont l'exemple en entraîna d'autres (1), jusqu'à ce qu'enfin la certitude qu'il

---

serves d'eau, des indices d'aqueducs encore visibles et probablement mieux conservés il y a trois cents ans, auront servi de sujet à Leandro Alberti, qui n'avait pas visité les lieux, pour son amplification, et il aura fait de ces thermes la ville étrusque qu'il place près du promontoire de Populonia, distant de plus de quinze milles. Quant au nom de *Vetletta*, qui n'existe pas et n'a jamais existé, d'après les anciens documents ou la tradition conservée par les gens du pays, il paraît devoir son apparition dans le récit d'Alberti à une verrerie qui existait autrefois entre Caldana et Campiglia (voy. Inghirami, *Mem.*, p. 110), ainsi que le prouvent les scories qu'on trouve en abondance dans cette localité, et qui a donné à une partie de la vallée l'appellation de *Valle-al-Vetro*, appellation encore usitée. De ce nom on aura fait la *Vetriera* ou même la *Vetreta*, corruption facile à comprendre dans le patois des Maremmes; et le savant dominicain de Bologne, Leandro Alberti, trouvant près de Populonia et de la mer un nom qui pouvait lui rappeler la ville étrusque perdue, aura rapporté à cette localité ce qu'il savait confusément à propos de ruines considérables existant dans cette partie de l'Étrurie maritime.

(1) Voy. Cluvier, *Ital. antiq.*, p. 472 et suiv. — Gori, *Inscr. ant. Etrur.*, t. II, p. 290. — Cramer, *Ancient Italy*, t. I, p. 187, etc.

n'existait dans le site indiqué aucune ruine, soit étrusque, soit romaine, et que le nom de *Selva di Vetletta* n'était nullement usité ni même connu dans le pays, ait forcé les antiquaires ou les géographes à chercher ailleurs.

Dans le district de *Monte-Rotondo*, à peu de distance de la Cornia, à douze milles de Massa et à quatorze milles de la mer, s'élève une petite éminence que couronnent les ruines d'une fortification du moyen âge perdues au milieu de chênes gigantesques. Cette éminence, ainsi que le prouvent des chartes dont quelques-unes remontent au huitième siècle, a porté le nom de *Castiglione Bernardi*; puis, dans une charte de l'année 1063, époque à laquelle on ne s'occupait guère de recherches archéologiques, elle se trouve désignée, d'une manière qui ne permet de la confondre avec aucune autre localité, sous le nom de *Poggio di Vetulonia* (1). C'était là un indice qui devait avoir, aux yeux des antiquaires, une grande valeur. La charte était authentique, le nom était celui de l'ancienne cité chantée par Silius, la position concordait avec les

---

(1) Les passages relatifs à cette assertion et qui, ayant été tirés d'anciennes collections de chartes et instruments (Bertini, *Dissert. sopra la storia ecclesiastica Lucchese.* — *Spoglio delle cartapecore dell' archivio dei FF. di S. Agostino.* — Cesaretti, *Storia del principato di Piombino.* — Muratori, *Ant. med. æv.*, p. 1173), offrent un caractère irrécusable d'authenticité, sont cités dans le IVe *Mémoire de l'Inst. de corresp. archéol.*, par Inghirami, p. 111 et suiv.

mesures données par Ptolémée ; elle répondait à ces rumeurs vagues qui depuis longtemps indiquaient la Maremme de Massa-Maritima comme le territoire où l'on devait chercher le site de Vetulonia. Des eaux thermales voisines de l'éminence justifiaient l'assertion de Pline (1). Il ne manquait à tout cet ensemble de preuves qu'un fait : l'existence des traces indélébiles qu'ont imprimées sur le sol les vieilles cités de l'Étrurie, et tout au moins quelques restes de ces murailles presque éternelles que la race des Tyrrhènes construisait avec tant d'art; puis, surtout, une nécropole, car les Étrusques élevaient encore avec un soin plus jaloux la demeure des morts que celle des vivants. Le fait a contredit les preuves, et devant le fait il faut se rendre. M. Inghirami, qui avait visité les lieux, ainsi que, depuis, nous l'avons fait nous-mêmes, avait déjà remarqué que les petites proportions de cette éminence (le sommet n'a guère plus de six cents mètres de tour) ne pouvaient convenir à l'emplacement d'une ville inscrite dans l'histoire des Étrusques. Il avait pu voir, comme nous nous en sommes assuré par une exploration méthodique, que le territoire voisin ne recèle aucune trace de nécropole ; que, si on y trouve quelques sépultures isolées, comme on en rencontre dans toute cette partie des Maremmes, autrefois si

---

(1) Le *Bagno del Re*, dont nous avons parlé dans une note précédente.

peuplée, maintenant si déserte, rien n'annonce qu'il y ait eu là, à l'époque de la prospérité de l'Étrurie, un centre de population ayant quelque importance. Aussi l'archéologue florentin n'avait-il trouvé d'autre moyen de concilier le témoignage d'une charte du onzième siècle, témoignage auquel il attachait un grand prix, avec l'aspect des lieux, qu'en admettant, ainsi que nous l'avons dit plus haut, l'existence de deux villes du même nom là où il y avait déjà si peu de souvenirs historiques pour une seule (1). Quant à nous, qui espérons avoir démontré que les deux passages de Pline peuvent parfaitement, ainsi qu'on l'avait cru jusqu'ici, s'appliquer à la même ville, et qui nous sommes convaincu par nos yeux de l'impossibilité que le *Poggio*

---

(1) M. Ambrosch, qui a rendu pleine justice aux recherches consciencieuses de M. Inghirami, a combattu, comme nous le faisons nous-même, l'hypothèse de deux Vetulonia soutenue par l'antiquaire toscan ; mais, voulant retrouver sur le *Poggio di Castiglione Bernardi* la ville étrusque, il s'est étudié à l'amoindrir, afin de la faire tenir sur cette pauvre petite éminence. Je ne pense pas que, tout en déployant une grande érudition, le savant allemand ait réussi à faire disparaître ce qu'il y a de sérieux dans le témoignage de Silius Italicus, lorsqu'il choisit Vetulonia comme personnification de l'influence étrusque sur Rome. Rappelons-nous qu'il écrivait à une époque où les historiens toscans étaient encore consultés ; or Claude disait dans le discours conservé sur les tables de bronze du musée de Lyon, à propos des dissemblances qui pouvaient exister entre les différents auteurs : *Hoc inter auctores discrepat.... si nostros sequimur.... si Tuscos....* Il y avait donc encore en Étrurie des annales, des livres d'histoire, et c'eût été une licence par trop poétique que de choisir une simple bourgade pour en faire l'institutrice de Rome, alors qu'on pouvait être si facilement démenti.

di Castiglione Bernardi soit le site d'une ancienne cité, nous chercherons ailleurs le mot de l'énigme, et nous le trouverons peut-être en continuant notre examen du littoral, pour y reconnaître les causes qui ont si profondément altéré les conditions de salubrité dans les plaines de l'Étrurie maritime.

Depuis la pointe orientale du promontoire de Populonia jusqu'au cap *della Troja*, la côte se creuse en demi-cercle formant une baie profonde, dont l'ouverture, en ligne droite, est d'environ douze milles; tandis qu'il faut en franchir vingt-cinq, si l'on suit la courbe du rivage. Du cap *della Troja* (1) à l'extrémité des atterrissements formés par l'Ombrone à son embouchure, le rivage a encore une inflexion, mais beaucoup moins marquée. C'est dans toute cette partie des Maremmes, entre Piombino et l'Ombrone, et

---

(1) Le *Trajanus Portus* de Ptolémée. Il n'y a plus maintenant qu'une tour de garde où se trouvent quelques douaniers. Le cap *della Troja* sépare la baie de *Castiglione della Pescaja* de celle de Piombino ou de Fullonica. Ce dernier nom, sous lequel le golfe compris entre le promontoire de Populonia et le cap *della Troja* est plus généralement connu, lui vient du seul lieu qui donne quelque apparence de vie à cette partie des Maremmes, c'est-à-dire des fonderies de Fullonica, où se traite le minerai transporté là des mines de fer de l'île d'Elbe. La situation de ce bourg, placé sur le bord de la mer en face de cette île, dont il n'est séparé que par un canal de vingt milles de largeur, a fait sa prospérité. Autour des établissements du gouvernement, forges, fonderies, magasins, se sont groupés les logements des ouvriers, des inspecteurs, et les différentes industries qu'attire toujours une agglomération d'hommes. Le village de Fullonica est ainsi devenu la station la plus animée de cette longue route des Maremmes, qui met en communication Livourne et Civita-Vecchia.

jusqu'à la presqu'île de *Monte-Argentaro*, que le pays offre au plus haut degré cet aspect de solitude et de sauvage grandeur qui est le caractère particulier des Maremmes. Là sont des prairies qu'on ne fauche jamais ; là les bois de pins, de frênes, de chênes-liéges, deviennent de véritables forêts vierges, d'une végétation aussi sauvage et aussi splendide que celles du nouveau monde. Des fourrés inextricables y cachent les débris des voies romaines qui les traversaient autrefois. Des étangs, des marécages, brillent dans les clairières, aux rayons du soleil, qui, tamisés par le feuillage, s'y changent en pluie d'or comme Jupiter au temps de la Fable. Ces étangs, faute d'écoulement, envahissent chaque année plus d'espace, et de nouvelles émanations s'ajoutent aux émanations dangereuses qui produisent la fièvre estivale. Déjà, autrefois, des lacs existaient sur cette côte; mais leur écoulement vers la mer était mieux ménagé, et leur effet sur la salubrité du pays moins désastreux. Cicéron, défendant Milon à l'occasion du meurtre de Clodius, accusait cet orgueilleux patricien d'avoir abusé de son crédit et de son pouvoir pour envahir ce qui se trouvait à sa convenance : « Titus Pacavius, dit-il, chevalier romain, honorable et recommandable par son caractère, avait refusé de vendre à Clodius une île placée au milieu du lac *Prelius* : aussitôt celui-ci y fait transporter des matériaux, des outils, et, sous les yeux du propriétaire qui le regardait du rivage, il élève un édifice sur un terrain qui ne lui appartenait pas (1). » Or, ce lac *Prelius* est devenu l'étang de *Castiglione della Pescaja*, vaste foyer d'infection, sur les bords duquel nul ne penserait maintenant à élever des édifices qu'on ne pourrait habiter sous peine de mort. Pline, en donnant à la décharge de l'étang de Castiglione dans la mer le nom de *Amnes Prille*, semble indiquer que de son temps l'écoulement des eaux se faisait par plusieurs embouchures (2). Au-

---

(1) *Cic.* pro Milone, c. 27.
(2) *Hinc amnes Prille, mox Umbro navigiorum capax.* (Pline, l. III, c. 8.) L'Itinéraire d'Antonin et l'Itinéraire maritime donnent à ce lac le nom de *Lacus Aprilis.* (Voy. *Itin. Ed. Wesseling*, p. 292 et 500.) Il doit son nom moderne de *Castiglione* au vieux château bâti au bord du rivage, sur le haut d'une colline élevée d'environ deux cents pieds au-dessus du niveau de la Méditerranée, et au bas de laquelle se trouve le village de *Castiglione della Pescaja*, nouvellement érigé en commune, et ayant une population de quatre à cinq cents habitants, dont les humbles demeures bordent le canal qui fait communiquer le lac à la mer. Ce lac qui, avant les travaux entrepris pour son desséchement en 1829, occupait une surface de trente-trois milles carrés, a toujours été regardé comme le foyer principal des effluves insalubres qui désolent les Maremmes. Lorsque, après les longues luttes du moyen âge, après la chute des républiques italiennes, Cosme Ier fut devenu tranquille possesseur de la république de Sienne et de ses vastes dépendances, il fut frappé de la triste condition des Maremmes, et résolut de faire tout ce qui était en son pouvoir pour rendre quelque prospérité à cette nouvelle partie de ses États. L'épanchement des eaux était la principale cause du mal ; il fit creuser des canaux, élever des digues pour contenir les torrents dans la saison des pluies, et par une disposition qui rencontra de vives contradictions dans les intérêts particuliers, il fit détruire toutes les pêcheries établies sur les bords du lac, dont il commença le desséchement ; ses successeurs Ferdinand Ier et Cosme II héritèrent de ses bonnes intentions à cet égard. Une administration appelée *l'Ufizio*

jourd'hui tous les efforts du gouvernement toscan pour l'amélioration des conditions sanitaires dans les

---

dei fossi, avait été créée à Grosseto dans le but de surveiller tous les travaux jugés nécessaires au but qu'on se proposait. On commença le creusement d'un canal dit *Fosso di navigazione* entre le lac et l'Ombrone, pour amener les barques du petit port de Castiglione à Grosseto; mais malheureusement Ferdinand II, Cosme III, Jean Gaston, perdant de vue les plans de leurs prédécesseurs, cessèrent de donner des encouragements à ces entreprises difficiles qui en avaient le plus grand besoin; de telle sorte qu'en moins de quatre-vingts ans, depuis la mort de Cosme II jusqu'au commencement du dix-huitième siècle, la population de Grosseto était tombée de trois mille habitants à sept cents âmes, et que les campagnes environnantes, au lieu de semer chaque année treize cents mesures de blé n'en semaient plus que trois cents. Aussi, vers le milieu du siècle dernier, les canaux creusés à grands frais étaient-ils comblés de nouveau; l'Ombrone, dont les eaux ne se trouvaient plus endiguées, se répandait dans la campagne à chaque crue nouvelle; le lac de Castiglione avait envahi tout ce qu'on avait conquis sur lui : en un mot il ne restait, des travaux entrepris par les premiers Médicis, que le souvenir d'une grande œuvre qui n'avait pas pu s'accomplir. Lorsque les princes de la maison de Lorraine se trouvèrent appelés à gouverner la Toscane, ils ne purent à leur tour se résoudre à laisser les Maremmes en proie aux fièvres et à la stérilité. Une commission nommée par Léopold Ier et composée d'économistes, de mathématiciens, d'ingénieurs, d'agronomes fut chargée d'examiner les lieux et de proposer un plan d'assainissement qui pût permettre d'amener dans cette malheureuse province des populations qui n'y fussent pas détruites par la *malaria*, comme cela était arrivé jusqu'alors à la suite de tous les essais de colonisation nouvelle qui avaient été tentés. Le rapport de la commission fut présenté au souverain en 1776. Il était peu consolant, et faisait prévoir des obstacles bien difficiles à surmonter. Le pivot de toutes les opérations doit être le lac de Castiglione, disaient les commissaires; mais en même temps qu'ils mettaient le doigt sur la plaie, ils avouaient qu'il était bien difficile de la guérir : « Noi siamo di « sentimento ch'esso padule non possa asciugarsi ne per essiccazione, « ne per alluvione, o sivvero, nè col metodo delle colmate, ne col « cavo di nuovi fossi che l'attraversino; e che non possa neppure « ridursi ad uno stagno ripieno di acqua salsa. » En déclarant que

Maremmes tendent à diminuer l'étendue de ces eaux stagnantes, que les travaux des Étrusques et même encore ceux des Romains, malgré la dépopulation croissante du pays après la conquête, avaient su contenir et diriger.

La grève qui sépare les eaux du lac de celles de la

---

les terres amenées par les cours d'eau ne sauraient parvenir à combler les vastes lagunes de Castiglione, les commissaires avaient arrêté l'essor des travaux les plus nécessaires à l'assainissement des Maremmes. Aussi, de longues années s'écoulèrent encore, et le lac de Castiglione ne cessa de répandre chaque été ses exhalaisons délétères, et la malaria fit toujours de nouvelles victimes. Depuis 1829 seulement on est revenu à la méthode des *Colmate*, c'est-à-dire à ce système qui a déjà rendu à la culture tout le *Val di Chiana* et qui consiste à diriger sur un point donné les eaux chargées des terres entraînées par les pluies, afin que ces dépôts rehaussent peu à peu le sol, qui bientôt échappe par l'accroissement de son niveau à l'action des débordements. A cet effet on a pratiqué de nouveaux canaux conduisant dans le lac de Castiglione les eaux de l'Ombrone, on a dirigé vers le même point toutes les eaux de la plaine, on a fermé par des vannes les communications du lac avec la mer, de manière à empêcher le mélange des eaux douces et des eaux salées, mélange dont l'effet est pernicieux, probablement parce qu'il fait périr une foule d'animalcules et de petites plantes vivant dans les eaux fluviales ou stagnantes, et dont la décomposition, lorsqu'elles ont péri par le contact de l'eau de mer, augmente les propriétés morbifères de l'air des marais. Ces procédés, appliqués depuis plusieurs années avec suite et intelligence, ont affaibli le mal, mais ne l'ont pas fait disparaître. Le lac de Castiglione a diminué de plus de moitié, espérons que son entier desséchement amènera pour les Maremmes une ère plus prospère. Les travaux nécessaires pour établir près de *Castiglione della Pescaja* les vannes et les écluses de chasse ont fait découvrir de nombreux objets appartenant à l'antiquité étrusque, et prouvent que cette partie de la côte se trouvait habitée à l'époque où l'Étrurie était florissante. (Voy. les *Memorie sul bonificamento delle Maremme*, publiés par ordre du grand-duc à Florence en 1838.)

mer quand on se dirige vers l'embouchure de l'Ombrone était autrefois sillonnée par la voie Aurelia Nova, ainsi que l'ont prouvé les larges blocs irréguliers dont cette route était pavée comme toutes les voies consulaires, et qu'on a trouvés sur les lieux dans les dernières années qui viennent de s'écouler. Il n'y a donc aucun doute que dans le voisinage de l'étang de Castiglione le rivage se soit très-peu modifié, et cela par la raison toute naturelle que les eaux s'épandaient dans la plaine, au lieu de porter à la mer le limon dont elles étaient chargées. Il en est tout autrement de l'embouchure de l'Ombrone. Ce fleuve, que Pline appelle navigable, *navigiorum capax*, et sur le compte duquel Rutilius Numatianus (1) rend le même témoignage

---

(1) Voy. Pline, H. N., l. III, et Rutilius, l. I, v. 336 et suiv. Cluvier et le Père Hardoin ont supposé que la phrase de Pline : *Mox Umbro... et ab eo tractus Umbriæ*, devait s'entendre dans ce sens que l'Ombrone avait donné son nom à l'Ombrie : *Umbri populi ab eo nomen acceperunt*, dit Cluvier (p. 474). Étienne de Byzance rapproche le nom du peuple de celui du fleuve, sans vouloir précisément les faire dériver l'un de l'autre : Ὀμβρικοι, ἔθνος Ἰταλικὸν. Λέγονται καὶ Ὄμβροι. Ἔστι καὶ ποταμὸς Ἰταλίας Ὄμβρος. Micali a supposé que c'était l'Ombrone qui devait son nom aux Ombriens : *È assai credibile che l'Ombrone, fiume perenne nel mezzo della Toscana, prendesse da esso loro il nome* (vol. Ier, p. 75). Niebuhr s'appuie sur cette opinion pour soutenir que les Ombriens possédaient autrefois la plus grande partie des contrées occupées par les Étrusques au temps de leur plus grande puissance : « Micali, dit-il, qui cependant ne renoncerait pas facile- « ment pour sa patrie à l'honneur d'avoir été le berceau des Étrus-. « ques, remarque que le fleuve Umbro (à l'embouchure duquel un « canton porte dans Pline le nom d'*Umbria*) rappelle les Ombriens. » (Vol. I, p. 162.) O. Müller partage la même opinion. L'Ombrone, selon lui, a reçu ce nom des habitants de l'Ombrie, et le passage de

lorsqu'il dit que l'entrée en est si sûre et si facile que les vaisseaux menacés ou battus de la tempête s'y réfugient facilement et s'y trouvent à l'abri de tout péril, est à peine capable maintenant de porter un bateau. Le comte Fossombroni, longtemps président du conseil des ministres en Toscane et auquel on doit la grande impulsion donnée depuis trente ans aux travaux d'assainissement dans les Maremmes, a publié une suite de cartes dressées à des époques différentes ; elles prouvent les changements que le lac de Castiglione et l'embouchure de l'Ombrone ont subis depuis l'antiquité jusqu'à nous.

Le premier de ces documents, tiré de la carte théodosienne, nous donne l'aspect de cette partie de la côte telle que les Romains la figuraient, alors que Rutilius la décrivait en faisant son voyage de Rome en Gaule, c'est-à-dire formant une large baie là où maintenant un cap s'avance dans la mer. La seconde carte est tirée d'un manuscrit de la Géographie de Ptolémée, conservé dans la bibliothèque Laurentienne à Florence, et dont la date est de l'an 1400. Il y a donc mille ans d'intervalle entre les deux documents, et l'on voit, sur le plus récent, le golfe séparé en deux baies

---

Pline indique qu'à l'époque des Flaviens une certaine étendue de pays sur les bords du fleuve portait encore le nom d'Ombrie. (*Die Etrusker*, t. I, p. 102.) Un des affluents de l'Arno, dans la plaine de Pistoja, a aussi le nom d'*Ombrone*, qu'il doit peut-être à la même race, l'une des plus anciennes de l'Italie.

par une bande de terre qui s'avance dans la Méditerranée, où elle a été apportée par les eaux du fleuve. La troisième carte, empruntée à un autre manuscrit de Ptolémée, appartenant à la bibliothèque Magliabecchiana, est postérieure de près d'un siècle à la précédente. Dans cet espace de temps les deux golfes ont été comblés en partie par des dépôts successifs, et ne forment plus que des inflexions peu profondes (1). Une quatrième carte de la province de Sienne, datée du commencement du dix-septième siècle, fait disparaître complétement la baie qui se trouvait encore cent ans auparavant sur la rive droite de l'Ombrone. Le cinquième document nous donne l'aspect de la côte telle qu'elle existe de nos jours et qu'on peut la voir sur la *Carta geometrica della Toscana* publiée par Inghirami. Il résulte de ce rapprochement de documents empruntés à des époques si diverses la certitude que la forme des côtes s'est modifiée dans toute la partie du rivage voisine des grands fleuves, et que ces modifications causées par l'apport des terres

---

(1) Dans l'édition de Ptolémée, de 1478, à laquelle sont jointes les cartes gravées à Rome par Arnold Buckinck, les plus anciennes cartes géographiques gravées sur métal, toute la partie de la côte comprise entre les promontoires de Populonia et de monte Argentaro est figuré comme un golfe profond, au fond duquel on a placé le *Portus Trajanus*. Dans l'édition d'Ulm, 1482, ce grand golfe est divisé en trois lobes égaux ; l'*Umbro* se jette au fond du golfe oriental. Les cartes de l'édition de Mercator, 1605, reproduisent à peu près la forme indiquée dans celles qui appartiennent à l'édition de 1478

sont devenues plus considérables à mesure que la dépopulation du pays, augmentant par suite de l'insalubrité croissante, laissait les cours d'eau sans endiguement et sans direction.

Sur la rive droite de l'Ombrone, à un mille et demi du fleuve et à dix milles environ de son embouchure, est située la capitale des Maremmes toscanes, Grosseto, triste séjour, rendu moins insalubre, depuis quelques années, par le percement d'un puits artésien, qui donne aux habitants une eau meilleure que celle des puits creusés dans les couches limoneuses sur lesquelles la ville est bâtie. Grosseto a remplacé, au douzième siècle, *Rosellæ*, la vieille ville étrusque, dont les ruines couronnent une colline abrupte, placée près de la route qui se dirige vers Sienne à cinq milles au nord de la cité moderne. Avant d'arriver aux ruines de la ville étrusque, on trouve, à la base occidentale de la colline de Moscona, l'établissement d'eaux thermales appelé *bagni di Roselle*. Les constructions qui y ont été élevées en 1822, par ordre du grand-duc de Toscane Ferdinand III, ont fait découvrir dans le sol des restes de thermes romains remontant à peu près au troisième siècle de l'empire. Aucun témoignage historique ne constate l'existence de ces thermes au temps des Étrusques. Marini a cru en retrouver la mention, sous la domination romaine, dans une inscription du musée Borgia, provenant de la grotte de Neptune à Tivoli, bien que la lecture en soit très-incertaine et que le grand épigraphiste ait renoncé à la corriger (1).

Sur le sommet de la colline, auquel on n'arrive qu'à travers des halliers épais, se voient encore des murailles qui, lorsqu'on les aborde du côté du levant, paraissent composées de blocs irréguliers, véritables fortifications cyclopéennes rappelant ce que Pausanias dit des murs de Tirynthe : « Ils sont « construits de pierres brutes toutes d'une telle « grandeur que deux mulets attelés n'ébranleraient « pas la plus petite. Les interstices sont remplis par « des pierres de petite dimension qui servent à relier « les grosses entre elles. » Il s'en faut bien, cependant, que ce soit tout l'ensemble des murailles de Rosellæ qui présente cette disposition particulière aux villes pélasgiques de la Grèce, ainsi qu'à celles qu'on rencontre sur la rive gauche du Tibre, dans les monts Lepini et dans le pays des Herniques : la plus grande partie de ces murailles est construite par assises ré-

---

(1) « Perche questi versi sono difficilissimi a leggersi, diedegli « (il Piranesi) assai scorrettamente, ne io ho saputo darli meglio. « Spettano ad un cavallo ferito da' morsi di un cignale e guarito « coll' uso delle notissime *Acque albule*. Nel quarto verso sono forse « ricordati i bagni di Roselle, nella Toscana, i cui abitanti si dissero « anticamente *Rusellani*, Ῥουσελλανοι, e *Russellani* con doppio *s*, « come nel marmo presente e nella figulina stampata nel t. XXI « delle Novelle, Firenze (p. 440), e posteriormente *Rosellani* e *Rosel-* « *lenses* : *Massa Ruscellensis* è in una lettera di papa Gregorio II, « incisa in gran tavola, e situata sotto il portico della Basilica vati- « cana. » (Voy. Marini, *Fr. arv.*, t. II, p. 393 et 422.)

gulières, bien que la régularité, soit sous le rapport de la taille des pierres, soit sous celui de leur dimension, n'approche pas des belles parties de murailles restées debout à Volterra ou à Fiesole.

Il est souvent difficile, en examinant les fragments de murailles antiques que le temps nous a conservés, de se déterminer entre ces deux caractères d'architecture qui semblent cependant si tranchés : la construction par assises régulières, et celle qui procède par polygones irréguliers. Sans doute, si chacun de ces deux types est complet et travaillé avec soin, rien ne sera plus aisé que de décider au premier coup d'œil quel a été le mode suivi par les constructeurs. Mais quelquefois il arrive que les matériaux ont été employés sans être soumis au planage, placés sans égard à leurs dimensions, et les assises, devenues irrégulières, prennent l'aspect de la construction dite cyclopéenne, tandis que le clivage naturel de certains calcaires ou de certaines roches schisteuses leur donne une apparence de régularité, alors même que les blocs ont été superposés sans qu'on ait employé la règle droite ou l'équerre. De là des opinions diamétralement opposées, soutenues par des antiquaires de bonne foi qui, voulant s'appuyer sur la méthode suivie dans la construction pour délimiter les migrations de telle ou telle race, s'obstinent à voir un argument favorable dans l'apparence que prennent à leurs yeux soit le monument par lui-même, soit les dessins qui en ont été faits. Les murs de Rosellæ, par exemple, ont été rangés tour à tour parmi les constructions à assises régulières, et parmi celles qui sont dues à l'agencement de polygones sans régularité. Ainsi Micali disait dans son *Histoire des anciens peuples de l'Italie* : « On voit « encore les ruines de Rosellæ, près de l'Ombrone, « sur le sommet d'une montagne qui domine toute la « plaine jusqu'à la mer. Ses murailles, dont l'enceinte « est presque entièrement conservée et qui sont cons- « truites en pierres immenses taillées très-régulière- « ment en parallélipipèdes, ont près de deux milles « de circuit. Quant à Saturnia, elle présente, ainsi « que Cosa, des restes de construction pélasgique : ce « sont les seules villes, sur la rive occidentale du « Tibre, qui en offrent un exemple (1). »

Voilà donc les murailles de Rosellæ exclues, d'après M. Micali, de toutes prétentions à la construction dite cyclopéenne, c'est-à-dire procédant par polygones irréguliers. Tout au contraire, M. Gerhard, dans les *Annales de l'Institut de correspondance archéologique*, disait, en 1829: « Le système irrégulier qu'une tradi- « tion fabuleuse a fait attribuer aux Cyclopes est « représenté en Grèce par les fortifications de Tirynthe « et de Mycènes ; en Italie, par celles d'Arpino, de Ro- « sellæ et d'Aufidena. » Puis il ajoutait plus tard, dans le même recueil, en accompagnant son texte d'un dessin : « Ce croquis des murs de Rosellæ suffit parfaite-

---

(1) T. I, p. 144.

« ment à nous prouver, par l'inspection des blocs
« énormes, d'une forme irrégulière, que l'usage des
« constructions polygonales s'était étendu jusqu'à l'ex-
« trémité des côtes de l'Étrurie (1). » M. Dennis, qui
a donné la preuve d'une grande exactitude dans sa méthode d'observation, et dont j'ai toujours trouvé les
descriptions très-fidèles, a fort bien remarqué les deux
aspects si divers sous lesquels on peut voir ce qui reste
des fortifications de Rosellæ (2). Espérons que bientôt
la photographie fera justice de toutes ces controverses,
et qu'au lieu d'avoir à douter de la fidélité du peintre
ou de la sûreté du coup d'œil de l'observateur, on
pourra s'en rapporter à l'image fixée par le soleil,
sans passion, sans système, sans idées préconçues
sur les Étrusques ou les Pélasges. Ajoutons, toutefois,
que l'exécution matérielle du procédé ne sera pas
toujours facile, et que plus d'un photographe reculera,
par exemple, devant les ronces et les épines qui dé-
fendent les abords de Rosellæ.

Le périmètre des murailles de Rosellæ ne dépasse
guère trois mille mètres, c'est-à-dire qu'il est un peu
plus grand que celui de Populonia, quoique inférieur
à celui de beaucoup d'autres villes étrusques. Il est,
du reste, extrêmement difficile de suivre en dehors
l'enceinte de ces murailles et d'en relier les fragments

---

(1) *Ann. de l'Instit. arch.*, 1831, p. 410.
(2) Voy. *The cities and cemeteries of Etruria*, vol. II, p. 248-250.

placés sur des pentes abruptes, ou défendus contre la curiosité du voyageur par la végétation qui les entoure, les presse, les soulève, les disjoint. Troncs vigoureux, branches enlacées, ronces, épines, forment une fortification presque aussi puissante aujourd'hui que l'étaient autrefois des bastions, dont les assises sont composées de blocs dont quelques-uns ont de trois à quatre mètres de longueur sur deux mètres de hauteur. Quelque solides que fussent ces remparts, cependant ils ne purent protéger l'antique cité contre la domination de Rome.

L'intérieur de l'enceinte, un peu plus abordable et un peu moins caché par les halliers et les buissons que l'extérieur, contient des traces évidentes de constructions romaines, restes d'édifices et voûtes ayant appartenu, d'après l'opinion de plusieurs antiquaires, à un amphithéâtre. La superficie intérieure de la ville est d'environ 60 hectares. Au sud-est et au nord-ouest, sont deux mamelons, sur l'un desquels s'élevait sans doute la citadelle. On distingue dans quelques parties des traces d'une seconde enceinte ; M. Dennis suppose qu'elle était continue, et qu'entre la première et la seconde muraille se trouvait le pomœrium. Elle pourrait aussi n'être que la fortification particulière de la citadelle, ainsi qu'on le constate presque toujours chez les Tyrrhéniens et les Pélasges (1).

---

(1) Voy. le P. Ximenès, *Esame dell' esame d'un libro sopra la*

Rosellæ, colonie romaine au temps de Pline, souffrit sans doute, lors de la décadence de l'empire, de ces invasions de Barbares qui se vengeaient sur l'Italie de la domination de Rome ; mais elle échappa à une entière destruction. Quelques documents des huitième, neuvième et dixième siècles, nous la montrent même dominant la Maremme sous le rapport religieux comme elle l'avait dominée sous le rapport politique : elle était alors le siège d'un évêché. Ce fut seulement en 1138, sous le pontificat d'Innocent II, qu'une bulle ordonna le transport à Grosseto du siége épiscopal de Rosellæ : « Attendu, dit ce document, que l'église de Rosellæ est sans cesse menacée « et agitée par les nombreux bandits qui habitent « les environs ; que les habitants, vivant dans la dé- « solation, sont réduits à un petit nombre de fidèles : « après avoir pris le conseil de nos frères, nous « transférons à Grosseto, de notre autorité apostolique, « la dignité de ville épiscopale qui lui appartiendra « dorénavant (1). » Nous devons croire que la ville ainsi choisie pour devenir la capitale des Maremmes, n'avait pas alors cette triste réputation d'insalubrité que lui ont value, dans ces derniers siècles, les nombreuses maladies qu'y engendrent, après les chaleurs

---

Maremma Senese. Ximenès est le premier qui ait publié un plan de la ville de Rosellæ, plan qui a été reproduit, après vérification, par Micali, *Storia degli antichi popoli italiani*, t. Ier, pl. III.

(1) Repetti, t. II, p. 526.

de l'été, les exhalaisons du lac de *Castiglione*. Les chartes, les instruments, les pièces d'archives, mentionnent des ventes, legs, échanges, donations de domaines ou métairies, situés dans les campagnes voisines, et prouvent ainsi que ces campagnes, aujourd'hui désolées, avaient, pendant toute la durée du moyen âge, une population clair-semée sans doute, mais qui n'était pas dévorée par la fièvre, comme elle le serait de nos jours. Une bulle du pape Clément III, du 12 avril 1188, donna à l'évêque Gualtiero de Grosseto la juridiction sur soixante habitations de campagne avec leurs dépendances et plusieurs paroisses (1). Déjà la cathédrale de Grosseto avait son chapitre de chanoines que Rosellæ avait encore les siens. Une bulle de Célestin II, du 23 décembre 1143, divise les biens appartenant à l'église de Grosseto entre les deux collégiales, tout en décidant que le chapitre de Rosellæ cédera la préséance à celui de la capitale des Maremmes (2). Les archives de l'archevêché de Lucques offrent plusieurs documents prouvant qu'à Rosellæ les évêques de Lucques avaient une intendance dans laquelle résidait un régisseur, chargé de recevoir les redevances qu'apportaient chaque année les cultivateurs habitant la Maremme, et tenant à bail des

---

(1) « *Sexaginta casalinas cum curte et districtu suo et toto tombulo et ecclesiis, scilicet ecclesia S. Petri, ecclesia S. Michaelis, ecclesia S. Andreæ, ecclesia S. Georgii.* »

(2) *Archives de l'évêché de Grosseto.*

terres appartenant aux évêques de la ville de Lucques (1).

La nécropole de Rosellæ, d'après les recherches tentées en 1842 par M. François, occupait les collines situées au nord-est et au nord-ouest de la cité étrusque, vers *Paganico* et *Monte-Pescagli*. Les tombes y sont creusées dans le tuf; et, outre des vases d'une pâte fine, à figures noires sur fond jaune, elles recèlent encore des bronzes qui ne le cèdent en rien à ceux qu'on a trouvés dans les autres villes de l'intérieur, à Pérouse, à Cortone, à Arezzo, à Chiusi. Le travail en est élégant, la ciselure habile, et la patine d'un ton brun rougeâtre qui les recouvre a un éclat particulier tenant probablement à la qualité des couches sédimenteuses dont le sol est composé : en effet, par suite de l'écroulement des voûtes, les objets déposés dans les chambres sépulcrales se sont trouvés dans un long contact avec les sels du terrain.

De l'embouchure de l'Ombrone aux frontières de la Toscane, le littoral a subi peu de modifications : les collines qui bordent le rivage jusqu'au cap *Telamone*, puis la levée qui de ce cap conduit à Orbitello entre la lagune et la mer, levée sur laquelle se retrouvent les traces de la *via Aurelia nova*, ont dû s'opposer de tout temps à la formation d'atterrissements d'aucune sorte. Par la courbe heureuse de son port

---

(1) *Memor. Lucchesi*, vol. IV, p. 1, et Repetti, t. IV, p. 821.

que protége, du côté de la haute mer, la presqu'île de *monte Argentaro*, Télamone, dont Diodore de Sicile attribue la fondation aux Argonautes (1), n'était pas indigne d'attirer l'attention de ces hardis aventuriers, en qui se personnifie la marine antique : mais, loin de pouvoir abriter aujourd'hui *le plus grand des navires,* ainsi que le navire *Argo* est appelé par Diodore, la rade n'a plus assez de profondeur pour ces tartanes aux voiles latines qui font le commerce de cabotage sur les côtes d'Italie. Les sables et les algues marines n'ont plus laissé qu'un vaste marécage là où Marius, à son retour d'Afrique, aborda avec sa flotte portant mille hommes de troupes. C'était une faible armée pour marcher à la conquête de Rome : mais elle se grossit bientôt, dit Plutarque, de tous les pâtres et laboureurs qui habitaient ces plaines maintenant désertes, et le nom de Marius rassembla autour de lui, en quelques jours, les équipages nécessaires pour armer quarante vaisseaux (2). Déjà Télamone était célèbre dans les fastes militaires de la Rome républi-

---

(1) L. IV, § 56 : « On trouve en Étrurie, à 800 stades environ de Rome, le port de Télamone, ainsi nommé de l'un des Argonautes. » — D'après Lanzi, le nom de Télamone lui viendrait de la courbure de son port, et aurait pour origine le mot grec τιλαμών, *ceinturon.* Dans un livre intitulé : *Memorie storiche dell' antico e moderno Telamone,* qui a été publié à Florence, en 1824, sous le pseudonyme de Ferdinando Carchidio, on donne au nom de Télamone d'autres étymologies encore moins acceptables.

(2) *Vie de Marius,* § 41.

caine, et c'est dans son voisinage, selon Polybe, qu'en l'an 225 avant J.-C. (de Rome 528), les Gaulois (Insubres, Boïens et Gésates) furent défaits par les consuls L. Æmilius et Atilius Régulus, dans une de ces sanglantes batailles qui décident du sort des nations (1).

---

(1) Polybe, l. II, § 26-31. On a supposé que, contrairement au texte de Polybe, la bataille dont il a fait une longue description n'avait pas été livrée près du port de Télamone, mais à *Colonna di Buriano*, à l'occident et près du lac de *Castiglione della Pescaja*. Cette opinion est fondée sur le passage de Frontin (*Stratag.*, l. I, c. 2, § 7), où il raconte que le consul L. Æmilius, au moment où il allait faire entrer son armée dans une plaine voisine d'une ville de Toscane appelée *Colonia*, vit de loin une nuée d'oiseaux s'envoler d'une forêt qui se trouvait dans les environs. Il pensa tout aussitôt que ces oiseaux avaient été troublés par les ennemis qui lui dressaient quelque embûche, et, s'étant fait précéder d'éclaireurs, il sut que dix mille Boïens étaient cachés dans la forêt. Aussitôt il la fit tourner par ses légions, et, attaquant ces barbares du côté où ils ne l'attendaient pas, il les défit complètement. Tel est le récit que Frontin nous fait, dans ses *Stratagèmes*, et, comme on a trouvé à *Colonna di Buriano* quelques restes d'anciennes murailles, des traces de voies romaines et d'autres vestiges d'un passé remontant jusqu'aux beaux temps de l'Étrurie, on a supposé que le hameau moderne (car ce n'est plus qu'un hameau) marquait l'emplacement d'une ancienne ville étrusque où les Romains avaient conduit une colonie, d'où elle prit le nom de *Colonia*, devenu par corruption *Colonna*. Repetti (*Diz. geogr. stor.*, t. Ier, p. 784) a supposé à son tour qu'il fallait reporter la *Colonia* de Frontin et le champ de bataille des Romains avec les Gaulois, plus au sud, près de Toscanella, où l'on trouve quelques traces d'un lieu qui aurait été appelé *Colonnata* au moyen âge. Nous ne voyons pas pourquoi on voudrait changer ainsi le récit de Polybe : il dit positivement que c'est aux environs de Télamone que C. Atilius, qui à son retour de Sardaigne avait débarqué à Pise, rejoignit son collègue Æmilius en présence de l'ennemi, et livra aux Gaulois la grande bataille où les forces romaines réunies triomphèrent complétement de ces éternels ennemis du nom romain. Le fait cité par

Télamone, port de mer et ville de quelque importance sous la domination romaine, avait-il joué un rôle au temps de la puissance des Étrusques ? Tout doit le faire présumer, bien que les documents historiques soient muets à cet égard. Il ne serait pas naturel qu'un peuple empruntant à son commerce maritime une grande partie de sa prospérité et de sa force, ait pu négliger une rade alors sûre et vaste, qui se trouvait à égale distance de l'embouchure des deux plus grands fleuves placés au sud de l'Apennin, l'Arno et le Tibre. Il est vrai que les restes d'antiquité, aqueducs, conserves d'eau, poteries, marbres trouvés sur le site de l'ancienne ville ou dans les environs, appartiennent à la Rome républicaine ou à la Rome impériale ; cependant M. François, qui, en 1830, avait dirigé quelques fouilles dans les environs, y a découvert des tombes d'aspect étrusque, mais dépouillées, probablement depuis bien des siècles, de tous les objets, vases, bronzes, urnes ou sarcophages qui ont dû y être déposés.

Quelques archéologues ont supposé que Télamone devait avoir été, lors de la puissance des Étrusques, le port de quelqu'une des grandes cités de la confédération. Otfried Müller hésitait entre Saturnia, Rosellæ

Frontin ne doit être qu'un épisode de cette guerre sanglante, puisqu'il ne s'agit que de dix mille Boïens. Le texte d'ailleurs est altéré et présente d'importantes variantes. On lit dans quelques manuscrits *Poplonia* au lieu de *Colonia* ; c'est même cette leçon qui a été adoptée par Niebuhr dans son *Histoire romaine*, t. VI, p. 151.

et Vulci, qui lui semblaient, par leur position et leur proximité, avoir pu profiter de cette rade pour en faire le dépôt de leur commerce extérieur et le point de départ de leurs expéditions maritimes (1). La récente découverte de ruines imposantes plus rapprochées encore de cette partie de la côte, est venue expliquer tout naturellement l'existence de Télamone comme port militaire et commercial dépendant d'une lucumonie importante.

C'est en 1842 qu'un ingénieur nommé Tommaso Pasquinelli fut chargé de tracer une route allant de Scansano, par le village de Magliano, dans la vallée de l'Albegna, aux salines placées à l'embouchure de ce fleuve. La pierre manquait dans ces terrains marécageux, et l'on dut faire quelques recherches afin de trouver les matériaux nécessaires pour assurer à cette chaussée la solidité qu'exige le passage des voitures. Le hasard fit rencontrer entre Magliano et la mer, à dix kilomètres environ de la côte, à cinq kilomètres du village, quelques blocs de travertin et de calcaire enfouis à une petite profondeur. On s'empressa de les mettre en œuvre en les retirant de la tranchée pratiquée pour les amener à la surface du sol, et, comme cette tranchée, à mesure qu'on la prolongeait, amenait de nouvelles découvertes, il devint évident qu'on exploitait les fondements d'une antique muraille, dont

---

(1) *Die Etrusker*, t. Ier, p. 296.

le périmètre fut ainsi tracé par les nécessités du moment avec bien plus de promptitude et de régularité que s'il s'était agi de fouilles dirigées dans un but purement scientifique. Ces vénérables débris, déplacés et brisés, achèvent chaque jour, il est vrai, de tomber en poussière sous les roues qui les broient; mais on peut se consoler de ce vandalisme apparent, en songeant qu'il ne s'agit pas ici de vestiges restés au-dessus du sol et pouvant être étudiés à loisir. Sans la route nouvelle il se serait peut-être encore écoulé bien des siècles avant que l'existence d'une ville, dont les remparts ont plus de quatre milles de tour, eût été révélée à ce public peu nombreux qui prend intérêt aux énigmes du passé et cherche à soulever le voile qui le cache. On aurait continué d'assigner tour à tour à Vulci, à Saturnia ou à Rosellæ, le port de Télamone qui dépend d'une manière si évidente de la ville nouvelle.

Et comment en aurait-il été autrement dans un pays où les temples magnifiques de Pæstum ne sont connus que depuis cent ans; où les découvertes des nécropoles si apparentes de *Castel d'Asso*, de *Norchia*, de *Soana*, avec leurs roches taillées en édifices, datent à peine de quelques années; où les forêts de la Maremme, où les ruines volcaniques de la campagne romaine cachent encore tant de cités perdues! Nulle part plus qu'en Italie les voyageurs ne se sont montrés de la race des moutons de Panurge. Il est vrai que nulle part ils n'ont eu plus de chefs-d'œuvre à admirer sur les routes battues; les plaisirs les plus délicats que puissent donner l'intelligence et le sentiment des arts les attendent dans les grandes cités. Ne sont-ils pas pardonnables s'ils hésitent à affronter les pauvres gîtes de ces solitudes malsaines? Quant aux habitants du pays, indifférence ou habitude, les ruines n'ont rien qui les étonne ou les occupe, et le bruit des découvertes s'éteint souvent à de faibles distances, sans avoir trouvé d'écho pour le répéter. Nous n'en voulons pour preuve que la lenteur avec laquelle cette nouvelle assez étrange d'une ville inconnue exhumée près de Magliano a circulé en Toscane.

Deux ans après la découverte, un archéologue anglais dont nous avons déjà eu plus d'une occasion de citer avec éloge les voyages aux villes d'Étrurie, M. Dennis, eut connaissance, à Florence, d'un bruit vague relatif à quelques fouilles opérées dans les environs d'Orbitello, sans qu'on pût rien préciser sur l'importance du fait. Était-ce un tombeau, ou des vases, ou des bijoux précieux, ainsi qu'aimaient à l'espérer ceux qui estiment la valeur d'un antique par celle du métal mis en œuvre? Personne ne pouvait le dire. Désireux d'en savoir davantage, le zélé voyageur se rendit sur le lieu où l'auteur de la découverte, M. Pasquinelli, voulut bien lui servir de guide : « La ville, dit M. Den« nis, se trouvait placée entre Magliano et la mer, « sur un plateau peu élevé, là où le terrain commence « à s'exhausser au-dessus des plaines marécageuses

« qui descendent jusqu'au rivage. Elle avait, d'après
« M. Pasquinelli, près d'un mille et demi en longueur
« et moins d'un mille de largeur ; le périmètre entier
« des murs était d'environ quatre milles et demi.
« Quoiqu'il ne restât, pour ainsi dire, plus de vestiges
« des murailles et qu'aucune ruine ne s'élevât au-
« dessus de la surface du sol, je n'eus pas de peine à
« reconnaître l'emplacement d'une ville étrusque. Le
« sol était jonché de poteries brisées, indication in-
« faillible et irrécusable de l'existence d'un ancien
« centre de population. Point de marbre, de porphyre
« ou de ces autres matériaux précieux employés par
« le luxe des Romains. Quelques blocs, échappés par
« hasard à la destruction générale, rappelaient, par
« leur taille et leur forme, la méthode employée chez
« les Étrusques pour la construction de leurs rem-
« parts (1). »

M. Dennis, cependant, ne s'était pas contenté de voir cette place vide où avait dû s'élever une ville puissante; il avait voulu lui trouver un nom, et celui de Vétulonia s'était naturellement présenté à lui. Position à peu près conforme à celle qui avait été indiquée par Ptolémée, voisinage de la mer, eaux thermales à peu de distance (2), importance d'une enceinte infé-

---

(1) *The cities and cemeteries of Etruria*, t. II, p. 293, 294.
(2) « J'ai eu la satisfaction d'apprendre, dit M. Dennis, qu'à peu de distance de la tour de *Telamonaccio*, à deux ou trois cents yards seulement de la mer, il y a des sources d'eau chaude. » (Loc. cit., p. 301.)

rieure seulement à celle de Véies parmi les cités étrusques, tout lui paraissait justifier sa conjecture, que nous croyons fondée.

Si Télamone a été le port de quelque grande cité, comme *Graviscæ* l'était de Tarquinies, *Pyrgi* de Cœre, etc., cette ville ne pouvait être que celle qui s'élevait en face de la rade sur le premier exhaussement de la plaine, situation suffisant probablement à garantir les habitants de ces vapeurs humides et lourdes qui déjà s'élevaient du rivage. Or le port de Télamone, avec sa vaste enceinte, devait dépendre d'une des grandes lucumonies de l'Étrurie ; pourquoi cette lucumonie ne serait-elle pas celle dont on cherche l'emplacement depuis si longtemps, et qui a eu l'honneur, selon la tradition poétique, de donner à Rome la pourpre et les faisceaux ?

Je sais que l'un des arguments invoqués par M. Dennis est le caractère complétement étrusque des fragments existants à la surface du sol, et l'absence de tous les matériaux employés par les Romains. Comment s'expliqueraient alors ces inscriptions qui prouvent que Vétulonia vécut de longues années comme ville romaine, inscriptions dont nous avons parlé tout à l'heure? Cette contradiction peut s'expliquer par l'existence, entre l'emplacement de la ville étrusque et Magliano, de ruines ayant le caractère de la Rome impériale, fragments de colonnes, restes d'édifices ayant servi à des thermes, pavés de mosaïque, etc. Ces ruines n'ont pas échappé aux recherches consciencieuses de M. Dennis (1). Ne peuvent-elles pas dépendre de la ville romaine, construite dans le voisinage de la ville étrusque après que celle-ci eut été rasée jusqu'au sol? N'avons-nous pas l'exemple de plusieurs villes d'Étrurie, dont les poëtes et les historiens du siècle d'Auguste nous parlent comme de solitudes absolues n'existant plus que dans le souvenir des hommes; et que nous retrouvons plus tard repeuplées et florissantes? Properce dit de Véies : « Aujourd'hui la trompe du pâtre « résonne dans l'enceinte de ses murailles, où crois- « sent les moissons fécondées par les cendres de ses « habitants (2). » Il est donc évident qu'à la fin de la république, Véies n'existait plus; et cependant nous la retrouvons dans de nombreuses inscriptions municipales, dont les dates diverses comprennent toute la période du haut empire, depuis Auguste jusqu'à Constantin (3). Fidène est également mentionnée par Strabon comme une de ces anciennes cités de l'Étrurie qui, détruites par la guerre, étaient devenues de simples propriétés particulières (4); puis nous apprenons de Tacite que, sous le règne de Tibère, la

---

(1) Loc. cit., p. 296.
(2) Properce, l. IV, carmen x, 27-30.
(3) Voy. Nibby, *Analisi della carta de' dintorni di Roma*, art. Véies, t. III, p. 407 à 420.
(4) L. V, p. 226 à 229.

ville était peuplée de nouveau, à ce point que, dans des jeux solennels, un amphithéâtre écroulé sous le poids de la foule fit périr ou blessa plus de cinquante mille personnes (1). Une inscription du temps de Trajan nous parle de son sénat, que nous voyons aussi mentionné dans un autre monument épigraphique descendant jusqu'au règne de Gallien, en l'an de notre ère 267 (2).

Ces deux exemples suffisent pour que nous puissions nous rendre compte de cette double vie, éteinte une première fois dans la cité étrusque par la conquête et la guerre civile, puis renaissant, dans la ville romaine, à la voix du maître qui apportait la paix en échange de la liberté. Vétulonia a dû subir ces phases diverses, qui expliquent à la fois le silence de Strabon et la découverte de monuments épigraphiques prouvant l'existence de la ville pendant la plus grande partie de l'époque impériale.

Un monument fort intéressant, dans la pénurie où nous sommes de documents sur les cités les plus importantes de l'Étrurie, a été récemment trouvé à *Cœre*, et déposé dans le musée nouvellement formé à Saint-Jean de Latran. C'est, d'après une conjecture très-plausible (3), l'une des quatre faces du soubasse-

---

(1) *Ann.*, IV, 62.
(2) Voy., pour la première inscription, Muratori, p. 316, 4 ; et pour la seconde, Amaduzzi, *Anecdota*, t. I, p. 462.
(3) Voy. l'*Antica Etruria maritima compresa nella dizione pontificia*, par Canina, vol. I, p. 29.

ment d'un trône sur lequel devait se trouver la statue colossale d'un empereur, probablement celle de Claude qui s'était attiré la reconnaissance des Étrusques en s'occupant de leur histoire (1).

Le fragment conservé contient les noms de trois peuples d'Étrurie, surmontés chacun d'une figure qui leur sert d'emblème. Il est probable que trois autres groupes occupaient les autres faces, et que les douze lucumonies se trouvaient ainsi représentées sur ce monument consacré au maître de l'empire par toute la confédération étrusque. Les trois cités dont les noms nous ont été conservés sont *Vulci*, *Tarquinies* et *Vétulonia*. Ainsi donc Strabon, dans sa description si détaillée, si exacte de l'Italie, est complétement muet sur l'existence de Vétulonia, et, dès le règne de Claude, nous voyons la même cité figurer au nombre des douze principales villes de l'Étrurie. N'en peut-on pas conclure que l'époque de calme qui suivit l'avénement d'Auguste doit être assignée à la reconstruction de la ville romaine remplaçant la ville étrusque depuis longtemps déserte et démantelée ?

Le monument trouvé à Cœre prouve aussi le droit que s'attribuait Vétulonia d'être comptée parmi les villes maritimes. Le nom de VETVLONIENSES est inscrit au-dessus d'une figure nue, debout, portant un gouvernail,

---

(1) Il l'avait écrite en vingt livres, ainsi que nous l'apprend Suétone (*Vie de Claude*, c. 42).

et qui semble s'appuyer sur un pin dont les branches abritent sa tête. Le pin est consacré à Neptune; et Plutarque nous apprend qu'on l'avait dédié à ce dieu, parce que son bois était le plus propre de tous à la construction des navires (1). Il est donc probable que Neptune est ici le symbole de la Vétulonia impériale, et un pareil symbole ne pouvait appartenir qu'à une cité maritime, telle que celle qui avait pour port la rade alors vaste et sûre de Télamone.

Les deux fleuves que l'on traverse en se dirigeant de Télamone vers Orbitello ne paraissent avoir modifié que faiblement la forme du rivage par l'apport des terres qu'ils charrient, puisque la *via Aurelia* côtoie la mer jusqu'à *Monte Argentaro*. Ce promontoire est toujours tel que l'a vu Rutilius, lorsqu'il décrivait ses pentes abruptes, les longues jetées qui le rattachent au rivage et les écueils qui l'entourent. On a supposé que la petite ville d'*Orbitello*, placée à l'extrémité d'une pointe de terre formant cap dans la lagune qu'enserrent les deux isthmes par lesquels *Monte Argentaro* est joint au continent, avait une origine étrusque; les fondements de la muraille qui la défend du côté de la lagune sont formés de blocs irréguliers, ajustés sans ciment, à la manière des constructions pélasgiques ; et, pour expliquer ces débris apparents d'une antiquité qui ne saurait être douteuse,

---

(1) *Sympos.*, l. V, c. 3.

on a voulu qu'Orbitello occupât le site de l'ancienne *Subcosa* dont il n'est parlé, du reste, que dans les itinéraires (1). En effet, à cinq ou six milles de cette petite ville, s'élèvent, au sommet d'une colline d'environ deux cents mètres de hauteur, les tours et les remparts qui faisaient de *Cosa* une des cités les plus fortes de l'Étrurie, et qui sont restés comme un souvenir vivant de l'art avec lequel les habiles constructeurs de ces fortes murailles savaient protéger les lieux qu'ils avaient choisis pour résidence.

Tous les voyageurs qui ont visité, dans les Maremmes, les vieilles ruines de Cosa, ont admiré ces restes d'un passé vénérable : en contemplant l'agencement des blocs polis avec soin, la justesse, l'harmonie, la simplicité des proportions, quelques-uns d'entre eux en sont arrivés à croire que, malgré l'apparence toute pélasgique de ces masses irrégulières, ajustées sans ciment et rivées par leur poids depuis tant de siècles, il fallait attribuer un travail si parfait aux Romains. Telle était l'opinion de Micali, qui a cru les murailles de Cosa postérieures à l'envoi de la première colonie romaine, en l'an 480 après la fondation de Rome (2). Müller, Orioli, Abeken, Niebuhr, ont au contraire considéré la disposition polygonale de ces remparts

---

(1) Voy. Gerhard, *Boll. dell' Inst.*, 1830, p. 51 et 54. — Repetti, *Diz. geogr. stor.*, vol. III, p. 666.

(2) Voy. Micali, *Storia degli antichi popoli italiani*, t. Ier, p. 196 et 144, note 148.

comme une preuve de leur haute antiquité (1). C'est aussi l'opinion de Gerhard, lorsqu'il rapproche la Cosa d'Étrurie d'une ville du même nom dans la Thrace, et les suppose toutes deux pélasgiques (2). L'enceinte, du reste, n'a pas plus d'un mille de circuit, et semble avoir été plutôt destinée à une place de guerre qu'à une de ces cités populeuses qui dominaient une province et donnaient leur nom aux lucumonies dont la réunion formait la grande confédération étrusque. Les tours carrées intérieures ou extérieures, la hauteur et l'épaisseur des remparts, les portes doubles défendues par des angles, donnent à celui qui n'a vu encore ni les hauts bastions de Norba, ni la citadelle d'Alatri, une juste idée de la science que déployèrent pour la défense des places quelques-unes des races primitives qui sont venues peupler l'Italie. Resterait à savoir quelle était, parmi ces races guerrières, celle qui a élevé les murs de Cosa.

S'il y a une vérité évidente pour l'observateur qui a visité tour à tour les contrées placées à l'orient et à l'occident du Tibre, c'est que ce fleuve a séparé deux peuples dont les traces, empreintes sur le sol en caractères indélébiles, ne sauraient être confondues.

---

(1) Ottf. Müller, I, 3, 1, et II, 1, 2. — Orioli, dans les *Monuments étrusques*, publiés par Inghirami, IV, p. 161. — Abeken, *Mittelital.*, p. 21. — Niebuhr, *Hist. R.*, t. I, p. 171.

(2) *Rapporto Volcente.* (*Ann. dell' Inst. di corr. archeol.*, t. III, p. 205, n. 5.)

Ainsi, dans les montagnes des Volsques et des Herniques, chez les Marses et les Èques, on est frappé de ce caractère des constructions en polygones irréguliers qu'on a appelées cyclopéennes ou pélasgiques, et dont Palestrine, Cosa, Norba, Segni, Alatri, Ferentino, offrent les spécimens les plus complets. Ces villes présentaient dans leurs moyens de défense, dans la dimension des blocs dont leurs murailles étaient formées, dans leur enchevêtrement tout à la fois si rude d'apparence et si bien calculé pour la résistance, un appareil formidable; aussi conçoit-on sans peine que les Romains, quand ils s'en furent emparés, les aient fait servir, comme on le fait à présent pour les places de guerre, à garder les captifs et otages dont ils redoutaient le nombre ou l'influence. C'est ainsi que les murs cyclopéens d'*Alba Marsorum*, sur les bords du lac Fucin, servirent tour à tour de prison à Syphax, à Persée de Macédoine, à son fils Alexandre, à Bituitus, le roi des Arvernes. C'est encore ainsi qu'à la fin de la seconde guerre punique, lorsque les Carthaginois donnèrent des otages aux Romains, on les relégua dans l'enceinte pélasgique de Norba; puis, quand les envoyés de Carthage, apportant le premier argent du tribut, demandèrent, au nom de leurs compatriotes, le changement d'une résidence incommode [*ubi parum commode essent* (1)], on consentit à leur accorder cette

---

(1) Tite-Livre, l. XXXII, 2.

demande, mais en choisissant comme nouveau séjour deux villes également défendues par des remparts cyclopéens, Signia et Ferentinum.

Sur la rive occidentale du Tibre, les villes se trouvent également protégées par une enceinte, mais les procédés de construction y ont été tout différents : des habitudes de régularité et de symétrie annoncent une civilisation tout autre ; les assises, formées de parallélipipèdes, se succèdent dans un ordre parfait. La jointure des pierres est telle qu'il faut une grande attention pour la découvrir. La règle, le ciseau, l'équerre, ont été constamment les instruments du travail. Évidemment les ouvriers qui, dans chacune des deux contrées séparées par le Tibre, ont imprimé leur cachet sur ces différents monuments avaient reçu des maîtres de l'art une inspiration toute diverse ; leurs œuvres nous le disent, si les documents écrits sont muets à cet égard. Puis voilà que sur quelques points seulement les deux styles d'architecture se confondent, que la ligne de démarcation est rompue, et que nous trouvons, sur la rive occidentale du fleuve, la construction polygonale du pays des Marses ou des Herniques dans ce qu'elle a de plus parfait et de mieux combiné. N'en peut-on pas déduire que les limites ont été franchies par une des deux races qui, au fort de sa puissance, et lorsque l'art qu'elle cultivait était à son apogée, aurait fondé quelques établissements en dehors du territoire où elle avait établi sa résidence? Ainsi s'expliquerait l'apparence pélasgique des murailles de Cosa, de Saturnia, et peut-être aussi de Rosellæ.

Quel que soit du reste le peuple auquel on doit la fondation de Cosa, cette ville, lorsqu'elle appartenait aux Étrusques, paraît avoir dépendu du territoire de Vulci : du moins Pline la nomme, dans sa description des côtes de l'Étrurie, *Cossa Volcientium*. Dans le cinquième siècle de Rome, les consuls Fabius Dorso et Claudius y fondèrent une colonie (1). Il est probable qu'elle était tombée au pouvoir des Romains en même temps que Vulci, c'est-à-dire dans l'année 474, ainsi que nous l'apprennent les marbres capitolins. A l'une des époques les plus critiques de la seconde guerre punique, alors que douze colonies refusaient leur concours à la future capitale du monde, et que, selon l'expression de Tite-Live, la plupart des sénateurs s'écriaient, en apprenant cette nouvelle, que c'en était fait de l'empire : *ut magna pars* « *actum de imperio* » *diceret*, Cosa se montra fidèle, et le sénat lui témoigna sa reconnaissance par un décret conçu dans les termes les plus honorables : « Aujourd'hui encore, après tant de siècles, s'écrie Tite-Live, je ne tairai pas le nom de ces fidèles alliés et je ne les priverai pas de leur gloire (2) ! » Cependant, lorsque, quel-

---

(1) Voy. Vell. Paterculus, l. I, 14. — Tite-Live, *Ep.*, xiv.
(2) L. XXVII, ch. ix et x.

ques années plus tard, les habitants de Cosa demandèrent la même faveur qu'on venait d'accorder aux habitants de Narni, c'est-à-dire qu'on leur envoyât un renfort de colons, ils furent impitoyablement refusés (1). Rome avait quelquefois la mémoire bien courte pour les services qu'on lui avait rendus : ce fut seulement au bout de trois ans de sollicitations qu'on leur accorda mille hommes de renfort (2).

Parmi les grandes familles romaines qui, par cette colonisation, avaient acquis de grands domaines dans le territoire de Cosa, se trouvait la famille Domitia, dont on a retrouvé plusieurs monuments et dont Cicéron disait dans une de ses lettres à Atticus : « On assure que L. Domitius se trouve à présent dans ses propriétés de Cosa, et l'on ajoute même qu'il va s'y embarquer (3). » — En effet, nous lisons dans César que, tandis qu'il se préparait à assiéger Marseille, Domitius Ahénobarbus était parti pour se jeter dans cette ville avec sept galères enlevées à des particuliers du *Portus Cosanus*, et qu'il avait remplies de ses affranchis, de ses esclaves et des colons de ses terres (4). Vers la même époque, P. Sestius, ami de Cicéron, qui l'avait défendu, allié à la famille Cornelia, gendre d'un Scipion, habitait des propriétés qu'il avait dans les en-

---

(1) Tite-Live, l. XXXII, § 2.
(2) Tite-Live, l. XXXIII, § 24.
(3) L. IX, 6.
(4) César, *De Bell. civ.*, l. I, c. 34.

virons de Cosa (1) ; c'est également dans les domaines possédés près de cette ville par Tertulla, aïeule paternelle de Vespasien, que fut élevé cet empereur (2), et nous pouvons en conclure que la salubrité de ces campagnes, si désolées maintenant, ne subissait alors aucune atteinte fâcheuse : les eaux étaient conduites et endiguées par des travaux dont nous retrouvons les débris, et dont quelques-uns portent encore les marques de cette famille Domitia, si puissante dans le pays (3). Nous avons, pendant toute la durée du haut empire, des preuves de l'existence de Cosa (4), car ces travaux d'assainissement, que rendait nécessai-

---

(1) Cic., *Ad Atticum*, l. XV, 27.

(2) Suétone, *Vie de Vespasien*, c. 2.

(3) Voy. dans l'Itinéraire maritime : *A portu Herculis in cetaria domitiana positio* M. P. VIII (p. 499, éd. de Wesseling). Le *portus Herculis* est le même que le *portus Cosanus*, et se trouve en face de Cosa sur la côte méridionale du *monte Argentaro*. C'est donc près de là que la famille Domitia avait les immenses réservoirs dont on croit voir des restes à Porto San Stefano, et qui donnaient leur nom à l'une des stations maritimes de cette côte.

(4) Voy. l'inscription d'un autel dédié à Auguste par un certain *Plautius Statius magister augustalis* (Repetti, vol. III, p. 666) ; — une autre inscription consacrée à Caracalla par la RESPVBLICA COSANORVM, et trouvée le long de la voie Aurelia (Gori, *Inscr. ant.*, t. III, p. 169). — Une troisième inscription est dédiée à Gordien : comme elle a été donnée inexactement par Gori, t. III, p. 170; par Reinesius, cl. III, 37 ; par Donati, p. 335, 7 ; et par Orelli, 971, j'en reproduis ici le texte exact tel qu'il existe encore dans la maison d'un archiprêtre d'Orbitello : IMP CAES. M. ANTONIO || GORDIANO P. F. || AVG. PONT. MAX. TRIB. POT iiii, COS. II || RESP. COSSANORVM || DEVOTA NVMINI || MAIESTATIQUE EIVS || D. D. Deux autres fragments d'inscriptions consacrées l'une à Claude le Gothique, l'autre à Aurélien, font descendre l'existence de Cosa jusqu'à la fin du troisième siècle de notre ère.

res le débordement des torrents dans les plaines voisines, étaient entretenus avec soin. Dès qu'ils cessèrent, la dépopulation fut rapide ; elle était complète lorsque Rutilius, se rendant en Gaule, passa devant ces remparts démantelés que personne ne gardait plus :

> Cernimus antiquas, nullo custode, ruinas
> Et desolatæ mœnia fœda Cosæ (1).

Au moyen âge, Cosa prit le nom d'Ansedonia qu'elle porte encore, et le voyageur qui veut visiter ses ruines doit la demander ainsi au pâtre qui lui servira de guide.

A l'extrémité de l'étang de Burano, qui baigne le pied de la colline d'Ansedonia, se terminent les Maremmes toscanes, et l'on entre dans les Maremmes de l'État pontifical ; mais la division est toute politique et toute moderne, l'aspect du pays n'a pas varié. Des grèves solitaires, d'immenses champs d'asphodèles, les montagnes sévères du Cimino, qui servent de fond au paysage ; la Méditerranée, qui s'étend à l'horizon comme une plaine d'azur ; puis, entre les montagnes et la mer, sur une colline au sud-est, les campaniles de Corneto et les tumulus de la nécropole de Tarquinies : tout nous dit que, si nous avons changé d'État, nous n'avons pas quitté les plaines de l'Étrurie maritime.

Près de la Fiora, l'*Arminia* de la table Peutingé-

---

(1) Rutilius, l. I, vv. 285-286.

rienne (1), à huit milles de la mer, à cinq ou six milles de la frontière toscane, une solitude mélancolique, sans arbres, sans trace d'habitations, recèle tous les secrets d'une civilisation éteinte, et des trésors artistiques que trente ans de fouilles sont loin d'avoir épuisés. Je n'ai pas besoin de rappeler ici la sensation produite, il y a quelques années, à l'apparition d'un grand nombre de vases peints surgissant tout à coup de cette plaine désolée par la *mal'aria*, coupée par le ravin au fond duquel coule la Fiora qui la traverse sans l'arroser, et où la dépopulation complète a dû faire adopter depuis de longs siècles un système de culture dans lequel les céréales remplacent à de longs intervalles les pâturages spontanés. En 1828, le pas d'un bœuf traçant un sillon enfonça la voûte d'une chambre sépulcrale où se trouvaient quelques vases brisés, dont la forme et le dessin excitèrent, par leur perfection, l'admiration des antiquaires auxquels on les montra. Cette heureuse découverte en fit tenter d'autres : on sonda le terrain, et, dès la fin du printemps, une collection remarquable de vases peints avait passé en Angleterre. Cependant le prince Lucien Bonaparte, l'un des principaux propriétaires de cette plaine immense, connue alors sous le nom de *Piano di Voce*, vint aussitôt sur les lieux, organisa de nou-

---

(1) *Ab Armine portum Herculis*, M. P. XXV, dit l'Itinéraire maritime, éd. Wesseling, p. 499.

velles excavations, et, en moins d'un an, il avait rassemblé à son château de Musignano plus de deux mille vases extraits d'un espace de terrain qui ne dépassait pas deux hectares. A la même époque, le possesseur d'une ferme limitrophe, M. Campanari, formait, du résultat de ses fouilles, la collection qui est devenue maintenant celle du musée Grégorien au Vatican.

Tant de richesses enfouies au même lieu éveillèrent l'attention de tous les archéologues de l'Europe. Quelle était cette ville d'Étrurie dont la nécropole contenait de si rares trésors? Déjà, depuis plus de deux siècles, Holsténius l'avait nommée (1); déjà il avait supposé, d'après la sèche nomenclature des villes étrusques donnée par Ptolémée (2), et d'après quelques mots de Pline ou d'Étienne de Byzance (3), que le lieu appelé, probablement par une corruption du

---

(1) *Adnat. ad Cluver.*, p. 40.
(2) *Geogr.*, l. III, 1, p. 72, ed. Bert.
(3) *Volcentini cognomine Etrusci*, Pline, III, § 8. — Etienne de Byz., *sub voce* Ὄλκιον: l'appellation ethnique, dit-il, était Ὀλκῆται et Ὀλκεύς. Les Étrusques mettaient un F que les Grecs omettaient, ainsi qu'ils le faisaient, dans leur langue, du digamma. M. Od. Gerhard, dans son savant rapport sur les vases de Vulci, croit que le nom de cette ville tire son origine du grec : « *Non ostante le diverse orto-« grafie di Vulci, Volci, Volcium, è facile dedurne il nome dal « greco* ὁλκοί, *cioè covile di vascelli, a norma dell' uso erodoteo di « questa parola* (nel lib. II. § 154, ὁλκοὶ νηῶν). » (Voy. *Ann. de l'Inst. archéol.*, t. III, p. 215). Cette étymologie ne paraît cependant pas se rapporter à une ville située à huit ou dix milles de la mer, sur les bords d'un torrent encaissé qui n'a jamais été navigable.

nom antique, *Piano di Voce*, entre Tarquinies et Cosa, devait être l'emplacement de la ville des *Vulcentes*. C'était donc sa nécropole qui renfermait tous ces beaux vases, ces bronzes, ces bijoux, ces objets d'art annonçant un peuple riche, une civilisation avancée. Et cependant l'histoire était muette sur ce peuple; cette civilisation n'avait laissé de traces qu'au fond des tombeaux. Pas un des grands historiens de Rome, ni Tite-Live, ni Denys d'Halicarnasse, n'ont cité le nom de Vulci. Un fragment des fastes consulaires est le seul témoignage historique qui indique que les habitants de Vulci ont résisté aux Romains et ont été vaincus par eux ; il y est dit que le consul Coruncanius, en l'an 473 de Rome, aux calendes de février, a triomphé à l'occasion des victoires obtenues sur les habitants de Vulci et de Vulsinies (1). C'était donc un an avant la bataille de Vadimona, qui mit fin à la nationalité étrusque, que les *Vulcientes* ou *Vulcentes* avaient succombé ; ils avaient maintenu leur indépendance presque jusqu'à l'époque où la grande confédération des peuples de l'Étrurie devait passer tout entière sous le joug de Rome ; ils avaient résisté plus que Véies, que Faléries, que plusieurs autres villes situées au sud de la forêt Ciminienne : cela seul annonce un peuple qui devait disposer de grandes

---

(1) CORVNCANIVS. TI. F. TI. N. COS. AN. CDLXXIII ǁ de VVLSINIENTIBVS ET VVLCIENTIB. K. FEBR. Voy. Grüter, p. 296, col. 2.

ressources. Il faut ajouter qu'ils avaient pour alliés les habitants de Vulsinies, ville riche, puissante, et dont nous aurons l'occasion de constater plus tard le haut degré de civilisation. Le bas-relief de Cervetri, dont nous avons parlé à propos de Vétulonia, et sur lequel on suppose qu'étaient inscrits les noms des douze lucumonies étrusques, nous donne, au nombre des trois noms conservés, celui des habitants de Vulci. C'est un témoignage important à joindre à celui des fastes, célébrant la victoire de Coruncanius sur les *Vulcientes* et les *Vulsinienses*. Ne doit-on pas supposer qu'il s'agit ici de deux peuples indépendants, puisqu'ils faisaient la guerre en leur propre nom, et n'avaient au-dessus d'eux que le pouvoir central qui reliait les douze États de l'Étrurie?

On a supposé à tort que les Romains, après s'être rendus maîtres de Vulci, l'avaient détruite de fond en comble; cette ville subit le sort de tant d'autres : elle devint romaine. Des thermes, des statues, des inscriptions, des monnaies portant l'empreinte de la Rome des empereurs, ont été trouvés dans l'enceinte des murs, et démontrent l'existence de Vulci sous l'empire. Parmi ces monuments, le plus intéressant, peut-être, est une inscription consacrée au césar *Flavius Valerius Severus*, par le sénat et le peuple des *Vulcentes* (1). Non-seulement ce monument, trouvé

---

(1) D. N. FLAVIO VALE || RIO, SEVERO. NO || BILISSIM : CAESARI,

en 1835, dans la partie de la ville où devait s'élever le Forum, confirme, par l'autorité d'un texte épigraphique, la véritable position de Vulci, mais il prouve que, vers l'an de J.-C. 305, époque à laquelle Sévère devint césar à la place de Constance Chlore nommé auguste, cette cité était encore florissante. D'ailleurs, parmi les médailles qu'on a rencontrées sur le terrain, il y en a de Constantin, de Valentinien, de Gratien, et, au nombre des tombeaux romains, découverts aussi dans cette nécropole étrusque, quelques-uns contenaient des monuments portant les signes du christianisme. Enfin un passage de saint Grégoire le Grand parle d'un sous-diacre de l'église de Vulci, Quadragesimus, *Bulcentinæ* ou *Vulcentinæ ecclesiæ subdiaconus*, qui paissait ses brebis dans les contrées traversées par l'Aurelia, *qui ovium suarum gregem pascere in ejusdem Aureliæ partibus solebat* (1).

ORDO || ET. POPVLVS | VVLCENTIVM || D. N. M. Q. EIVS. Cette inscription a été publiée dans les Mémoires de l'*Academia pontificia archeologica*, VII, p. 85, et par Henzen, dans le 3ᵉ volume d'Orelli, n° 5133. À la fin de cette même année 1835, dans laquelle fut trouvée cette base de statue honoraire, maintenant déposée au musée Grégorien, on découvrit aussi, dans l'enceinte de la ville, des thermes qui avaient été richement ornés de marbres, de statues, et qui appartenaient aux beaux temps de l'empire, ainsi que le prouvent les fragments trouvés sur place. (Voy. *Bull. de l'Inst. archéol.*, 1836, p. 36 et suiv.) On trouvera dans la description des planches l'historique de nos fouilles dans cette riche nécropole.

(1). *Dialog.*, l. III, c. 2; le texte porte *Buxentinæ ecclesiæ*. Holsténius, dans ses notes à Cluvier, avait indiqué la correction nécessaire : *Hujus civitatis nomen apud S. Gregorium, l. c. pessime corruptum est, ubi* Quadragesimus Buxentinæ ecclesiæ subdiaconus *pro* BULCENTINÆ *aut* VULCENTINÆ *legitur* (*Adn. ad* Cluv., p. 78).

La nuit la plus obscure succède à cette lumière diffuse : depuis l'époque où les invasions des Barbares anéantirent jusqu'au dernier vestige de la puissance romaine, il est probable que Vulci n'a plus été que cette plaine déserte, éloignée de tout centre habité, en proie aux miasmes de la *mal'aria*, négligée, redoutée, telle en un mot qu'elle serait encore si la voûte d'une crypte funéraire, s'écroulant sous le pas d'un bœuf de labour, n'eût révélé aux propriétaires du sol l'existence de moissons sur lesquelles ils ne comptaient pas.

De Montalto, triste bourgade dans laquelle on a cru reconnaître le site de l'ancien *Forum Aurelii*, la route, dont les sinuosités ne s'éloignent jamais à plus de trois ou quatre milles de la mer, monte et descend de solitaires collines. Des lentisques, des caroubiers, quelques chênes-liéges étiolés, y semblent les sentinelles perdues d'une végétation qui s'élève plus vigoureuse à mesure qu'elle s'avance vers la montagne. Après avoir laissé sur sa droite quelques écueils appelés aujourd'hui les *Murelle*, et près desquels les mesures données par les anciens Itinéraires indiquent la station de *Regæ*; après avoir traversé le torrent d'Arrone à l'embouchure duquel on s'accorde généralement à reconnaître le site de *Quintiana*, autre station de l'Itinéraire maritime, le voyageur arrive sur les bords de la Marta au delà de laquelle l'œil distingue des monceaux de sel, blancs tumulus qui brillent aux rayons du soleil. Ce sont les produits des salines établies par le gouvernement pontifical près du petit port Clementino, entre la Marta et le Mignone.

Plusieurs antiquaires ont voulu reconnaître en ce lieu le site de *Graviscæ*, ce port de Tarquinies dont Rutilius constatait la désolation dès le commencement du cinquième siècle : « Après nous être éloignés du « rivage, disait-il alors, afin d'éviter les bas-fonds « que signale, à l'embouchure du Minio, l'agitation « des eaux, nous aperçûmes le faîte de quelques rares « édifices. C'est *Graviscæ*, dont les marais pestilentiels « infectent l'air pendant les ardeurs de l'été. Toute- « fois ces marais sont entourés de vertes campagnes, « et le rivage est ombragé par des forêts de pins. » Vertes campagnes, forêts de pins ont disparu depuis longtemps ; mais les marais pestilentiels sont restés. L'emplacement de Graviscæ au *porto Clementino* a, du reste, été contesté par Westphal, qui l'a reporté à l'embouchure de la Marta, site non moins désolé où les recherches de M. Dennis lui ont fait découvrir, sous l'amoncellement de terres apportées par le fleuve et sous la végétation qui les recouvre, des ruines considérables dont l'existence confirme les conjectures du géographe allemand (1).

Sur les premiers gradins des monts Ciminiens s'é-

---

(1) Dennis, *Cities and cemeteries of Etruria*, t. I, p. 392-94. — Cf. Westphal, *Ann. de l'Inst. arch.*, 1830, p. 28-30.

lève la ville de Corneto, couronnée de fortifications et de tours pittoresques. Elle occupe l'extrémité occidentale d'un promontoire de formation volcanique qui s'avance dans la plaine et dont les habitants de Tarquinies avaient fait leur nécropole. Le nom de Tarquinies, son importance dans la confédération des villes étrusques, la place qu'elle occupe dans l'histoire des origines de l'Étrurie, ses longues luttes contre Rome, devaient la sauver de l'oubli, et, si la découverte des richesses archéologiques de Vulci n'est due qu'à un hasard tout récent, il y a déjà longtemps qu'on a retrouvé la ville des morts qui n'était séparée de la cité de Tarchon que par une étroite vallée. Un poëme latin adressé à Philelphe au milieu du xv⁰ siècle, et qu'un voyageur moderne a retrouvé dans les archives de Corneto, parle déjà de ces tombeaux dont les peintures, les vases, les sarcophages (1)

---

(1) Il est remarquable que, tandis que les petites urnes destinées à contenir les cendres des morts se trouvent par centaines dans les nécropoles de Volterra, de Chiusi, de Pérouse, ce sont de grands sarcophages, propres à recevoir le corps tout entier, que l'on trouve en général dans les nécropoles de l'Étrurie méridionale. Le grand poids de ces monuments et le peu de valeur de la matière première dont ils sont en général fabriqués, n'ayant pas excité dans la plupart des cas la convoitise des spéculateurs, ils sont restés sur place et on les rencontre en très-petit nombre dans les musées, bien qu'ils méritent souvent, par l'importance des sujets qui y sont retracés, l'attention de l'archéologue. M. Brunn a consacré dernièrement un article aux sarcophages de Tarquinies dans le *Bulletin arch*. de 1860, p. 145-50.

ont été trois cents ans plus tard toute une révélation :

> Quin etiam effigies veterumque sepulchra virorum
> Sunt et semideum sunt simulacra deum (1).

Vers la fin du même siècle une lettre d'Innocent VIII, existant encore dans les archives secrètes de la ville, annonçait aux habitants de Corneto l'envoi d'un commissaire pontifical, chargé de prendre possession de tout ce qui avait été trouvé dans une tombe récemment ouverte (2). Malheureusement l'envoyé du pape vint trop tard; les habitants de Corneto répondirent qu'ils n'avaient recueilli qu'un peu d'or et l'avaient employé à réparer leurs murailles. Ce qu'on cherchait en effet dans les tombeaux à cette époque, c'était de l'or bien plus que le secret des anciennes civilisations de l'Italie : « *Aurum sepulcris juste detrahetur, ubi dominus non habetur* (3), avait déjà dit Théodoric au commencement du vie siècle, et l'on ne s'était pas fait faute de profiter de la permission donnée par le roi des Goths. Aussi est-il probable qu'on a continué

---

(1) *Bulletin de l'Instit. archéol.*, 1839, p. 68.

(2) « Dilecti filii, salutem et apostolicam benedictionem. Intelleximus esse inventum istic quoddam sepulcrum marmoreum, ad quod inspiciendum mittimus dilectum filium Cornelium Benignum viterbiensem familiarem... Volumus proinde ac vobis mandamus ut sepulcrum ipsum præfato Cornelio ostendatis nostro nomine, et in eis quæ de hujusmodi sepulcro et de repertis in eo ordinabit, ei auscultatis (*sic!*) cogendo ad restitutionem eos, qui ex dicto sepulcro abstulissent, facientes nos etiam per litteras vestras de hujusmodi negotio certiores (*Bull. arch.*, loc. cit., p. 69). » Innocent VIII a occupé le trône pontifical de 1484 à 1492.

(3) Cassiodore, *Variar.*, lib. IV, § 14.

longtemps à Corneto des fouilles dictées par l'intérêt particulier plutôt que par celui de la science. L'habitude qu'avaient les Étrusques de déposer dans les tombes des métaux précieux était trop connue pour que l'esprit de cupidité n'ait pas porté de bonne heure les populations héritières de leurs territoires à violer les sépultures. Il nous faut arriver au xviiie siècle pour retrouver dans ces tentatives l'amour de la science. Le P. Jeannicola Forlivesi, religieux de l'ordre des Augustins à Corneto, a laissé, à la date de 1756, en manuscrit, le premier essai archéologique sur les intéressantes peintures trouvées dans la nécropole de Tarquinies. Depuis lors on a fait bien des découvertes nouvelles et beaucoup d'anciennes découvertes ont péri. On pourrait remplir des volumes de la description de ces monuments qui jettent un si grand jour sur les coutumes et le système religieux d'un peuple que tant de mystère environne encore (1). Des repas funèbres, des jeux, des danses, des chasses, des processions de génies infernaux guidant l'âme au ténébreux séjour, y offrent un caractère très-souvent distinct du caractère grec.

---

(1) Voyez le volume publié par Mme Hamilton Gray : *Tour to the sepulchres of Etruria*, Londres, 1843 ; — les *Annales* et le *Bulletin de l'Institut archéologique*, passim ; — l'*Antica Etruria maritima*, par Canina, in-fol., t. II, p. 1-72 ; — *Hypogæi, or the sepulchral caverns of Tarquinia*, by the late James Byres, Londres, 1842 ; — *The cities and cemeteries of Etruria*, by George Dennis, vol. I, p. 275-386, etc.

Nous nous contenterons de citer la grotte dite de la *Querciola*, qui a pour décoration de joyeux banquets, des danses et une chasse au sanglier. La grotte dite du *Triclinium*, la grotte *Francesca*, la grotte de la *Scrofanera* sont également décorées par des représentations de banquets et de jeux. La grotte qu'on appelle *camera del Morto* représente les apprêts funéraires d'un ensevelissement accompli selon les rites de l'Etrurie. Le mort est couché sur un lit de parade, où une femme lui rend le pieux devoir de lui couvrir la figure et de lui fermer les yeux, tandis que d'autres personnages témoignent de leur douleur par leurs gestes. Dans la grotte *del Tifone*, nous voyons les figures de ces divinités chthoniennes, typhons ou géants anguipèdes, qu'on retrouve sculptés sur les tombeaux en relief de Soana. Dans la grotte *delle Bighe*, on a peint le sujet si fréquent des courses en char et des exercices de la palestre; dans la grotte dite *del Mare*, ce sont des hippocampes et autres monstres marins; dans la grotte *Stackelberg*, des courses de chevaux; dans la grotte *delle Iscrizioni*, des combats d'athlètes, des danses, des processions équestres, des bacchanales; dans la grotte *del Cardinale*, découverte dès l'an 1699, oubliée, puis ouverte de nouveau en 1780 par le cardinal Garampi, évêque de Corneto, se trouve, en grande partie effacée par l'air, l'humidité ou la fumée des torches, une scène plusieurs fois reproduite. Le passage des âmes dans le monde infernal y est dirigé par un bon et un mauvais génie, le premier blanc, l'autre noir : « *Genius... albus et ater,* » ainsi que le dit Horace (1), doctrine étrangère aux mythes de la Grèce, mais qui rappelle les croyances de la Perse et les *dews* de la religion de Zoroastre.

L'ouverture de la plupart de ces grottes est due à des découvertes comparativement récentes, et les premières publications de l'Institut archéologique de Rome, créé en 1828, sont presque entièrement remplies par le récit des fouilles qui se faisaient alors à Vulci ou à Corneto. Chaque tentative produisait des résultats intéressants pour la science, et l'on peut dire que l'exploration de ces deux territoires a donné une impulsion toute nouvelle à l'étude de l'antiquité figurée.

De Corneto à Cœre, la *via Aurelia* nous conduit d'abord à *Civita-Vecchia*, qui, ne conservant aucun souvenir d'une origine étrusque, ne rappelle que le *Centum cellæ* des Romains. Santa-Marinella, qu'on identifie avec le *Punicum* de la table Peutingérienne ; Santa-Severa, le *Pyrgi veteres* de Virgile, marquent les étapes de la route qui suit encore le long de la mer toutes les sinuosités de la voie ancienne. Des tours de garde, élevées de distance en distance, pour la défense des côtes, rappellent seules la présence de

---

(1) *Epist.*, II, 2, v. 189.

l'homme dans ces solitudes insalubres, où par hasard un pâtre, monté sur un cheval au poil hérissé, tenant en main un long aiguillon, traverse la plaine au galop pour rassembler une troupe de cavales sauvages ou de taureaux rebelles. Plein d'ardeur, dévorant l'espace, mais immobile sur sa selle, il force à l'obéissance le buffle à l'œil hagard creusant du pied la terre. C'est la personnification du centaure antique, dans la vraie signification du mot (1).

Entre Santa-Marinella et Palo, château du moyen âge qui nous représente *Alsium*, on quitte la *via Aurelia* pour se rendre à Cervetri, triste village bâti sur les ruines de *Cære*. L'antique cité s'élevait, comme s'élève le village moderne, sur un de ces promontoires volcaniques qui donnent à la campagne romaine un caractère tout particulier. Cette configuration du terrain a le plus souvent déterminé l'emplacement des villes étrusques, et nous l'avons observée dans presque toutes les localités où nous avons été amené à reconnaître des centres de population. Voit-on sur cette terre, bouleversée par l'action des feux souterrains, deux ravins, d'abord parallèles, se rapprocher pour s'unir, et former comme un cap élevé quelquefois de cent mètres au-dessus des vallons qui l'enserrent, on peut croire qu'un site aussi favorable à la défense aura été choisi comme résidence par quelqu'une des

---

(1) Κινέω, ταῦρος.

tribus de la confédération étrusque. Souvent, il est vrai, bastions, remparts, édifices, ont complétement disparu, mais la nécropole est restée. Vous trouverez les vallées voisines creusées en tombeaux plus ou moins apparents, tantôt se déroulant à l'œil en longues avenues de façades taillées dans le roc, comme à Castel d'Asso, à Norchia, à Bieda, à Bomarzo, tantôt cachés sous des terres rapportées, comme à Vulci, à Véies, à Tarquinies.

L'espèce de presqu'île entourée de profonds ravins qui formait l'emplacement de l'ancienne ville de *Cære* se trouve flanquée de deux autres plateaux s'avançant également en promontoires dans la plaine et qui ont servi tous deux de nécropole aux habitants de la cité. L'un, appelé *monte Abattone*, contenait quelques-unes des chambres sépulcrales les plus riches en monuments de tout genre qui aient été ouvertes depuis le commencement de ce siècle; l'autre, nommé *Banditaccia*, est une véritable ville des morts où les tombes par milliers présentent des voies régulières, et où les fouilles nombreuses qui ont formé en partie le musée étrusque du Vatican sont loin d'avoir épuisé les trésors enfouis dans ses profondeurs (1). C'est là qu'a été ou-

---

(1) Voy. sur les découvertes faites à Cære : *Antichi monumenti sepulcrali discoperti nel ducato di Ceri*, par le ch. Visconti. Rome, 1836, in-fol. — *Descrizione di Cere antica*, par Canina. Rome, 1838, in-fol. — *Monumenti di Cere antica*, par le ch. Griffi. Rome, 1841, in-fol. — *Annales de l'Institut arch.*, passim. — *The cities and cemeteries of Etruria*, par Dennis, t. II, p. 17-68. — *Journal*

verte, il y a quelques années, par les soins du marquis Campana, une tombe remarquable entre toutes et dont je fis faire un peu plus tard le dessin sous mes yeux (1). Elle est carrée, parfaitement régulière, de 8 mètres de longueur environ sur une largeur égale, décorée avec le plus grand soin de pilastres cannelés et soutenue par deux piliers de la même disposition architecturale. Sur chaque face, à l'exception de celle où s'ouvre la porte, sont creusés dans le roc trois lits avec un coussin figuré en pierre. C'est là qu'étaient placés les corps, et au bas de ces couches funéraires d'autres lits de pierre, réservés dans le roc quand on a creusé le tombeau, étaient probablement occupés par des personnages d'un rang inférieur. Au-dessus de la porte d'entrée sont disposés deux bucranes avec bandelettes et un cratère d'un haut relief, peints de couleurs vives, comme le sont les objets sculptés sur les frises, les piliers ou la paroi des murs. En face de la porte, au-dessous du lit funéraire où se trouvait le principal personnage déposé dans cette hypogée de famille, sont sculptées deux figures. L'une est une espèce de divinité chthonienne, typhon anguipède comme on en voit dans les peintures de Tarquinies : elle est barbue et tient d'une main un serpent, de l'autre une espèce d'aviron ou de gouvernail. L'autre

---

des Savants, articles de M. Raoul Rochette, mai, juin, juillet et septembre 1843, etc.

(1) Voy. les planches I et II de l'atlas.

est un Cerbère à trois têtes, avec un collier de serpents qui nous rappelle que, d'après Hésiode, Cerbère était né de la monstrueuse union de Typhon et d'Échidna. Au bas des piliers qui soutiennent la voûte sont représentées d'autres figures d'animaux.

Sans entrer ici dans le détail des différents ustensiles ou instruments sculptés sur les murs de cette vaste chambre sépulcrale (1) : armes de guerre offensives ou défensives, trompettes droites ou recourbées, meubles, ustensiles de ménage, engins de toute sorte, nous dirons seulement que l'ouverture d'une hypogée où les objets sont à la fois exprimés par le relief et la peinture, a été pour la connaissance de la vie intime des Étrusques une heureuse découverte. Ainsi reproduits sous leurs formes exactes et avec leurs propres couleurs, ces objets ont l'avantage de ne pouvoir être dispersés dans les musées de l'Europe, où trop souvent on ne saurait reconnaître les circonstances de temps et de lieu auxquelles ils se rapportent. Rapprochés forcément et pour toujours les uns des autres, ils offrent, avec l'architecture intérieure, calquée dans les nécropoles de l'Étrurie sur celle des édifices publics ou privés, l'ensemble de l'art étrusque à une époque donnée, condition qui se rencontre trop rarement dans l'examen des monuments isolés provenant d'un même pays.

---

(1) Voy., pour plus de détails, la description des planches.

Après avoir dépassé Alsium, la *via Aurelia* quittait le bord de la mer pour se diriger vers Rome et pénétrer dans le massif de collines derrière lequel se cache la ville éternelle. Aujourd'hui le chemin de fer suit la base de ces collines et va rejoindre la vallée du Tibre, en passant près de la *Tenuta di Macarese* [l'ancienne *Fregenæ* (1)], forêts et marécages habités par des buffles qui s'enfuient au bruit de la locomotive. Le Tibre servait de limite à l'Etrurie, et nous voici parvenus à la fin de notre voyage.

On a pu voir qu'à l'exception de l'embouchure des fleuves la forme des côtes n'a été que bien peu modifiée : nous n'en voulons pour preuve que les traces encore visibles de la *via Aurelia*, longeant le rivage dans une grande étendue de son parcours. Les Etrusques ont donc habité le pays tel à peu près qu'il est aujourd'hui quant aux circonstances de géographie physique : c'est à l'industrie de l'homme, c'est à l'aménagement des eaux qu'il devait alors sa salubrité relative. Les fouilles nombreuses auxquelles j'ai assisté, soit en Etrurie, soit dans la campagne romaine, m'ont convaincu du soin

---

(1) V. sur *Fregenæ*, ou *Fregellæ*, Cluvier, t. II, p. 499; — Nibby, *Analisi*, t. II, art. Macarèse; — Cramer, *Ancient Italy*, t. I, p. 209. — « Obsessæ campo squalente Fregellæ », dit Silius Italicus (l. VIII, v. 477). Il ne faut pas la confondre avec la *Fregellæ* des Volsques. L'Itinéraire maritime place la ville étrusque entre *Portus Augusti* et *Alsium*, à neuf milles de chacune de ces deux localités. Nous n'avons tenté aucune fouille dans cette partie des Maremmes pontificales.

avec lequel les canaux d'écoulement et de dessèchement étaient entretenus dans l'antiquité. Les travaux des chemins de fer dans les Maremmes et la campagne romaine, en nécessitant d'immenses coupures qui mettaient à nu le sous-sol, ont fait constater le grand nombre de conduits souterrains dont les champs étaient sillonnés : c'était, pour quelques territoires, un véritable drainage dont l'entretien demandait une population nombreuse et des soins continus. L'introduction de la grande culture, par suite de la conquête romaine, plus tard les invasions des Barbares, ont causé le mal en dépeuplant le pays. Les eaux qui descendent en abondance de l'Apennin dans la saison des pluies se sont répandues dans les plaines, où la pente vers la mer est insensible, et dès lors les conditions sanitaires du climat se sont trouvées profondément altérées. On a tourné dans un cercle vicieux : la dépopulation avait amené l'insalubrité, et l'insalubrité a empêché jusqu'à présent le pays de se repeupler : espérons que cette triste alternative aura un terme. Si le gouvernement italien est aidé par les efforts des grands propriétaires dans ses louables tentatives pour endiguer les torrents, pour épuiser les lagunes, pour dessécher les terres humides, par des procédés que nous croyions nouveaux (1) et dont les Etrusques parais-

---

(1) Ces procédés étaient encore en usage chez les Romains : voy. ce que dit Columelle d'une espèce de drainage qu'il décrit dans son traité *De re rustica*, l. II, ch. 1er.

sent avoir connu l'efficacité, on peut entrevoir l'époque où ces fertiles provinces redeviendront ce qu'elles étaient autrefois : une contrée riche et peuplée dont les abondantes moissons nourrissaient une partie de l'Italie.

DEUXIÈME PARTIE.

LES ÉTRUSQUES.

CHAPITRE PREMIER.

Origines.

Parmi les questions les plus controversées par les érudits, les archéologues ou les antiquaires, on peut placer à l'un des premiers rangs celle qui regarde l'origine des Etrusques. Depuis la renaissance des lettres il s'est fait beaucoup de bruit autour de ces vestiges d'une vieille civilisation si profondément creusés dans le sol de l'Etrurie, et il ne semble pas, toutefois, qu'on ait trouvé une solution aux doutes que font naître les divers systèmes tour à tour émis ou combattus. Mais ce n'est pas seulement l'origine des Étrusques qui se cache à nos yeux sous un voile épais : l'histoire du peuple dont la puissante fédération a joué de si bonne heure un rôle actif en Italie, et qui a si fortement marqué son empreinte sur la société romaine, ne nous offre que de rares documents. Peut-on même l'appeler une histoire, ce récit qui n'est possible qu'en cousant l'un à l'autre les lambeaux retrouvés dans les annales de Rome? Et cependant, quand on a vécu longtemps au milieu des nécropoles des Maremmes, quand on a pénétré dans ces hypogées où tant de monuments de l'art le plus parfait se révèlent à nos yeux; quand on a contemplé ces remparts que n'ont renversés ni la main du temps, ni celle des hommes, plus destructive encore, on se sent pris du désir ardent de ranimer par la pensée la vie mystérieuse du peuple qui nous a légué tant de muets souvenirs. Ce peuple a eu ses historiens, sans doute, et, depuis les clous enfoncés par les pontifes, à chaque renouvellement de l'année, dans les murailles du temple de la déesse Nortia, jusqu'aux annalistes dont l'empereur Claude nous apprend qu'il avait étudié les livres, l'Etrurie enregistrait pieusement les faits appartenant à l'histoire, l'histoire! ce flambeau sans lequel tout serait ténèbres en ce monde, cette sagesse des nations, qui par le souvenir du passé prépare les progrès de l'avenir! Malheureusement rien n'est resté des matériaux rassemblés au temps des prospérités de l'Etrurie. Faits, coutumes, traditions, tout a disparu dans le grand naufrage de la langue étrusque : il nous faut, par l'examen des monuments, par l'analyse de quelques passages empruntés aux annalistes de la Grèce ou de Rome, reconstruire l'histoire d'une nation, comme les naturalistes décrivent un de ces animaux antédiluviens dont quelques vertèbres servent à constater la forme, l'origine et jusqu'aux instincts.

Nous venons de parler des passages empruntés aux annales de la Grèce ou de Rome; mais, au moment d'entrer dans la discussion des origines étrusques, nous voudrions presque oublier ceux de ces passages qui y sont relatifs, et surtout les conséquences si différentes que chacun croit pouvoir en tirer. Faire table rase des documents écrits quand ces documents sont contradictoires ; s'appuyer sur les monuments d'antiquité figurée quand ces monuments sont nombreux, variés, et portent l'empreinte du génie de la nation qui les a produits, serait peut-être la plus sage méthode. Nous ne voudrions pas, cependant, qu'on vît, dans cette appréciation de la valeur relative des textes et des monuments, un paradoxe ou une boutade d'antiquaire épris des trésors qu'il a exhumés.

Oui, sans doute, les textes sont précieux quand ils sont complets et surtout contemporains des événements qu'ils exposent. Quelques pages de Tite-Live ou de Tacite retrouvées au fond d'un cloître nous en apprendraient plus sur les faits accomplis dans la Rome républicaine ou impériale que tous les bas-reliefs qui décorent le musée du Vatican ; mais, s'il s'agit de savoir, par exemple, quelle a été l'influence de l'Etrurie sur la Rome des rois, nous aurons une preuve plus complète de cette influence dans la construction tout étrusque de la prison mamertine, de la *Cloaca maxima* ou de l'enceinte de Servius, que dans les récits fabuleux qui nous sont parvenus sur cette époque. Ajoutons qu'il est maintenant facile de comparer les monuments entre eux et de les rapprocher les uns des autres pour en déterminer la valeur relative ou l'origine commune. Cinquante ans de paix ont favorisé les voyages entrepris dans toutes les contrées de l'ancien monde pour y suivre les traces des peuples qui les ont habitées. Les procédés de publication devenus moins coûteux ont aidé à la diffusion de tous ces débris d'une civilisation qui n'est plus. De nouveaux musées se sont formés, les anciens se sont enrichis, et l'antiquité figurée prend chaque jour plus d'importance comme source historique. Nous avons donc les éléments nécessaires pour juger l'art étrusque, lui marquer son rang dans la série des monuments de l'antiquité parvenus jusqu'à nous, reconnaître les influences de l'Asie, assigner la part qui revient à la Grèce, et suppléer ainsi, jusqu'à un certain point, aux lacunes ou aux contradictions de l'histoire.

L'hypothèse adoptée le plus généralement par les écrivains de l'antiquité fait venir de Lydie la première colonie qui peupla la Toscane. Fréret a fait observer, il est vrai, il y a plus d'un siècle (1), que les

---

(1) *Hist. de l'Acad. des inscr. et belles-lettres*, t. XVIII, p. 94.

anciens ayant, sur ce sujet, copié Hérodote, toutes leurs autorités se réduisaient à la sienne. Mais cette assertion nous paraît bien absolue. Il y avait encore en Grèce d'autres autorités à consulter que celles du père de l'histoire, autorités qui avaient emprunté leurs traditions à des sources dont le fond était identique, mais les détails différents. Nous citerons, entre autres, Anticlide d'Athènes, dont Strabon invoque le témoignage (1); il affirme que les premiers Pélasges colonisèrent Imbros et Lemnos, ajoutant que quelques-uns d'entre eux se joignirent à Tyrrhénus, fils du roi lydien Atys, lorsqu'il alla s'établir en Italie. Voici donc le fait de la colonie lydienne reconnu, mais rapporté avec des circonstances différentes de celles qui accompagnent le récit d'Hérodote. Anticlide vivait vers le IVe siècle avant notre ère : il avait écrit un livre intitulé Περὶ Νόστων, contenant le récit des aventures des Grecs au retour de leurs anciennes expéditions (2). C'est probablement à cette œuvre qu'a été emprunté par Strabon le document que nous venons de rapporter.

Admettons toutefois que le récit d'Hérodote soit la source principale de la tradition lydienne, il nous faudra bien avouer que ce récit est mélangé de circonstances trop fabuleuses pour qu'il n'ait pas été facile à ses adversaires d'en attaquer le fond par la

---

(1) Strab., l. V, chap. 2, p. 184, édit. Didot.
(2) Athén., IV, p. 157; IX, p. 384; XI, p. 466.

forme. Hérodote suppose que, sous le règne d'Atys, fils de Manès, la Lydie tout entière avait été affligée d'une de ces terribles famines dont l'antiquité nous offre de nombreux exemples. Jusque-là rien qui ne soit naturel; mais nous entrons ici dans la série des faits merveilleux, qui ont tant d'attrait pour l'imagination des peuples de l'Orient. Le pays ne produisait plus, dit le narrateur, que la moitié de ce qui était nécessaire pour empêcher les habitants de mourir de faim s'ils avaient voulu manger tous les jours : aussi ne mangeaient-ils plus que de deux jours l'un. Au bout de dix-huit ans qu'ils avaient passés ainsi, en jouant aux dés et aux osselets le jour d'abstinence, les Lydiens prennent un grand parti. Toute la nation se divise en deux portions égales. L'une devait rester et manger tous les jours, l'autre devait partir et chercher ailleurs une meilleure fortune. Atys reste dans son royaume, et son fils Tyrrhénus se met à la tête des émigrants. Ces derniers construisirent des vaisseaux à Smyrne, les chargèrent de tout ce qui était nécessaire pour un établissement, et abordèrent en Ombrie où ils bâtirent les villes qu'ils habitent encore à présent, ajoute Hérodote. Seulement ils avaient changé de nom et ne s'appelaient plus Lydiens, mais Tyrrhéniens, d'après leur chef Tyrrhénus [1].

Tel est le récit primitif sur lequel se fonde l'opinion

---

[1] Hér., l. I, § 94. — Otf. Müller, ne voyant dans l'explication donnée

si accréditée chez les anciens de l'origine lydienne des Étrusques. Et nous n'avons pas besoin de combattre ici, comme on l'a fait quelquefois trop sérieusement, les impossibilités d'une pareille narration. Il est fort inutile, en effet, d'argumenter sur la difficulté de vivre pendant dix-huit ans à ne manger que tous les deux jours, et il n'est pas moins évident qu'à l'époque où les Tyrrhéniens fondèrent des établissements en Italie, il ne pouvait exister en Lydie une marine capable d'emporter au delà des mers la moitié de la

---

par Hérodote du nom des Tyrrhéniens qu'une des traditions antiques qui personnifiaient chaque peuple dans un héros éponyme, recherche quelle peut être l'origine historique et probable du nom de cette race que ses habitudes maritimes firent connaître de bonne heure à tous les peuples riverains de la Méditerranée : il la trouve en Asie. Le peuple, dit-il, qui, fuyant de la Béotie, après l'émancipation dorienne, parut à Athènes, puis à Lemnos, à Imbros, dans l'île de Samothrace, à Scyros, et se fixa sur d'autres points de la mer Égée, se rendant à la fin redoutable par la piraterie et utile par la culture ou le perfectionnement de différents arts, est appelé tantôt du nom de Pélasges, tantôt du nom de Tyrrhéniens, tantôt de celui de Pélasges-Tyrrhéniens. C'était, en effet, un rameau de la grande nation pélasgique. D'où vient donc le nom de Tyrséniens ou Tyrrhéniens, par lequel cette ancienne race est désignée, sinon constamment, du moins très-fréquemment depuis le temps de Thucydide, avec omission fréquente du nom de Pélasges (Apollon. de Rhodes, IV, 1760 ; — Plut., *Virt. mul.*, 8; *Quest. gr.*, 21; — Polyæn., VII, 49 ; — Porphyr., *V. Pyth.*, 10)? Pour répondre à cette question, il faut naturellement s'adresser à la ramification de cette grande famille chez laquelle on trouve pour la première fois le nom de Tyrrhéniens. Or nous le trouvons, et déjà complètement isolé, dans un hymne homérique, où il est appliqué à des pirates qui s'emparent de Dionysos, ou Bacchus, sur la côte, pour le transporter dans des régions éloignées, en Égypte, en Chypre, ou même chez les Hyperboréens, et qui, pour ce fait, sont changés par les dieux en dauphins. Il est évident qu'il ne s'agit pas ici des Étrusques, mais du

nation. Ce ne sont donc pas les circonstances du récit qu'il faut combattre, car on rencontre la fable au berceau de tous les peuples, et il n'est pas plus extraordinaire de voir les Lydiens jouer aux dés pour tromper la faim que de chercher sous le figuier ruminal la place où la louve dont on voit l'image au Capitole nourrissait de son lait Rémus et Romulus. Le fait, dégagé du merveilleux qui l'accompagne dans le récit, c'est que les Tyrrhéniens habitant les côtes de l'Italie passaient aux yeux d'Hérodote pour y être venus des

---

rameau des Pélasges dont nous venons de parler. Le caractère de ces Tyrrhéniens et celui des Pélasges-Tyrrhéniens de Lemnos est complétement identique. C'est, en effet, à ceux-ci, comme à un peuple voisin, que l'auteur de l'hymne devait penser tout d'abord ; puis, en outre, c'est précisément l'Italie, ou Hespérie, qui n'est pas nommée dans cet hymne parmi les pays où les Tyrrhéniens comptent emmener leur prisonnier. On sait que le mythe de Bacchus est une tradition populaire de Naxos, puisque cette île de la mer Égée est le siège principal du dieu et qu'on la cite plusieurs fois comme le lieu où il veut être conduit (Hygin, *Poet. astr.*, I, 17 ; — Apollodor., III, 5, 3 ; — Ov., *Met.*, III, v. 577-700 ; — Serv. ad *Æn.*, I, v. 71 et III, v. 125). Mais les Tyrrhéniens sont représentés dans cette tradition comme habitant la côte opposée, par conséquent la côte asiatique ou lydienne : or beaucoup d'autres documents placent dans cette contrée le souvenir des Tyrrhéniens : c'est ainsi qu'une tradition populaire de Samos raconte que les Tyrrhéniens avaient entrepris d'enlever, au profit des Argiens, l'image de Junon adorée dans cette île (Ménodote dans Athénée, xv, 672). On trouvait aussi, en Carie, un promontoire nommé Termérion, où, d'après la tradition, les Tyrrhéniens auraient renfermé les captifs dont ils s'étaient emparés dans leurs expéditions (Photius, *Lex.*, p. 579, 25, et Suidas, s. v. Τερμέρια). On est donc amené à supposer que ce fut d'abord dans l'Asie antérieure qu'un rameau de la grande famille pélasgique reçut le nom de Tyrrhéniens, nom qui fut appliqué plus tard aux établissements qu'ils formèrent dans différentes contrées. Si ce sont les Pélasges

côtes de l'Asie Mineure. Portons cette opinion à son compte pour en examiner plus tard la valeur, et voyons quels sont les historiens de l'antiquité qui, malgré la faveur dont elle jouissait, se sont élevés contre elle.

A l'autorité d'Hérodote on a opposé celle de Denys d'Halicarnasse. « Les Tyrrhéniens, dit-il, sont regardés par les uns comme étrangers à l'Italie et comme autochthones par les autres. Ceux qui les croient autochthones disent qu'ils tirent leur nom des tours qu'ils furent les premiers à construire : de telle sorte que de *Turris* ou Τύρσεις on a fait Tyrrhéniens ou Tyrséniens (1)... Quant à ceux qui les croient faussement

---

de l'Asie Mineure qui portèrent d'abord le nom de Tyrrhéniens, d'où leur vint-il? Nous pouvons supposer que Τυρῥηνός ou Τυρσηνός n'est autre chose qu'un nom topique dérivé d'un lieu nommé Τύρῥα ou Τύρσα, d'après une forme que nous retrouvons dans Κυζικηνός, Πλακηνός, et qui était surtout usitée en Asie. Dès lors, la ville de Τύρῥα, dont Τυρῥηνός est formé d'une façon tout à fait régulière, ne saurait être cherchée loin de la contrée indiquée par les notions rassemblées jusqu'ici. C'était une ville de la Lydie (*Etymol. M.*, s. v. Τύραννος), et, d'après toute probabilité, c'est la même qui fut appelée par les Grecs Métropolis, mais qui plus tard reprit son nom primitif Tyria (Mannert, *Geogr.*, VI, 3, p. 371). Elle était située dans la Lydie méridionale sur les bords du Caystre ; mais la Lydie méridionale s'appelle dans le dialecte indigène Torrhébie (Ét. de Byz., s. v. Τόρῥηβος) : or Tyrrha et Torrha sont évidemment deux prononciations différentes du même mot ; on peut donc considérer Tyrrhéniens et Torrhébiens comme identiques. Nous arrivons ainsi à déterminer qu'il y a une grande conformité entre la tradition rapportée par Xanthus de Lydie et celle que nous transmet Hérodote, lorsque l'un donne aux fils d'Atys les noms de Lydus et Torrhébus, tandis que l'autre les appelle Lydus et Tyrrhénus ; car le premier, en sa qualité de Lydien, employait la forme lydienne du nom, et le second a employé la forme grecque (Otf. Müller, *Die Etrusker*, Introd., ch. II, § 3-5).

(1) Lepsius a cru devoir adopter l'étymologie donnée par Denys

étrangers à l'Italie, ils supposent qu'un chef appelé Tyrrhénus leur a donné son nom. » Denys rapporte ensuite la tradition d'Hérodote, qu'il traite de fable, puis il ajoute : « Je sais que beaucoup d'autres historiens ont également écrit sur l'origine des populations tyrrhéniennes et ont varié entre eux sur le nom du fondateur ou l'époque de la fondation. Les uns ont prétendu que Tyrrhénus était fils d'Hercule et de la Lydienne Omphale ; les autres l'ont cru fils de Télèphe et arrivé en Italie après la ruine de Troie. D'après les premiers, il aurait chassé les Pélasges des villes qu'ils occupaient, non pas de toutes cependant, mais de celles qui se trouvaient placées au nord du Tibre.

« Xanthus de Lydie, l'un des meilleurs historiens des antiquités de sa patrie, ne fait allusion dans aucun passage de ses écrits à un chef des Lydiens du nom de Tyrrhénus ou à la migration des Tyrrhéniens en Italie : en un mot, il ne parle jamais de ces derniers comme étant une colonie lydienne. Il nomme les deux fils d'Atys, Lydus et Torrhébus. Ces deux princes, dit-il, s'étant divisé l'empire paternel, restèrent tous deux en Asie et donnèrent chacun leur nom

---

de préférence à celle que propose Otf. Müller et dont nous avons rendu compte dans la note précédente. Elles peuvent toutefois se concilier, puisque la ville de Tyrrha aurait été construite en Lydie par une branche des Pélasges et probablement défendue par ces mêmes remparts gigantesques dont on retrouve des traces en Asie Mineure, en Grèce, en Italie. (*Ueber die Tyrrenischen Pelasger, p.* 13-14.)

au peuple qui leur était soumis, en sorte que Lydus devint roi des Lydiens, Torrhébus des Torrhèbes. »

Quant à l'historien Hellanicus de Lesbos, il dit que les Tyrrhéniens, appelés d'abord Pélasges, prirent le nom qu'ils portent maintenant lorsque déjà ils s'étaient établis en Italie. De leur roi Pélasge, dit-il, et de Ménippe, fille de Pénée, naquit Phraster, qui eut pour fils Amyntor : d'Amyntor naquit Teutamide; de Teutamide Nanas. Sous le règne de ce prince les Pélasges, chassés de leurs demeures par les Hellènes, arrivèrent sur leurs navires à l'embouchure du Pô, dans la mer d'Ionie (l'Adriatique), d'où ils s'avancèrent dans l'intérieur du pays vers la ville de Cortone, dont ils s'emparèrent (1). Ils en firent d'abord leur capitale, puis fondèrent ensuite celle qu'ils appelèrent Tyrrhénia. Myrsile, autre historien natif de Lesbos, croit que les Tyrrhéniens, après avoir quitté leur patrie, furent appelés Pélasges, Πελαργοί, parce qu'ils passaient en troupes nombreuses comme la cicogne (πελαργός) sur les terres des Hellènes et des Barbares. Il ajoute que ces

---

(1) La philologie comparée a donné à l'une des quatre grandes classes entre lesquelles elle a divisé les idiomes européens de souche indo-germanique le nom de groupe pélasgique : ce groupe comprend le grec, le latin et toutes les langues qui en dérivent. En effet, les premières notions qui nous parviennent sur l'Italie ou la Grèce nous montrent les Pélasges comme le premier élément civilisateur qui ait agi sur ces contrées. Aussi le fait de leur présence et de leur action sur la civilisation des autochthones a-t-il été accepté généralement, quelque opinion que l'on ait adoptée (et il y en a eu beaucoup) sur la marche de leurs migrations. « J'affirme avec une entière convic-

mêmes Pélasges élevèrent le mur qu'on appelle pélasgique autour de l'acropole d'Athènes.

« Il me semble toutefois, ajoute Denys, que ceux-là se trompent fortement qui veulent reconnaître les Pélasges et les Tyrrhéniens pour un même peuple. Rien d'étonnant qu'on les ait quelquefois désignés sous le même nom. Même chose est arrivée à d'autres peuples grecs ou barbares. Il y eut un temps où, en Italie, les Latins, les Ombriens, les Ausoniens, étaient tous appelés Tyrrhéniens par les Grecs, aux-

---

tion historique, dit Niebuhr, qu'il fut un temps où les Pélasges, formant peut-être le peuple le plus étendu de l'Europe, habitaient depuis le Pô et l'Arno jusque vers le Bosphore : seulement leurs demeures étaient interrompues en Thrace, de telle sorte cependant que les îles septentrionales de la mer Égée renouassent la chaîne qui liait les Tyrrhéniens d'Asie et la pélasgique Argos. Mais, quand Hellanicus écrivait, il n'y avait plus de cette immense souche de peuples que des restes isolés, dispersés au loin et séparés les uns des autres. Ils étaient alors comme les peuples celtiques de l'Espagne ; ainsi les sommités des montagnes deviennent des îles, quand les flots ont changé en un lac tous les bas-fonds. Pas plus que les Celtes, les Pélasges ne parurent des débris de populations plus grandes ; on les regarda comme des colonies d'hommes envoyés par la métropole, ou venues par suite d'émigrations, comme les Grecs qui étaient pareillement dispersés. Ceci étant une fois admis (la grandeur et l'étendue originaire de la nation étant méconnues, cette supposition se présentait d'elle-même), on regarda comme une hypothèse fondée sur toutes les circonstances et sur tous les rapports établis, que les Tyrrhéniens de Cortone étaient venus de Spina, de l'embouchure du Pô ; mais le récit d'Hellanicus n'a pas pour cela la moindre valeur historique (*Hist. rom.*, vol. I, p. 74-75). » Voir, en outre, sur les Pélasges : Hérodote, l. I, 57 ; II, 51 ; VI, 137 ; VIII, 44. — Eschyle, *Suppl.*, V, 248.—Thucydide, II, 99 ; VI, 2.—Aristote, *Polit.*, VII, 10. — Denys d'Halicarnasse, I, 17-31 ; — Strabon, l. V, ch. 2, pp. 183-184 ; VII, ch. 7, pp. 272-273 ; l. IX, ch. 2, p. 345-352 ; l. XIII, ch. 3, pp. 530-31, éd. Didot.

quels l'éloignement ne permettait pas d'avoir sur eux des renseignements précis. Beaucoup d'auteurs ont même pris Rome pour une ville tyrrhénienne. Je crois donc que Tyrrhéniens et Pélasges différaient en réalité de nom et de coutumes : je crois encore que leur origine n'était pas la même, et cela par plusieurs raisons, dont la plus décisive me paraît être la complète dissemblance de leurs langages (1)...

---

(1) Denys s'appuie ici de l'opinion d'Hérodote, auquel il fait dire que « les habitants de la ville de Cortone (en Étrurie), Pélasges d'origine, ne peuvent comprendre la langue du peuple tyrrhénien qui les entoure, tandis qu'ils comprennent la langue de la ville pélasgique de Plakie. » Or il y a longtemps qu'on a reconnu que ce passage d'Hérodote est corrompu dans le texte de Denys d'Halicarnasse, qui a lu Κροτωνιάται, au lieu de Κρηστωνιάται, que porte le texte d'Hérodote. (Voy. les *Mém. de l'Ac. des Inscr.*, t. XIV, p. 154, où M. de Lanause avait déjà constaté cette singulière confusion.) Niebuhr a cependant voulu regarder la leçon de Denys comme la bonne et l'a défendue avec son érudition habituelle ; mais Otf. Müller et Lepsius la combattent, et, à ce qu'il nous semble, avec toute raison. « Si l'on suppose ici, avec Denys, dit Müller (Introd., ch. 2), qu'Hérodote a voulu parler de Cortone, il faut supposer aussi que, vers l'an de Rome 320, cette ville si importante, placée tout à fait au milieu des terres, n'était étrusque, ni par sa nationalité, ni par sa langue, et que ce peuple alors si florissant avait souffert au milieu de lui la présence d'une tribu complétement étrangère ; tandis que nous voyons Tite-Live regarder Cortone, à moins d'un siècle de distance, comme une des métropoles de la confédération étrusque (IX, 37). Les Crestoniens dont parle Hérodote étaient établis dans la Thrace, où se trouvaient aussi des Pélasges-Tyrrhéniens descendant probablement de cette même émigration qui avait été coloniser la côte de Lydie et à laquelle il faut, d'après Müller, faire remonter le nom de Tyrrhéniens. Les Tyrrhéniens de Lydie pouvaient avoir altéré, par l'influence de la population de race lydienne qui les entourait, leur idiome pélasgique, tandis que les Crestoniens et les habitants de Plakie l'avaient probablement conservé assez pur pour qu'on les reconnût comme Pélasges. En outre,

Je ne crois pas non plus que les Tyrrhéniens soient une ramification des Lydiens, puisqu'ils n'ont ni la même langue, ni les mêmes dieux, ni les mêmes lois, ni les mêmes mœurs, et qu'ils se trouvent encore plus éloignés, sous tous ces rapports, des habitants de la Lydie que des Pélasges. Aussi regardons-nous comme l'opinion la plus probable celle qui voit dans les Tyrrhéniens une nation autochthone, conclusion conforme à l'originalité de leurs mœurs et de leur langage. Rien ne s'oppose à ce que les Grecs les aient appelés Tyrrhéniens, soit parce qu'ils étaient habiles à construire des tours, soit du nom d'un de leurs chefs. Quant aux Romains, qui appelaient *Etrurie* le pays qu'ils habitent, ils les ont nommés *Etrusques*, et eux-mêmes se nomment *Rasena*, d'après le nom d'un des princes qui ont régné sur eux. Plus tard, et dans un autre livre, nous indiquerons les villes qu'ils ont fondées, nous dirons quelle était la forme de leur gou-

---

les habitants de Creston et de Plakia pouvaient facilement se rencontrer dans un des emporiums de la Grèce, ou devant les tribunaux d'Athènes dont ils étaient probablement sujets les uns et les autres, et se comprendre mutuellement ; tandis qu'on ne peut guère imaginer dans quel cas les habitants de Cortone, placés en dehors de tout commerce et de tout rapport politique avec la Hellade, auraient pu se trouver en contact avec des gens de Plakie, de manière qu'Hérodote, qui n'a même jamais été en Italie, ait pu constater que les deux langues étaient sœurs. Il n'y a donc pas lieu de s'appuyer sur ce témoignage, évidemment corrompu par une fausse lecture, pour repousser l'opinion qui donne une origine commune aux Tyrrhéniens et aux Pélasges, bien que la langue, les mœurs, les coutumes des premiers, aient pu être profondément modifiées par leur séjour en Asie.

vernement, quelles étaient leurs institutions politiques, quelle a été l'étendue de leur puissance, quelles sont, en un mot, les vicissitudes de leur histoire (1). »

Malheureusement Denys n'a pas tenu ses promesses, ou du moins le livre qu'il avait écrit sur ce sujet est perdu. Les quelques pages que nous venons de citer, voilà tout ce qu'a épargné la main du temps et ce que l'antiquité nous a légué sur les origines étrusques. Descendance lydienne, selon Hérodote; — identité des Pélasges et des Tyrrhéniens, d'après Hellanicus et Myrsile de Lesbos; — les Tyrrhéniens autochthones en Italie, dans l'opinion de Denys d'Halicarnasse; ces trois systèmes avaient rencontré un accueil tout différent chez les écrivains grecs et latins. Géographes, historiens, philosophes, orateurs, poëtes (2), ont admis la tradition d'Hérodote, du moins dans le fait principal, et si, par une espèce d'éclectisme, Plutarque voyait dans les Tyrrhéniens des Thessaliens, c'est-à-

---

(1) Denys d'Halicarnasse, l. I, § 27-30.
(2) Voy. Strabon, V, p. 219; — Symnus de Chio, v. 224; — Cicéron, *de Divin.*, I, 12; — Tacite, *Ann.*, IV, 55; — Pline, *H. N.*, III, 3; — Valère Maxime, II, 4,3; — Velleius Paterculus, I, 1; — Justin, XX, 1; — Appien, *de Reb. pun.*, LXVI; — Tertullien, *Spect.*, V; — Festus, *sub voc.* SARDI, TURRHENOS; — Virgile, *Æn.*, II, v. 781; VIII, 479; IX, 11; — Servius, *loc. cit.*, l. I, au vers 71; — Ovide, *Met.*, III, v. 576-583; — Sénèque, *Consol. ad Helv.*, VI; — Horace, *Sat.*, l. I, 6, v. 1; — Lycophron, *Cass.*, v. 1351-61; — Silius Italicus, *Guerres puniques*, l. IV, 721; l. V, 9; l. VIII, 485; l. X, 40, 485; l. XIII, 828; — Stace, *Sylv.*, I, 2, 190; IV, 4, 6; — Catulle, XXXI, 13; — Rutilius Numatianus, I, 596; — C. Pedo Albinovanus, *Elégies*, II, v. 75; — Solin, ch. II, 7.

dire des Pélasges, il les faisait passer par la Lydie pour arriver en Italie (1). L'opinion contraire compte bien peu d'adhérents dans l'antiquité : et comment en aurait-il été autrement ? Les Etrusques eux-mêmes, à l'époque où ils avaient encore leurs annales, alors que leurs historiens étaient connus et étudiés par la Rome savante, rapportaient leur origine à la Lydie. Tacite nous en a donné une preuve convaincante : « Onze villes d'Asie, dit-il, se disputaient devant le sénat l'honneur de construire un temple à Tibère. Neuf furent écartées : Sardes et Smyrne restèrent seules en lice... Sardes produisit en sa faveur un décret des Étrusques qui attestait leur consanguinité : *Sardiani decretum Etruriæ recitavere ut consanguinei* (2). »

La tradition lydienne vécut donc aussi longtemps que l'empire romain ; puis, vestiges des monuments, histoire, souvenirs, disparurent pendant de longs siècles. L'Etrurie était foulée par les Barbares. Invasions étrangères, guerres civiles, oppression, rapines, avaient amené la dépopulation et condamné le pays à une insalubrité toujours croissante, en détruisant les œuvres d'art qui endiguaient les eaux. Dès le réveil des lettres, cependant, on s'occupa en Italie des origines étrusques, car le souvenir des grandeurs de l'Etrurie s'était conservé dans la mémoire des Toscans du moyen âge.

---

(1) Plutarque, *Vie de Romulus*, § 2.
(2) Tacite, *Ann.*, l. IV, 55.

Dante, peignant une jeune mère qui file sa quenouille attentive au berceau de son fils, ajoute qu'elle s'entretenait avec sa famillle des Troyens, de Rome et de Fiésole aux murailles tyrrhéniennes :

> . . . Traendo alla rocca la chioma,
> Favoleggiava con la sua famiglia
> De' Trojani, e di Fiesole, e di Roma (1).

Bientôt le génie de la Renaissance et la découverte des textes anciens appela les esprits sérieux à l'étude de l'antiquité. Les érudits voulurent connaître d'où venait ce peuple qui, par la civilisation, l'industrie, la culture des arts, avait eu sur l'Italie, terre classique des souvenirs, une influence dont les preuves étaient encore écrites sur le sol. On interrogea tour à tour la Phénicie, l'Égypte, la Libye, la Grèce, l'Asie Mineure, et jusqu'aux races celtiques (2); mais un système entre tous les autres séduisait l'Italie et entraînait les écrivains nés sur cette terre féconde. C'était celui qu'avait adopté Denys, qui regardait les Etrusques comme autochthones. N'était-il pas glorieux, en effet, de ne devoir qu'à la patrie ce développement de civi-

---

(1) Dante, *Divine Comédie*, Paradis, V⁰ ciel.
(2) Maffei a considéré les Tyrrhéniens comme originaires de la terre de Chanaan ; Mazzochi (*Dissert. de origin. Tyrrhen.* et Diatrib. X, *Acad. Corton.*, t. III) les croyait Phéniciens, opinion partagée par Guarnacci et quelques autres ; Buonarotti les fait venir d'Egypte. Pelloutier, Fréret, Heyne, Cluvier les supposent issus des Celtes ; on a cherché jusque dans les langues slaves l'explication des inscriptions étrusques.

lisation qui, traversant le Tibre et réagissant de l'Etrurie sur la ville de Romulus, avait fait plus tard le tour du monde avec les aigles romaines? Désormais Rome n'avouerait plus, comme elle l'avait fait à l'époque la plus glorieuse de sa puissance, qu'elle avait été conquise par les arts de la Grèce soumise à ses lois :

> Græcia capta ferum victorem cepit, et artes
> Intulit agresti Latio (1).

Un historien toscan, écrivain ingénieux mais prévenu, Micali, a résumé dans son histoire des anciens peuples de l'Italie ce qui a été dit en faveur de l'autochthonie des Etrusques (2). Il a été obligé, toutefois, de reconnaître, dans un ouvrage postérieur, des rapports si nombreux et si complets entre les arts de l'Asie et ceux de l'Étrurie, que, tout en attribuant ces rapports aux relations commerciales des Tyrrhéniens avec le littoral de la Méditerranée, il sape de sa main l'édifice qu'il avait élevé (3). Son principal argument, d'ailleurs, est l'assertion de Denys affirmant que les Etrusques n'avaient pas la même langue que les Lydiens; assertion d'autant plus décisive, fait observer M. Micali, que la langue des Etrusques était alors en usage et que leurs écrits originaux subsis-

---

(1) Horace, *Ép.*, l. II, 1, 157.
(2) *Storia degli antichi popoli italiani*, t. I, ch. VII.
(3) *Monumenti inediti*, passim.

taient encore. Oui, sans doute, il est bien vrai qu'à l'époque où écrivait Denys il lui était facile de consulter les monuments de la langue étrusque et de les comparer à ceux des autres langues qui se trouvaient dans le même cas, c'est-à-dire dont les monuments existaient. Mais Strabon, contemporain de Denys, nous apprend que de son temps il ne restait pas en Lydie une seule trace du langage des Lydiens (1). Or, ce témoignage nous paraît enlever une grande partie de sa valeur à l'opinion adoptée par l'historien d'Halicarnasse.

M. Micali fait aussi trop bon marché du témoignage de Tacite rapporté plus haut, à propos des prétentions qu'annonçaient plusieurs villes de l'Asie à la reconstruction du temple de Tibère : « On prétend, dit-il, que les « Étrusques eux-mêmes ont reconnu, en un certain « sens, leur provenance lydienne, quand, sous le gou- « vernement de Tibère, ils écrivirent aux habitants de « Sardes comme à leurs parents : mais, bien qu'il ne « restât plus à l'Étrurie, dans son asservissement, « qu'une vaine gloire, cependant ces liens de pa- « renté asiatique dont on se vantait ne trouvèrent ni « croyance ni grâce devant le sénat (2). » On a peine à concevoir que Micali traite si légèrement le témoignage officiel de deux peuples se reconnaissant réciproquement comme descendant d'une origine com-

---

(1) Strabon, l. XIII, p. 589, éd. Didot.
(2) *Storia degli pop. ital.*, vol. I, p. 99.

mune. Ne voit-il pas qu'il tombe en pleine contradiction lorsqu'il appuie la valeur du témoignage de Denys d'Halicarnasse sur ce que les Etrusques avaient encore conservé, au temps où il composait ses annales, les écrits relatifs à leur origine, puis lorsqu'il répudie tout à coup l'acte solennel qu'à la même époque ils rédigeaient d'après ces mêmes écrits? Il y a plus : la préoccupation systématique de revendiquer au nom de l'Italie la civilisation des Etrusques lui dérobe le sens des paroles de Tacite, et lui fait croire que cet historien a considéré la prétention mutuelle des Lydiens et des Etrusques comme n'ayant obtenu nulle croyance devant le sénat (1). Or, Tacite ne dit pas un mot de cela ; tout au contraire. Les droits de neuf villes sur onze sont trouvés trop légers : Tralles, Hypèpes, Laodicée, Magnésie, sont exclues comme villes subalternes ; Ilion, quoique représentant l'ancienne Troie, mère de Rome, n'a pour elle que son antiquité. Pergame a déjà le temple d'Auguste ; Milet, celui d'Apollon ; Éphèse a le culte de Diane. Sardes et Smyrne restent en présence. Le grand argument que Sardes invoque en sa faveur est sa parenté avec les Etrusques : celui-là seul suffit pour lui rallier bien des suffrages ; mais Smyrne prouve que dans les guerres étrangères, et même dans celles d'Italie, elle avait fourni aux Romains des forces na-

---

(1) « *Questi legami di parentela asiatica non trovarono fede, nè grazia davanti il senato.* » (Loc. cit.)

vales; que la première elle avait élevé un temple à la ville de Rome, alors que Rome avait dans Carthage et dans les rois de l'Asie des rivaux redoutables. Puis, surtout, elle apportait le témoignage de Sylla. Ce général s'était trouvé dans la plus grande détresse : ses soldats manquaient d'habits au milieu des rigueurs de l'hiver. La nouvelle en parvint à Smyrne au moment où le peuple était assemblé; chacun à l'instant se dépouille de ses vêtements et les envoie aux légions. Aussi, ajoute Tacite, ce fut à la ville de Smyrne que les sénateurs donnèrent leurs voix : *Ita, rogati sententiam, patres Smyrneos prætulere* (1). La cause de cette préférence est évidente. Les sénateurs voulurent récompenser un acte de générosité envers leurs légions accompli par tout un peuple, plutôt que la communauté d'origine entre les Lydiens et une nation qui, bien qu'unie étroitement à Rome, lui appartenait par droit de conquête. Il n'y a rien dans tout ce récit qui puisse faire supposer le moins du monde que le sénat doutait de la descendance commune avec les Etrusques invoquée par la capitale de la Lydie.

Vers la même époque où Micali écrivait son livre, le célèbre historien de l'ancienne Rome, Niebuhr, se refusant aussi à admettre la tradition lydienne, développait, à l'aide de son immense doctrine et d'une phrase de Denys d'Halicarnasse, un système dont

---

(1) Tacite, *Ann.*, IV, 56.

Cluvier, Heyne, surtout Fréret, avaient entretenu déjà le monde savant. D'après ce système, deux peuples entièrement différents l'un de l'autre ont été nommés Tyrrhéniens par les Grecs : d'une part les Pélasges de la côte d'Asie et des îles septentrionales de la mer Egée ; de l'autre, les Etrusques. Or les Tyrrhéniens-Pélasges d'Etrurie formaient une branche de ces anciens Pélasges italiques, vaste famille à laquelle appartenaient les OEnotriens, les Morgètes, les Peucétiens, les Sicules, les Liburniens et les Vénètes. Quant aux Etrusques, qui s'appelaient eux-mêmes du nom de Raséna ou Raséniens, ainsi que nous l'apprend Denys, ils étaient des Rhétiens descendus des Alpes. Ils avaient conquis d'abord les plaines qui séparent la chaîne des Alpes de l'Apennin, puis, après avoir fondé leur empire dans la vallée du Pô, ils avaient traversé l'Apennin pour s'emparer du val d'Arno, du val di Chiana et des Maremmes jusqu'au Tibre (1). Il ne faut donc plus croire avec Tite-Live que les Etrusques, établis d'abord sur le rivage de la Méditerranée, avaient envoyé des colonies à travers la chaîne centrale de l'Italie pour envahir le pays au delà du Pô : c'est le contraire qui devient la marche véritable de l'invasion. Par un procédé semblable, et qu'on pourrait appeler la méthode inverse de ce qui avait été accepté par l'antiquité, les Pélasges-Tyrrhé-

---

(1) Voy. Niebuhr, *Hist. rom.*, t. I.

niens ne seraient pas venus d'Asie en Italie, mais ils seraient allés d'Italie en Asie, passant d'abord en Acarnanie, en Béotie, dans l'Attique, dans les îles, sur les côtes de la Thrace. Un rameau de ces Pélasges traversant le Bosphore avait pénétré dans la Lydie, comme le prouve le nom tout pélasgique de Larissa. En sorte que la tradition d'Hérodote se trouve comme retournée dans le système du savant historien qui met au service de ses théories nouvelles tout ce qu'un esprit ingénieux et une vaste érudition peuvent rassembler de spécieux arguments.

Cependant il n'a pu asseoir sur une base inattaquable cette provenance de la race étrusque sortant des gorges de la chaîne des Alpes, alors que Denys, sur lequel il s'appuie, ne fait aucune mention de l'invasion des Rhétiens, et que les autres historiens regardent, au contraire, ces populations alpestres comme les enfants perdus de la migration étrusque partie de l'Italie centrale pour coloniser les plaines du Pô. Peut-on supposer, dit à ce propos M. Lepsius (1), qu'un changement complet de population et de nationalité n'ait laissé aucune trace dans les traditions étrusques si complètes encore à l'époque où Denys parlait de leur origine? Il n'est pas besoin d'ailleurs de prouver que tout ce que nous savons des institutions, de l'art et de la science de l'Etrurie peut très-

---

(1) *Ueber die Tyrrhenischen Pelasger in Etrurien.*

bien se rapporter aux Tyrrhéniens-Pélasges, mais ne saurait s'entendre des Rasènes, peuplade inculte nourrie dans les vallées profondes de la plus haute chaîne de l'Europe. On doit aux Tyrrhéniens la construction des murs cyclopéens, les fameux *signa tuscanica*, le développement de l'art musical, la monnaie, l'écriture. Qu'y a-t-il de commun entre ces arts raffinés et de grossiers montagnards ? Comment ces conquérants incultes auraient-ils apporté science, littérature, discipline religieuse, à ces Tyrrhéniens qu'ils opprimaient ? Ou bien, si les vainqueurs recevaient la civilisation des opprimés, comment leur auraient-ils imposé leur propre nationalité, au point que la nation ne s'appelait plus Tyrrhénienne mais nation des Rasènes ? Et comment encore auraient-ils refusé tout usage d'une langue qu'ils trouvaient établie, préférant traduire dans leur idiome barbare tant de pensées qui leur étaient étrangères ? Il ne semble pas nécessaire, ajoute M. Lepsius, de poursuivre plus loin dans ses conséquences inévitables l'hypothèse d'une conquête de la Tyrrhénie pélasgique par les Rasènes et de démontrer plus longuement sa complète insuffisance (1).

---

(1) M. Lepsius recherche encore si le nom lui-même de Rasènes, sur lequel repose toute cette hypothèse longuement déduite par Fréret et Niebuhr, ne s'appuie pas sur des bases trop faibles pour qu'on puisse en admettre l'existence. Il ne se présente, dit-il, que dans un seul passage de Denys. Ni avant, ni après lui, on ne le retrouve dans l'histoire, appliqué soit à un peuple, soit à un héros.

Tout en n'acceptant pas le système élaboré par Niebuhr sur l'invasion de la Tyrrhénie par une race de montagnards sortis des Alpes, M. Lepsius est d'accord avec lui pour repousser la tradition lydienne rapportée par Hérodote. L'autorité de l'historien de la Lydie, Xanthus, qui, d'après Denys, ne fait aucune mention de l'émigration de Tyrrhénus, lui paraît un argument sans réplique pour écarter de la discussion le récit d'Hérodote, escorté d'ailleurs de circonstances

---

Est-il croyable que, de tous les écrivains romains qui ont employé leur érudition à sonder les mystères de l'Étrurie, il n'y en ait pas un seul qui mentionne ce nom, qu'on doit supposer communément répandu alors que les Étrusques vivaient sous la domination romaine, puisqu'il aurait été celui qu'ils se donnaient à eux-mêmes? Et cependant, pas un historien ne l'aurait rappelé, pas un poëte ne l'aurait admis dans ses vers! Or, le texte de Denys ne nous est parvenu que mutilé, et il lui manque encore la collation de meilleurs manuscrits. Ne serait-il pas possible que *Rasena* ne fût pas la véritable leçon? Denys n'avait-il pas plutôt écrit Ταρασένα ou Ταρσένα, en sorte que la différence de prononciation qu'il a voulu signaler ait consisté simplement dans l'α à la place de l'υ grec ou de l'*u* romain? Ne se seraient-ils donc pas appelés eux-mêmes Tarséniens du nom de leur héros Tarséna, tandis que les Grecs les appelaient Τυρσηνοί du nom de leur héros Τυρσηνός? Le changement de l'α que l'on peut constater dans Ταρχώνιον (Tarquinii) dans les Maremmes, Tarraco en Espagne, Tarracina (Anxur) dans le Latium maritime, Tarrhæ en Sardaigne, etc., ne semble-t-il pas favoriser cette opinion? Il serait dès lors tout naturel d'identifier ce chef Tarséna avec le Τυρσηνός ou Τυρρηνός de la tradition grecque, et même avec le Tarchon, fondateur de Tarquinies, dans la tradition qui nous est arrivée par Rome. Nous n'aurions plus ainsi à nous embarrasser de ce nom inconnu et isolé de Ρασένα. (*A geographical and historical description of ancient Italy*, t. I, p. 161.) Cramer avait déjà supposé que le nom de Raséna pouvait être corrompu de Tyrseni ou Tyraseni. (*Ueber die Tyrrhenischen Pelasger in Etrurien*, p. 24-25.)

si fabuleuses. Selon l'opinion du savant de Berlin, les Pélasges-Tyrrhéniens, sortis de la Thessalie, fondèrent à l'embouchure du Pô leurs premiers établissements, et de là traversèrent l'Apennin pour descendre dans l'Etrurie maritime. Cette invasion, dirigée du nord-ouest au sud-est, les mit en présence des Ombriens, qui avant eux occupaient le pays; population nombreuse et pressée sur le sol, s'il faut croire, avec Pline, que les Tyrrhéniens vainqueurs leur avaient enlevé trois cents villes. Ce qu'il y a de certain, c'est que fréquemment on trouve le souvenir des Ombriens rappelé en Etrurie, entre autres exemples, par le nom du fleuve Ombro, par celui de la province Ombria, par la ville de Camers, etc. Or, que serait devenue toute cette population ombrienne si l'on ne supposait qu'elle resta sous la domination des Pélasges-Tyrrhéniens envahisseurs, et continua d'habiter le pays gouverné par l'aristocratie du peuple conquérant? Cette supposition suffit, dit M. Lepsius, pour rendre compte de ce qu'il y a d'étrange à nos yeux dans l'isolement de la langue étrusque au milieu des autres familles de langues auxquelles on a pu la comparer. L'étrusque, dans les inscriptions déjà nombreuses qu'on a pu rassembler, a offert un idiome différant complétement de ceux de l'Italie et de la Grèce, mais qui, par ses inflexions irrégulières et incomplètes, trahit un grand désordre, s'expliquant facilement dans l'hypothèse du mélange de plusieurs langues entre elles.

La langue parlée par les Pélasges-Tyrrhéniens doit avoir été une des langues primitives de la Grèce, et sa parenté intime avec le grec est prouvée par la grande facilité avec laquelle la nationalité pélasgique se changea en nationalité hellénique. Cette parenté pourrait être reconnue facilement dans les longues inscriptions étrusques s'il ne s'était fait un changement originel dans la langue des Pélasges conquérants de l'Etrurie, et si un autre peuple ne lui avait fait subir l'influence de son idiome. Cette influence, dans l'opinion de M. Lepsius, est due aux Ombriens. Ils étaient vaincus sans doute, mais ils étaient plus nombreux que leurs vainqueurs et entourés de populations qui parlaient une langue congénère de la leur, tandis que les Pélasges se trouvaient de plus en plus séparés de la mère patrie. Il se produisit alors un fait analogue à celui qui s'est passé en Angleterre après la conquête des Normands. Là aussi ce fut un peuple civilisateur et d'une nationalité vigoureuse, qui envahit le territoire d'un peuple dont la civilisation était moins avancée que la sienne. Les deux langues existèrent d'abord simultanément, et la fusion se fit avec lenteur. Peu à peu, cependant, les Normands durent souffrir que la langue des Saxons reparût au milieu d'eux, et, comme la race saxonne formait le fond de la nation nouvelle, les mots normands conservés durent se plier aux exigences de la grammaire saxonne, ou du moins de ce qui en restait. Il en fut de même en Etrurie : plus on en connaîtra le mystérieux langage et plus on pourra fixer exactement le rapport dans lequel la fusion s'est opérée. Selon M. Lepsius le pélasge, quoique très-corrompu, est resté l'élément dominant, et la langue ombrienne a exercé sur lui une influence bien plus destructive que régénératrice. Quant à l'époque à laquelle la langue nouvelle s'est trouvée constituée par le mélange des deux idiomes, l'auteur pense que ce fut celle où l'aristocratie des vainqueurs, de plus en plus affaiblie, dut céder au mouvement démocratique qui, depuis le ve siècle avant J.-C., se trouva favorisé par l'action incessante de Rome délivrée des Tarquins.

Otfrid Müller, ce philologue éminent dont les savantes recherches ont fait tant d'honneur à l'Allemagne, tout en adoptant une partie des idées de Niebuhr, n'a pas rompu aussi complétement avec les traditions de l'antiquité et n'a pas écarté le souvenir d'une origine lydienne. Il a cru toutefois trouver la vérité dans cette espèce d'éclectisme dont Plutarque lui avait donné l'exemple. Ainsi la nationalité étrusque est à ses yeux le résultat de la fusion opérée entre deux races complétement distinctes, Tyrrhéniens et Rasènes. Les Tyrrhéniens, qui vinrent s'établir entre l'embouchure du Tibre et celle de l'Ombrone, formaient un rameau de la grande famille pélasgique. Expulsés par les Eoliens des vallées de l'Asopus et du Céphise qu'ils occupaient d'abord, puis chassés encore de l'Attique par les Ioniens, ils avaient abordé sur les rivages de la Lydie où ils fondèrent la ville de Tyrrha. C'est de là que, menacés de nouveau par les Hellènes, ils partirent sous le nom de Tyrrhéniens pour chercher une patrie qui leur fût plus hospitalière (1).

---

(1) D'après Otf. Müller, la ville de Tyrrha ou Torrha, dans la Lydie méridionale, avait à la fois donné son nom et à des Pélasges, qui s'étaient fixés sur la côte voisine, et à des Lydiens : mais ces Torrhèbes lydiens n'avaient rien de commun avec les Pélasges : tout au contraire, ils étaient tellement rapprochés des autres Lydiens par le langage que, selon Xanthus de Lydie (Denys, I, 28), il n'y avait pas plus de différence entre leurs deux dialectes qu'entre l'ionien et le dorien. Ces Lydiens ou Mæoniens Torrhèbes restèrent dans le pays, où ils habitaient encore du temps de Xanthus; ce sont les Pélasges tyrrhéniens ou thorrhébiens qui, vaincus et chassés, quittèrent la contrée. Hérodote, en confondant ces Tyrrhéniens émigrants avec une branche de la nation lydienne, aurait causé l'erreur qui fit supposer à l'antiquité presque tout entière que les Etrusques, ou Tyrrhéniens d'Italie, devaient leur origine à la race des Mæoniens ou Lydiens (voy. *Die Etrusker*, Introd., ch. II, § 5).

Quant aux Pélasges-Tyrrhéniens, tels que nous les représentent des traditions locales venant des contrées les plus diverses, ils ont évidemment une origine commune et la plus grande similitude dans les usages de la vie. Les anciens Grecs avaient contracté l'habitude, ainsi que nous l'apprend Thucydide, d'éloigner leurs villes de la côte dans la crainte des pirates, tandis que les Pélasges-Tyrrhéniens habitaient de préférence sur le haut des promontoires, d'où ils pouvaient dominer une grande étendue de mer. On retrouve des traces de leur existence et de leurs nids d'aigles dans les îles de Lemnos, d'Imbros, de Samothrace, de Scyros, de Lesbos, au mont Athos, à Plakie et Scylak, sur la Propontide, à Cizyque, à Tyrrha, à Terménios, en Carie, etc. Une fois établis en Attique, ils semblent avoir occupé le promontoire de Kalias, près de l'Hymette (Suidas, s. v. Καλιάς; Schol. d'Aristoph., *les Nuées*, 52; *Etym. magn.*, p. 550, 41; Tzetzès, *Lycoph.*, 867). C'était là, en effet, un point excellent pour guetter les navires qui voulaient entrer dans le port de Phalères ou qui en sortaient. Mais le plus célèbre des établissements de ce genre formé par les Pélasges-Tyrrhé-

Débarqués sur les côtes de l'Italie centrale ils repoussèrent d'abord les Ombriens, puis se fondirent dans la nation des Rasènes, déjà maîtresse des vallées de

---

niens était celui qu'ils avaient sur le promontoire de Malée. C'est là que de nombreux vaisseaux devaient tomber entre leurs mains, alors que ces bâtiments, contrariés par les vents, les courants et la force des vagues, faisaient de vains efforts pour doubler la pointe fatale. En effet, la piraterie, dès cette époque si reculée, n'était pas seulement dirigée, comme on l'a quelquefois supposé, contre les côtes qu'on se proposait de piller, mais aussi contre les bâtiments en cours de navigation : l'existence de petites guerres maritimes, de combats livrés sur mer, peut se déduire de l'emploi de certaines armes propres aux vaisseaux, telles que les ξυστά ναύμαχα des Achéens d'Homère. La cruauté dont les Tyrrhéniens faisaient preuve envers leurs captifs, jusqu'à ce qu'ils se fussent rachetés, nous est démontrée par l'expression attique de *chaînes tyrrhéniennes* (Hésychius, t. II, p. 1436, Τυῤῥηνοὶ δεσμοὶ οἱ λῃστρικοὶ καὶ χαλεποί; cf. Suidas, t. Iᵉʳ, p. 527, et Et. de Byz., s. V. Κύσικος). Cette avidité cruelle des Tyrrhéniens a donné lieu à une étymologie, fausse il est vrai, qui voudrait faire dériver de leur nom celui de *tyran* (Philocore, Schol. de Lucien, *Katapl.*, I). L'empire qu'ils exerçaient sur les mers aurait succédé, d'après quelques chronologistes, à celui des Lydiens et aurait été à peu près contemporain de la grande émigration ionienne (Eusèbe, *Chron.*, p. 36). D'après Strabon, leurs pirateries dans les mers de la Grèce précédèrent celles des Crétois (l. X, p. 409, 50, éd. Didot). Nous voyons même qu'à Scyros, où ils habitèrent à côté des Dolopes, ils conservèrent leurs habitudes de corsaires jusqu'au temps de Cimon, qui fut forcé de les en punir par une guerre à laquelle toute la Grèce prit part. Il ne faudrait cependant pas croire que ces mœurs rudes et guerrières aient arrêté chez les Tyrrhéniens tout germe de civilisation : on voit, au contraire, qu'ils exercèrent à Athènes, et probablement dans les localités où ils se retiraient pour explorer les mers du haut des rochers, l'art d'élever de solides et fortes murailles. En Lydie, ils s'approprièrent l'usage de la flûte, et portèrent les premiers chez les Grecs celui de la trompette, qui probablement leur servait en mer pour les signaux.

Après avoir ainsi résumé, par le rapprochement des différents passages relatifs aux Tyrrhéniens qui parcouraient les mers de la

l'Arno, de la Chiana, de l'Ombrone, et qu'Otfried Müller identifie, ainsi que l'avait fait Niebuhr, avec les habitants de l'ancienne Rhétie. Chacune des deux races apporta à la nationalité qui se formait de leur

Grèce, quelles étaient leurs mœurs et leurs habitudes, il s'agit d'examiner si les notions ainsi obtenues peuvent se rapporter aux Tyrrhéniens de l'Italie ; car l'identité du nom seul ne serait pas une autorité suffisante pour identifier les uns avec les autres. Or l'étude comparative des traditions fait reconnaître entre ces deux branches d'un même tronc une parfaite similitude. Otf. Müller a surtout été frappé de cette circonstance que l'art de la musique, telle qu'on le cultivait dans l'Asie Mineure, avait un rapport très-ancien avec ce même art en Étrurie ; puis il constate encore une grande similitude entre les deux peuples, Tyrrhéniens d'Italie ou habitants des côtes de l'Asie occidentale, soit pour les mœurs, soit pour les usages de la vie. La piraterie était d'ailleurs en usage et en honneur tout aussi bien chez les Tyrrhéniens de Cære ou de Populonia que chez ceux de la mer Égée.

Le docte archéologue croit encore trouver une preuve de l'origine commune de ces deux peuples dans la facilité avec laquelle les Étrusques s'approprièrent la civilisation et les arts de la Grèce, facilité qu'on ne retrouve point chez leurs voisins les Osques ou les Ligures. On est donc porté à supposer qu'il y eut une véritable union des Étrusques (c'est-à-dire, d'après Otfried Müller, des Rasènes), avec les Pélasges-Tyrrhéniens, union qui aurait eu pour théâtre la plage des Maremmes, entre le Tibre et la Marta, et à laquelle il faudrait rapporter les traditions relatives à Tyrrhénus, fils d'Atys, ou d'Hercule et d'Omphale, ou de Téléphe, roi des Mysiens. Le fait qui aurait donné lieu à ces traditions diverses serait, en le considérant dans toute sa simplicité, le débarquement, sur cette plage, de Pélasges-Tyrrhéniens poussés de tous côtés par la branche de leur nation qui habitait la Lydie, le cap Malée, ou les parties méridionales des côtes de la mer Égée. Ainsi s'expliquerait la liaison irrécusable de la civilisation étrusque avec celle de l'Asie Mineure, ainsi que la disparition complète des Pélasges-Tyrrhéniens de la Lydie et autres contrées placées au sud-est de la Méditerranée, tandis qu'ils se soutinrent dans le nord, jusqu'au moment où la puissance maritime des Athéniens, devenue formidable, eut mis fin à leurs pirateries. (Otf. Müller, Intr., ch. II, *passim*.)

union des qualités particulières. La langue, les institutions civiles, la discipline religieuse, dans ce qu'elle avait de fondamental, appartenaient aux Rasènes. Les Tyrrhéniens donnèrent leurs arts, leur industrie, leurs habitudes de commerce et peut-être de piraterie, leur mythologie héroïque apportée des vallées de la Hellade ou des côtes de l'Asie Mineure. Tarquinies fut probablement le lieu où cette fusion des deux peuples s'établit d'abord sur des bases régulières.

Telles sont les principales interprétations données aux traditions qui nous ont été léguées par les anciens sur les origines de l'Etrurie. Considérer les Tyrrhéniens et les Pélasges comme un même peuple ou comme deux races distinctes ; — les faire venir de Grèce en Italie ou les faire passer d'Italie en Grèce ; — reconnaître ou nier l'élément celtique en accordant ou repoussant l'identité des Rasènes avec les peuplades de la Rhétie ; — s'appuyer sur le témoignage d'Hérodote pour admettre l'origine lydienne des Etrusques, ou sur celui de Denys pour la combattre : tout a été tenté, et, après avoir mis ainsi en présence quelques-uns des champions qui ont soutenu ces divers systèmes, nous aurions encore à enregistrer, si nous voulions être plus complet, bien des opinions contradictoires. Il nous faudrait citer Wachsmuth, s'attachant à la tradition d'Hérodote et nous représentant les Etrusques comme ayant reçu de l'Asie leur civilisation et leurs arts ; Schlegel, donnant aux

Etrusques et aux Grecs une origine commune; Grotefend, Abeken, revenant avec Niebuhr aux Rasènes; Creuzer, Thiersch, Dennis, admettant la réalité historique d'une colonie lydienne, etc. (1).

On conçoit qu'un savant philologue, M. Mommsen, ait dit récemment, en se refusant à entrer à son tour dans cette épineuse controverse : « On « ne saurait déterminer le point d'où les Etrusques « ont immigré en Italie. Il est vrai que nous n'a- « vons pas beaucoup à y perdre, puisqu'en tout cas « cette migration appartient à l'enfance de la na- « tion, et que son développement historique com- « mence et finit dans la Péninsule. Cependant, à peine « trouverait-on une autre question qui ait été plus « chaudement agitée que celle-ci, tant il est vrai « que les sujets les moins dignes d'un intérêt sé- « rieux ont eu le privilége d'exciter le zèle des « archéologues depuis le temps où Tibère leur don- « nait pour sujet de concours la tâche de chercher « quelle était la mère d'Hécube. » Entraîné par le désir qu'éprouve tout esprit lumineux de dissiper les ténèbres partout où il les rencontre, M. Mommsen ne persiste pas longtemps, toutefois, dans une réserve absolue. S'il n'indique pas le lieu d'origine des Étrusques, il procède du moins par voie d'élimina-

---

(1) Cf. une savante note de M. Alfred Maury, t. II, 3ᵉ partie de la *Symbolique* de Creuzer, traduite et développée par M. Guigniaut, p. 1167-1177.

tion, et se prononce contre la colonie lydienne ainsi que contre l'identité des Etrusques avec les Tyrrhéniens-Pélasges. « Comme les villes étrusques les plus anciennes et les plus importantes, dit-il, se trouvaient dans l'intérieur des terres, et que, à l'exception de Populonia, qui n'était pas même une des douze cités de la confédération, on ne saurait trouver un centre de population considérable sur les bords de la mer, il est probable que l'immigration s'est faite par terre ou du moins qu'elle a eu lieu du côté du nord ou de l'ouest. Un détroit pouvait facilement être franchi à ces époques reculées, tandis qu'un débarquement sur la côte méridionale suppose des notions de navigation bien autrement avancées... » « Il est possible, ajoute-t-il plus loin, qu'une bande isolée de pirates appartenant à l'Asie Mineure soit parvenue jusqu'en Étrurie et que les fables racontées par Hérodote se rattachent à leurs aventures : mais il est plus probable que la confusion des noms des Tursci, Tusci ou Étrusci, donnés par les Ombriens et les Romains aux Étrusques, avec le nom des Τορρηβοί ou Τυρρηνοί de Lydie soit devenue le fondement d'une hypothèse que son grand âge n'a pas rendue meilleure. En rattachant aux courses des pirates lydiens l'ancien commerce maritime des Etrusques ; en identifiant, à tort ou à raison, les Pélasges aux Thorrébiens pillant et infestant toutes les mers, on a occasionné une horrible confusion de traditions historiques. Les Tyrrhéniens se trouvent dès lors désigner, tantôt les Torrhèbes lydiens, ainsi qu'on le reconnaît dans les plus anciennes sources (comme par exemple dans les hymnes homériques), tantôt les Pélasges proprement dits ou Tyrrhéniens-Pélasges, tantôt les Etrusques italiotes, sans que ces derniers aient jamais eu rien de commun avec les uns ou les autres, soit pour l'origine, soit pour le commerce (1). »

C'est la confusion dont se plaint ainsi M. Mommsen qui nous faisait dire en commençant ce chapitre que, peut-être, il y aurait avantage à ce que le temps, ce destructeur de tant de trésors littéraires, eût effacé les documents relatifs aux origines de l'Etrurie, puisqu'il devait nous les mesurer d'une main si avare. Leur sécheresse et le manque complet de concordance ne sont-ils pas, en effet, la cause première de ces systèmes où des esprits éminents ont usé leur vaste doctrine pour arriver à des conclusions opposées, où chaque opinion peut citer en sa faveur quelques phrases de textes écourtés se prêtant par leur concision même au besoin de l'attaque ou de la défense? Supposons un instant que les deux paragraphes de Denys, ainsi que celui d'Hérodote, aient partagé le sort des œuvres de Xanthus, de Myrsile, d'Hellanicus de Lesbos et de tant d'autres : il nous faudrait, en l'absence de textes, dégager la vérité des monuments légués à l'Italie par les Etrusques, et nous nous croi-

---

(1) *Römische Geschichte,* t. I, ch. 9, p. 112.

rions encore assez riches pour le tenter. D'abord, et à voir ces monuments circonscrits dans une province, nous comprendrions qu'une civilisation si différente de celles qui l'entourent n'est pas née du sol et doit avoir son germe dans d'autres contrées. Des nécropoles entières dont les tombeaux sont façonnés en édifices ; des peintures, des sculptures, où tant de scènes diverses, jeux, banquets, cérémonies religieuses, chasses, combats, sont représentées sous mille formes variées ; des vases, des armes, des meubles, des bijoux, des instruments de toutes sortes nous permettraient de comparer les arts de l'Etrurie, ses coutumes, ses habitudes, ses croyances, à ceux des autres peuples de l'antiquité dont les écrits ou les monuments sont parvenus jusqu'à nous. Les rapprochements, rendus faciles par les récentes découvertes de l'archéologie, se feraient sans idées préconçues, sans esprit de système. Nous regarderions les objets non pas à travers nos propres opinions, nous n'en aurions pas encore, mais avec ce désir curieux de comparaison qui est une des opérations les plus simples et les plus attrayantes de l'esprit humain. Or nous croyons que l'examen ainsi fait des trésors de l'Etrurie, tout en nous faisant reconnaître dans ce patrimoine intellectuel de son génie la part immense de l'hellénisme, accorderait à l'élément asiatique l'action la plus ancienne sur le développement de la civilisation étrusque : de telle sorte que nous serions tentés de dire avec Sénèque : « L'Asie revendique les Toscans, *Tuscos Asia sibi vindicat*. »

Comparons, en effet, les monuments les plus importants qui nous soient restés de la période étrusque, c'est-à-dire les tombeaux, avec ceux de l'Asie Mineure, tels qu'ils nous sont connus par le récit des anciens ou tels qu'ils existent encore. Ne serons-nous pas frappés, par exemple, des rapports que nous trouverons entre le tombeau d'Alyatte décrit par Hérodote (1) ou celui de Tantale au Sipyle, avec ces tumulus immenses, tels que la *Cucumella* à Vulci, le *Poggio a Gajella* à Chiusi, et tant d'autres dont les formes sont encore visibles sous la végétation qui les recouvre? Vitruve ne nous dit-il pas que chez les Phrygiens on choisissait pour enterrer les morts des tumulus naturels sous lesquels on creusait des avenues et des chambres sépulcrales, comme celles où nous avons tant de fois pénétré dans les nécropoles de l'Etrurie (2)? Robert Stuart, Fellow, M. Texier, dans leurs importants voyages en Asie, n'ont-ils pas trouvé bien des fois sur le sol de ces vieilles régions la confirmation des paroles de Vitruve (3)? Et ces façades architecturales des

---

(1) L. I, § 93.

(2) « Phryges eligunt tumulos naturales et itinere perfodientes dilatant spatio quantum natura loci petitur. » (Vitr., l. II, ch. I.)

(3) Voy. *Descriptions of some ancient monuments with inscriptions still existing in Lydia and Phrygia*, by Rob. Stuart. — *An account of discoveries in Lycia*, by Ch. Fellow. — *Description de l'Asie Mineure*, par Ch. Texier.

tombes creusées dans le roc, avec leurs frontons et leurs pilastres, que nous voyons à Castel d'Asso, à Norchia, à Soana, n'en retrouvons-nous pas la disposition, l'aspect monumental, l'ornementation, dans la Phrygie, la Lydie, la Carie, la Lycie, la Cappadoce (1)? Ces monstres fantastiques, ces sphinx, ces griffons, ces chimères aux ailes étendues gardant les avenues des palais de la mort, ou bien ces animaux inconnus à l'Italie, ces lions, ces panthères qui se dévorent et dont on ornait les frises ou la paroi des murailles, ont leurs analogues dans les fragments que nous ont apportés de l'Orient les voyageurs modernes. On en peut voir la preuve

---

(1) Hérodote constate (l. I, § 171) que la tradition établissait une consanguinité entre les Cariens, les Lydiens, les Mysiens. La Lydie montrait encore un grand rapport avec la Phrygie. Les premiers Phrygiens s'appelaient Mæoniens, comme les Lydiens, et Diodore de Sicile fait régner sur la Phrygie un roi Mæon. Le nom d'Atys, qui est celui d'un des premiers rois des Lydiens, est aussi le nom du dieu principal de la Phrygie. Le culte de Cybèle était accepté dans la Lydie tout entière comme dans la Phrygie, et une tradition que nous a conservée Diodore de Sicile (III, 58) faisait Cybèle fille de Mæon, roi de Lydie, tandis qu'une autre tradition (Lucien, *de Dea Syra*, § 15) voulait qu'Atys fût un Lydien qui avait enseigné aux habitants de la Phrygie et à ceux de l'île de Samothrace les mystères de la mère des dieux. Le Dieu Mæon, adoré en Lydie et représenté sur plusieurs monnaies de cette contrée, était l'une des principales divinités de la Carie, etc. L'Asie occidentale a eu dans tout son ensemble une conformité de mœurs et de croyances indépendante de l'influence des Grecs et qui, bien que modifiée par la colonisation, n'a jamais disparu. Strabon (l. XIII, c. IV) avouait que de son temps les limites de la Phrygie, de la Mysie, de la Lydie, de la Carie, se confondaient entre elles et ne pouvaient être facilement déterminées. (Cf. Alfred Maury, *Histoire des religions de la Grèce antique*, t. III. p. 73, 74 et *passim*.)

dans tous les musées de l'Europe : nous y verrons aussi le bronze travaillé par les Etrusques avec un art merveilleux ; mais Pline nous apprend que couler le bronze et le tremper sont des inventions lydiennes, d'après Aristote ; phrygiennes, d'après Théophraste (1). La trompette d'airain des Lydiens, la double flûte de la Phrygie, furent introduites à Rome par les Etrusques (2). L'aigle, que Rome avait aussi reçue de l'Étrurie et qui guida les légions victorieuses à la conquête du monde, était l'enseigne militaire de la Perse (3).

Les plus récentes découvertes n'ont fait que confirmer ces rapprochements (4). Divinités à quatre ailes, typhons anguipèdes, hommes à queue de poisson, taureaux barbus, oiseaux à face humaine, rappellent ce caractère perso-assyrien des représentations figurées dont nos collections se sont enrichies depuis

---

(1) *H. N.*, l. VII, § 57.
(2) Sil. Ital., V, 12 ; — Pausan., II, 21 ; — cf. Servius ad Virg. *Æn.*, I, 67 ; — Pline, *H. N.*, VII, 57 ; — Clément d'Alex., *Strom.*, I, p. 306 ; — Pindare, *Olymp.* V. — Voy. Otf. Müller, l. IV, 1, 3-5. — « Chantons les héros sur la flûte lydienne, » dit Horace (Odes, l. IV, 15, v. 30).
(3) Cf. Denys d'Hal., l. III, et Xénophon, *Anab.*, I, 10.
(4) « Ceux qui continuent à nier les rapports qui ont existé, à une haute antiquité, entre les peuples de l'Asie et les Étrusques, dit M. le baron de Witte, si compétent dans les choses de l'Étrurie, n'ont qu'à visiter la magnifique salle du musée Grégorien, où sont exposés les bronzes et les bijoux d'or, ou bien à jeter un coup d'œil sur les monuments de Cære publiés par Greffi, pour être convaincus que les arts des peuples italiotes ont une origine purement orientale. » (*Bull. de l'Inst. arch.*, 1842, p. 155.)

quelques années. Or il est très-probable que des migrations de populations assyriennes avaient eu lieu dans la Lydie et dans une grande partie de l'Asie Mineure. Plusieurs noms des rois de la Lydie, même de ceux que les Grecs appellent Héraclides, Bélus, Ninus, sont des noms complétement assyriens. La mythologie lydienne, à mesure qu'on l'étudie davantage, offre plus de rapports avec l'Assyrie, dont elle semble avoir tiré son origine (1). Nous comprenons dès lors

---

(1) Voy. M. Alf. Maury, *Hist. des religions de la Grèce antique*, 3ᵉ vol. passim. M. Curtius (*Die Sprache der Lyder*) regarde le lydien comme d'origine indo-européenne ; son opinion est combattue par M. Lassen (*Ueber die lydischen Inschrift* ap. *Zeitschrift der deutsch. Morgens Gesellschaft*, t. X, § III, p. 383). La domination de la Grèce, et par conséquent une influence capable d'altérer profondément les croyances ou les mœurs, ne s'est établie en Lydie qu'à une époque relativement peu reculée et bien postérieure à celle qu'on pourrait assigner à une émigration lydienne en Italie. Lydiens et Phrygiens étaient encore regardés par les Grecs comme des barbares, c'est-à-dire comme des peuples ayant un autre langage et une autre foi que les leurs, au Vᵉ siècle avant notre ère : Ὥσπερ νῦν Λυδοὶ καὶ Φρύγες καὶ Σύροι καὶ ἄλλοι παντοδαποὶ βάρβαροι (Xénophon, *de Vectigal.*, ch. II). Le Dieu Mên (Μήν), ou le Dieu Lune, était révéré dans diverses localités de la Lydie comme le patron de la cité [voy. les monnaies de Saittæ (Mionnet, t. IV, nᵒˢ 607, 622); de Clazomène (Mionnet, t. III, nᵒ 69); de Smyrne (*ibid.*; supplém. t. VI, nᵒ 1821); d'Antioche du Méandre (t. III, p. 314, supplém., t. VI, p. 448)]. Or les caractères sous lesquels il est représenté, dit M. Maury (t. III, p. 126), conviennent à une divinité asiatique, et les origines de son culte paraissent en effet devoir être cherchées en Perse.

Quant à l'Hercule lydien, dont le véritable nom est *Sandon* ou *Sandan*, c'était, d'après l'opinion de M. Oppert, une divinité vraisemblablement assyrienne (voy. *Études assyriennes*, p. 181). Cette même origine assyrienne a été soutenue par M. Movers et par Otf. Müller. La vie efféminée dans laquelle l'amour d'Omphale entraîne le héros symbolisait la nature hermaphrodite du

que la doctrine de la vie future présente chez les Etrusques un caractère oriental rappelant le dualisme, ou les deux principes du bien et du mal, qui formait le dogme essentiel des religions de la Perse. Comme dans les mythes du Zend-Avesta, nous voyons dans les peintures de nos nécropoles ces deux principes veillant sur l'âme à sa sortie du corps et se la disputant entre eux. Le Charon étrusque, génie infernal, avec ses traits accentués, sa laideur repoussante, son marteau levé sur la tête des victimes dévouées à la mort, conserve souvent un caractère oriental même aux scènes qui sont le plus évidemment dues à l'influence hellénique, influence qui a joué à son tour un rôle si important dans les arts de l'Etrurie. Nous n'en voulons pour exemple que cet épisode de l'Iliade traduit par des artistes étrusques sur les murs du dernier tombeau que nous avons découvert à Vulci. Achille y est représenté immolant, sur le bûcher de Patrocle, l'un des

---

dieu Sandan. Il y a quelques années qu'un vase de la forme appelée hydria, trouvé dans la nécropole de Vulci, fut présenté à l'Institut archéol. de Rome (séance du 29 déc. 1843). On y voit représenté Hercule sur un char traîné par un quadrige et revêtu d'un long vêtement, tandis qu'Omphale, couverte de la peau de lion, attribut ordinaire du héros, guide l'attelage. M. Preller, appelant à cette occasion l'attention des savants sur les rapports réciproques qui existent entre les mythes de l'Asie Mineure et ceux de l'Étrurie, y voyait la preuve de cette communauté d'origine dont la tradition rapportée par Hérodote est l'expression, quelque défigurée qu'elle puisse être par les circonstances fabuleuses dont elle est accompagnée (voy. *Bolletino dell' Instit. di Corrisp. archeól.*, 1844, pp. 36-37 et 42).

jeunes Troyens qu'il a faits prisonniers, et près de la victime, au milieu des rois grecs qui assistent à l'immolation, l'artiste a marqué par la présence du Charon étrusque la persistance des sombres dogmes apportés de l'Asie (1). Cette peinture devient ainsi comme un symbole de l'effet produit sur l'Etrurie par le contact des Hellènes. Les anciennes traditions orientales ont été transformées ou modifiées par les fictions de la poésie ou de la mythologie grecque, mais leur empreinte ne s'est jamais effacée : elles reparaissent à chaque instant sous le brillant vernis qui les recouvre.

Et comment en aurait-il été autrement? L'Etrurie n'avait jamais perdu le souvenir de cette origine orientale que toute l'antiquité s'est plu à admettre. Denys, qui presque seul refusait de la reconnaître, se dément comme malgré lui lorsqu'il s'agit des coutumes de l'Etrurie qu'il fait remonter aux Lydiens. C'est ainsi qu'il raconte que les Etrusques apportèrent à Tarquin les insignes de la royauté, et que ces insignes se composaient de vêtements de pourpre tels qu'ils étaient portés par les rois de la Lydie et de la Perse (2). Parlant, autre part, des pompes du cirque venues à Rome par l'Etrurie, il ajoute que les conducteurs de ces pompes étaient nommés *ludiones* à cause

---

(1) Voy. planche XXI de l'Atlas.
(2) Denys, l. III, § LXI.

de leur origine lydienne (1). Lucilius, pour insulter au luxe des vêtements chez les Romains, appelle les prétextes et les tuniques originaires de l'Etrurie « les misérables produits de l'industrie lydienne (2). » Plus tard, Tertullien disait aussi que la toge dont les Toscans faisaient usage avait son origine en Lydie (3). La chaussure tyrrhénienne, qui était célèbre dans toute l'antiquité, fit donner par un poëte au cothurne de la tragédie le nom de cothurne lydien (4), tant il est vrai que la Lydie et l'Etrurie étaient alors rattachées l'une à l'autre par un souvenir d'origine commune qu'affirmaient les historiens et auquel par conséquent les poëtes faisaient allusion sans scrupule. Pollux, au 7ᵉ livre de son *Onomasticon*, suppose, probablement avec raison, que Sapho, en parlant de la splendide courroie bigarrée, beau travail des Lydiens, veut parler des sandales tyrrhéniennes (5). Non-seulement le costume, mais les danses et les jeux, passaient dans l'antiquité pour être venus d'Asie en Etrurie avant de pénétrer jusqu'à Rome (6). Le jeu des dés nous est

---

(1) L. II, § LXXI.
(2) Nonius, *De gen. vestim.*, s. v. TUNICA.
(3) Tertull., *De Pallio*, I; — cf. Servius ad *Æn.* II, 781 : « Apud Tuscos etiam togæ usus est, nam hoc habitu in Lydia Jovis simulacrum fuisse dicitur. »
(4) « Lydius alta pedum vincla cothurnus erat. » (Ovide, *Amor.*, III, 1, 14.)
(5) Ποικίλος μάσθλης Λύδιον καλὸν ἔργον (Pollux, VII, 22, 93).
(6) « Eaque res ludium ex Etruria accersendi caussam præbuit : cujus decora pernicitas vetusto ex more Curetum Lydorumque, a

plus spécialement désigné par Hérodote comme inventé par les Lydiens, et, dès les premiers temps de la république romaine, Tite-Live nous montre un roi étrusque, Lars Tolumnius, occupé à ce jeu alors que des ambassadeurs romains sont introduits à Véies en sa présence (1). Plutarque, écrivant la vie de Romulus et parlant de la première victoire remportée par l'armée romaine sur les Véiens, cite un curieux usage conservé de son temps : « Aujourd'hui encore, dit-il, dans les sacrifices publics offerts à l'occasion d'une victoire, on conduit au Capitole à travers le Forum un vieillard vêtu de pourpre qui porte au cou une de ces bulles qu'on donne aux enfants. Il est précédé d'un héraut qui crie : Sardiens à vendre, parce que les Toscans passent pour une colonie venue de Sardes en Lydie et que Véies était une ville de la Toscane (2). »

---

quibus Etrusci originem traxerunt, novitate grata Romanorum oculos permulsit. » (Val. Max., II, 4, § 4.) — « Ludorum origo sic traditur. Lydos ex Asia transvenas in Etruria consedisse Timæus refert, duce Tyrrheno, qui fratri suo cesserat regni contentione. Igitur in Etruria inter ceteros ritus superstitionum suarum, spectacula quoque religionis nomine instituunt. Inde Romani accersitos artifices mutuantur, tempus, enunciationem, ut ludi a Lydis vocarentur. » (Tertull., *De Spect.*, I, 5.)

(1) IV, 17.

(2) *Vie de Rom.*, ch. XXXIII. — Cf. Festus, s. v. SARDI, XVII) : « Sardi venales, alius alio nequior : ex hoc natum proverbium videtur quod ludis *Capitolinis* qui fiunt a vicinis prætextatis auctio Veientium fieri solet, in qua novissimus idemque deterrimus producitur a præcone senex cum toga prætexta bullaque aurea quo cultu reges soliti sunt esse Etruscorum qui Sardi appellantur, quia Etrusca gens orta est Sardibus ex Lydia. »

C'est là une tradition importante, du moins par son antiquité, puisque nous la trouvons dans le berceau de Rome.

Mais, sans revenir sur le témoignage si imposant de Tacite, sans rappeler cette unanimité d'opinions chez les anciens en faveur de l'origine orientale d'une partie de la population étrusque alors que Rome fondait sa puissance, et probablement bien avant cette époque, souvenons-nous que l'art de la divination, dans lequel les Romains reconnaissaient les Etrusques pour leurs maîtres, avait son origine dans l'Asie antérieure (1). Les augures tirés du vol des oiseaux étaient dus aux premiers habitants de la Carie, selon Pline, ou aux Phrygiens, d'après Clément d'Alexandrie (2). D'autre part, l'habitude qu'avaient les Etrus-

---

(1) « Lydius ediderat Tyrrhenæ gentis aruspex »(Cic., *De Divin.*, l. I, § 12). Telmessus, ville de Carie, dit encore Cicéron, est célèbre par ses aruspices. — Les Phrygiens, les Pisidiens, les Ciliciens, les Arabes, ont surtout foi dans les présages fournis par les oiseaux (Cic., *ibid.*, § XLI).

(2) Pline, *H. N.*, l. VII, § 56. — Clém. d'Alex., *Strom.*, I, p. 306, édit. Sylb. — « La divination par les oiseaux, tant chez les Etrusques qu'à Rome, est, à n'en pas douter, d'origine orientale, bien qu'elle ait dû subir de nombreuses modifications en passant de contrées en contrées et de peuple en peuple. Cicéron en trouve la source dans la vie pastorale et fait remarquer de frappantes ressemblances entre la manière de vivre des habitants de la Pisidie et celle des Ombriens. Jean Lydus nous apprend que les magistrats de l'Etrurie, et ceux des Romains dans les premiers temps, étaient, comme en Orient, de véritables prêtres (*De Magistr. Roman.*, procem., p. 1). Ce monopole spirituel est le trait dominant des constitutions orientales. Il serait intéressant de rechercher dans le Zend-Avesta et dans les autres monuments nouvellement découverts, les éléments épars

ques de mentionner la descendance maternelle dans leurs inscriptions (1) rappelle ce que dit Hérodote des Lyciens qui, contrairement à l'usage de tous les autres peuples connus de lui, portaient le nom de leur mère de préférence au nom paternel (2). Ajoutons que la vie molle et efféminée des habitants de la Lydie

---

de la théorie étrusco-romaine des augures. On y trouverait sans doute de nombreux parallèles. » (*Symbolique* de Creuzer, traduite et complétée par M. Guigniaut, t. II, p. 468-470.)

(1) On observera cet usage, non-seulement dans les inscriptions en caractères étrusques, mais même dans des inscriptions en langue latine, rédigées évidemment longtemps après la conquête de l'Etrurie par les Romains, ainsi que le prouve l'inscription suivante trouvée en 1844 près des ruines de l'antique Fallérie, par M. Dennis :

L. VECILIO VIlici Filio ET
POlliAE. ABELES
LECTV I DATV
..VECILIO Lucii Filio. ET. PLENESTE
lecTV. I. AMPLIVS NIHIL
INVITEIS L.C. LEVIEIS L.F
ET QVEI. EOS. PARENTARET
NE. ANTEPONAT

Cette inscription est remarquable en ce qu'elle exprime la descendance maternelle ainsi que s'exprime la descendance paternelle dans les inscriptions latines, par le génitif; tandis que nous avions jusqu'à présent quelques autres inscriptions appartenant à des Étrusques, et rédigées en latin, où la mère était mentionnée, mais à l'ablatif. Ainsi par exemple : Q. TREBONIVS. C. F. CAECINA NATVS (Orelli, 4702; Lanzi, *Saggio di ling. etr.*, 1, p. 168).—C. TITIVS. L. F. MAMILIA NATVS et A. PAPIRIVS. L. F. ALFIA. NATVS (Maffei, *Mus. veron.*, p. 367, 7 et 8). On trouve toutefois le génitif dans cette autre inscription : C. VOLCACIVS. C. F. VARVS ANTIGONAE GNATVS (Vermiglioli, *Lezioni*, II, p. 40; Orelli, 4705).—Voy. *Bull. de l'Inst. arch.*, 1844, p. 161 et suiv.

(2) Hérodote, l. I, § CLXXIII. — Cf. Fellow, *An account of discoveries in Lycia*, p. 276; — Heraclides Ponticus, 15; — Nicolas de Damas, Αυκιοί. — Plutarque, *de Mul. virtut.*, 9.

n'avait, d'après Théopompe, d'analogue que parmi les Étrusques (1). Les mystères qui, sous le nom de bacchanales, rappelaient le culte orgiastique de la Cybèle phrygienne, avaient pénétré de l'Étrurie à Rome (2). Plaute fait ainsi parler un de ses personnages s'adressant à une jeune fille, dans sa comédie intitulée *Cistellaria* (la Corbeille) : « Votre père vous donnera une « dot et vous ne serez pas forcée, comme en Etrurie, « de l'amasser vous-même en faisant commerce de « vos charmes (3). » Cette satire des mœurs faciles que l'on reprochait aux femmes de l'Etrurie est un nouveau trait de ressemblance avec la coutume où étaient les jeunes filles de la Lydie, s'il faut en croire Hérodote (4), d'apporter à leur époux une dot acquise par la prostitution. Tout en faisant la part de l'exagération du poëte et de l'historien, ces reproches semblent justifiés par les nombreuses peintures étrusques où nous voyons, ainsi que dans l'Orient, et contrairement à l'usage de Rome ou de la Grèce (5),

---

(1) V. Athénée, p. 527. Κἂν τῇ πρώτῃ δὲ πρὸς ταῖς εἴκοσι τῶν Φιλιππικῶν, τὸ τῶν Ὀμβρίκων φησὶν ἔθνος, ἔστι δὲ περὶ τὸν Ἀδρίαν, ἐπιεικῶς εἶναι ἁβροδίαιτον, παραπλησίως τε βιοτεύειν τοῖς Λυδοῖς, χώραν τε ἔχειν ἀγαθὴν, ὅθεν προελθεῖν εἰς εὐδαιμονίαν. Il est évident que les Ombriens dont il est ici question, et qui, habitant près de l'Adriatique, y vivaient avec tout le luxe de l'Asie, ne peuvent être que les Étrusques d'Adria et des contrées voisines. Voyez notre troisième chapitre.

(2) « Hujus mali labes ex Etruria Romam, velut contagione morbi penetravit. » (Tit.-Liv., XXXIX, 10.)

(3) Plaute, *Cistellar.*, II, 3, 20.

(4) I, 93. — Cf. Strabon, l. XI, ch. 14, p. 456, éd. Didot.

(5) Rome conserva moins longtemps que la Grèce cette chasteté

les femmes admises aux festins, partageant avec les hommes la couche dressée près de la table et se livrant à l'orgie. Sous l'influence de l'air épais des Maremmes, les grâces de la molle Ionie avaient perdu de leur charme ; mais la passion du plaisir avait accompagné la race asiatique sur les rivages de la mer Tyrrhénienne : seulement, le *pinguis Tyrrhenus* de Virgile (1), l'*obesus Hetruscus* de Catulle (2), ne devaient rechercher que les plaisirs faciles. Lucilius parle des courtisanes de Pyrgos, *scorta Pyrgentia* (3); c'est au

---

rigide qui ne permettait pas aux femmes d'assister aux banquets des hommes. Ainsi, nous lisons dans Cornélius Nepos (Præf.): « Quem Romanorum pudet uxorem ducere in convivium?.... Quod multo fit aliter in Græcia. » Cependant, si les femmes prenaient part aux festins chez les Romains, elles y étaient assises et non couchées : « Feminæ cum viris cubantibus sedentes cœnitabant. » Cet usage existait même dans les lectisternes ou repas offerts aux divinités. Sous l'empire il n'y eut plus que les dieux qui durent observer cette étiquette : Valère Maxime nous l'apprend : « Quod genus severitatis ætas nostra diligentius in Capitolio quam in suis domibus servat : videlicet quia magis ad rem pertinet dearum quam mulierum disciplina contineri. » (L. II, ch. 1, § 2.)

(1) *Georg.*, l. II, v. 193.
(2) XXXIX, 11. — Cf. la note du 1er ch. de l'Intr. ap. Otf. Müller.
(3) Serv. ad *Æneid.*, X, v. 184. Virgile semble avoir voulu reprocher aux habitants de l'Étrurie leur passion pour tout ce qui tenait aux plaisirs des sens, lorsqu'il fait dire à Tarchon, le héros éponyme de Tarquinies, gourmandant l'armée tyrrhénienne:

. . . . . . O semper inertes
Tyrrheni, quæ tanta animis ignavia venit !
. . . .
At non in Venerem segnes, nocturnaque bella;
Aut ubi curva choros indixit tibia Bacchi,
Exspectare dapes et plenæ pocula mensæ
Hic amor, hoc studium . . . . . (*Æneid.* XI, 732-39.)

Tuscus vicus, à Rome, que vivaient les gens de mauvaises mœurs, dit Horace (1). « Vous trouverez au « quartier des Toscans, dit encore Plaute, des gens « qui se vendent eux-mêmes (2). »

Le caractère national de cette population étrusque, composée de plusieurs races, et qui finit par n'en former qu'une, a donc eu pour signes distinctifs une tendance grossière vers les plaisirs des sens et, comme en Orient, un sentiment religieux, ou pour mieux dire superstitieux, qui soumettait toutes les actions de l'homme à une aristocratie sacerdotale. Rien de cette jeune allégresse pleine d'espérance et d'héroïsme que la Grèce avait le privilége d'inspirer à ses enfants. Le fatalisme, l'immobilité, le despotisme jaloux des religions asiatiques, restèrent empreints pendant toute l'antiquité sur cette terre d'Étrurie que les Pères de l'Église appelaient encore la mère des superstitions. Sans doute l'hellénisme en modifia profondément les arts et quelquefois même les institutions; mais, répétons-le, la tradition qui chez les Étrusques faisait venir de l'Orient une grande part de leur civilisation trouve chaque jour un appui dans les découvertes de l'archéologie.

Si nous voyions un peuple conserver religieusement le souvenir d'une descendance qui ne nous semblerait pas justifiée par l'analogie des anciennes cou-

---

(1) « Tusci turba impia vici. » (*Sat.*, II, 3, v. 229.)
(2) *Curcul.*, IV, 1, 21.

tumes, nous chercherions la cause de cette anomalie, mais cependant nous lui tiendrions quelque compte de ses traditions. Pourquoi donc devrait-on repousser l'opinion émise par une nation ayant eu longtemps une littérature, une histoire, le culte des ancêtres, celui du passé, quand cette opinion est confirmée par l'examen impartial et l'analogie évidente d'un grand nombre de monuments?

CHAPITRE II.

Formation de la confédération des douze cités.

L'histoire ne commence que là où commence la civilisation. Des tribus sans patrie, sans passé, sans lendemain, poussées vers des contrées toujours nouvelles par les nécessités d'une vie nomade ou l'impossibilité de se défendre, ne sauraient constituer une nation. C'est quand l'homme, n'étant plus uniquement occupé du soin de pourvoir à la vie matérielle, songe à la vie de l'intelligence ; c'est quand il entre en harmonie avec lui-même et avec ses semblables, qu'il devient un des personnages collectifs appelés peuples dont se compose la grande famille humaine. Alors des nuances distinctes séparent les hommes d'une même race pour en former des nationalités différentes ; ou bien encore des races différentes, réunies sur le même sol, soumises aux mêmes influences climatériques, obéissent aux mêmes lois du progrès, se développent aux mêmes rayons civilisateurs et comprennent de la même manière la famille, l'État, l'art et la religion.

Aussi loin qu'on puisse remonter dans les traditions de l'Étrurie, c'est autour de Tarquinies qu'on voit se former la réunion première de colonies et de tribus autochthones, ou plus anciennement établies dans la

contrée, qui constituèrent un ordre social dont l'influence se serait promptement étendue jusqu'au delà de l'Apennin. Verrius Flaccus, Cæcina, Caton, les plus anciens chroniqueurs étrusques ou romains, ont consacré le mythe d'un héros éponyme, Tarchon, apportant aux habitants de Tarquinies, dont il fut le fondateur, les bienfaits de la civilisation et d'une législation fondée sur la discipline religieuse (1). Cette discipline lui avait été révélée par le génie Tagès, dont la légende toute merveilleuse nous ramène aux conceptions de l'Orient. « On rapporte, dit Cicéron, qu'un
« laboureur, conduisant un jour sa charrue dans un
« champ du territoire de Tarquinies, vit sortir du
« sillon où le soc venait de s'enfoncer profondément
« un jeune enfant ayant la sagesse et la prudence
« d'un vieillard. A cette apparition le laboureur,
« frappé d'étonnement, pousse des cris d'admiration.
« La foule accourt, et bientôt toute l'Etrurie se réu-
« nit autour du miraculeux personnage. Tagès, tel
« était son nom, parla longtemps devant cette multi-
« tude qui recueillit ses paroles et les mit par écrit.
« Elles contiennent le fondement de la science des
« aruspices, principes complétés depuis par plusieurs
« règles nouvelles se rapportant à ces premiers élé-
« ments. Voilà ce que nous avons appris des arus-

---

(1) Voy. ap. interpp. *Æneid.*, l. X, 179 et 198.— Cf. Otf. Müller, *Die Etrusker*, t. II, liv. IV, ch. IV, § 2.

« pices eux-mêmes, voilà ce qu'on lit dans les livres
« des Étrusques : telles sont leurs archives, telle est
« la source de leur discipline (1). »

Cicéron n'était pas seulement le plus grand orateur de l'antiquité; c'était un érudit. Exerçant lui-même les fonctions d'augure, il n'y a pas à douter qu'il n'ait recherché avec soin chez les Etrusques, *in libris Etruscorum*, comme il le dit lui-même, les notions qu'il nous a transmises sur l'origine de la science augurale. En effet, les prescriptions de la discipline étrusque, contenues dans des espèces de sentences rhythmées et confiées d'abord à la mémoire des lucumons ou des pontifes, furent rédigées par écrit à l'époque où les traditions de famille s'affaiblissaient par l'effet du temps, tandis qu'elles s'étendaient au loin avec la puissance étrusque, imposant à de nouvelles contrées les règles minutieuses dictées par le législateur. Au temps de Cicéron, il y avait, entre les mains des aruspices, une foule de livres et de traités qui contenaient la discipline entière (2). Ce sont ces livres qu'ils consultaient dès qu'il fallait interpréter des prodiges et détourner les malheurs dont la colère du ciel menaçait l'humanité :

> Tum quis non, artis scripta ac monumenta volutans,
> Voces tristificas *chartis* promebat *etruscis?*
> (*De Divin.*, I, 12.)

---

(1) Cic., de *Divin.*, l. II, 23.— Cf. Ovide, *Metamorph.*, XV, 553 et sqq.— Isidore, *Orig.*, VIII, 9.— Mart. Capella, *de Nupt.*, II, 27.
(2) Cic., *de Div.*, I, 33.

Le tour étrange et particulier des expressions empruntées à ces livres est une preuve qu'ils furent d'abord rédigés en langue étrusque, en sorte qu'à l'époque romaine les aruspices devaient les traduire selon les besoins de leur ministère : aussi les auteurs latins les nomment-ils toujours *libri Etrusci, chartæ Etruscæ*. On peut croire, toutefois, qu'ils avaient été déjà altérés en Etrurie par les nécessités d'une politique pour laquelle il fallait une réponse toujours prête, et que les altérations devinrent plus nombreuses, alors que les interprètes de la doctrine devaient obéir à de nouvelles influences.

L'ensemble des livres qui formaient le corps de la discipline étrusque au temps de Cicéron, et depuis son époque jusqu'à la fin de l'empire, nous est connu sous le nom générique de livres de la discipline étrusque (*Etruscæ disciplinæ libri*). On rencontre encore fréquemment l'expression de livres de Tagès (*libri Tagetis*) qui, d'après le passage de Cicéron que nous venons de citer, devaient être le code religieux le plus ancien, puisqu'il contenait les écrits rédigés par Tarchon d'après les paroles du divin législateur. On y trouvait la théorie religieuse des éclairs et des foudres (1) ; les règles à observer pour la fondation des villes (2) ; puis d'autres prescriptions

---

(1) Amm. Marcell., XVII, 10.
(2) Macr., *Sat.*, V, 19.

d'une nature variée (1). Au nombre des livres de Tagès on compte encore les livres achéruntiens (2). Ils contenaient la doctrine de l'expiation, celle de l'apothéose, les rites qui pouvaient retarder l'accomplissement de la destinée (3). On y apprenait encore que, par le sang de certaines victimes offertes à certains dieux, on assurait aux âmes l'immortalité et l'essence divine (4).

Bien que la doctrine de Tagès fût la base fondamentale de la religion étrusque, les livres qui portaient le nom de ce législateur ne formaient qu'une partie des codes sacrés appartenant à la nation, et Cicéron nous apprend que les préceptes du divin instituteur avaient été complétés par des règles nouvelles (5). En effet, nous voyons cités comme autant de traités spéciaux les *Rituales* dont nous parlerons plus tard, les livres traitant de la science des aruspices, *libri haruspicini*; ceux où l'on commentait la théorie des éclairs et de la

---

(1) Voy., par exemple, Servius ad *Æn.*, I, v. 2.

(2) « Sacra Acheruntia quæ Tages composuisse dicitur, » dit Servius ad *Æn.*, VIII, 398.

(3) Servius, *loc. cit.*

(4) « Etruria libris in Acherunticis pollicetur certorum animalium sanguine numinibus certis dato divinas animas fieri et ab legibus mortalitatis educi. » (Arnob., *Adv. gent.*, II, 62.) — Ce dernier traité de Tagès avait été traduit par Labeo, sous le titre de *De diis animalibus*, ainsi que nous l'apprend Servius (ad. *Æn.*, III, 168). Le nom de livres achéruntiens semble évidemment un nom grec et se rapportait sans doute à des rites funèbres accomplis en l'honneur du fleuve des Enfers.

(5) *De Divin.*, II, 23.

foudre : ils portaient le nom de *libri fulgurales*; puis les *ostentaria*, qui traitaient des prodiges. Ces derniers traités devaient, par leur nature même, se modifier ou s'étendre à chaque événement nouveau qui semblait violer les lois de la nature. En effet, nous voyons Pline prendre dans les livres de la discipline étrusque le récit d'un tremblement de terre arrivé près de Modène sous le consulat de L. Marcius et de Sex. Julius, en l'an de Rome 663 (1).

Nous aurons plus d'une occasion de revenir sur ce vaste ensemble de littérature sacrée, dont l'influence se faisait encore sentir en Italie après celle du christianisme; mais nous pouvons conclure dès à présent que nous retrouvons dans le récit de Cicéron relatif à la discipline étrusque une tradition véritablement nationale. Toutefois elle n'est pas complète, puisque le nom de Tarchon n'y est pas prononcé. Une légende conservée par Jean Lydus, écrivain bien postérieur, il est vrai, nous apprend que le laboureur mentionné par Cicéron était Tarchon lui-même, qui, voyant sortir du sillon l'enfant miraculeux, le prit dans ses bras et le déposa dans un lieu sacré d'où il répondait, aux questions que Tarchon lui adressait, en chantant les divins préceptes de sa discipline (2).

---

(1) II, 85.
(2) J. Lydus, *de Ostentis*, p. 6, sqq. éd. Hase. Lydus rapporte (p. 10) que Proclus comparait Tagès à Hermès Chthonius, l'Hermès

Strabon, de son côté, en rapportant à Tarchon la fondation de Tarquinies et des autres villes de la confédération étrusque, ajoute que ce héros révéla, dès l'enfance, une sagesse si profonde, qu'on

---

souterrain des Grecs, le même que l'Hermès cabirique des Pélasges-Tyrrhéniens, Cadmilus ou Cadmus. Le génie étrusque est rapproché par M. Creuzer d'Osiris, de Triptolème, de Bouzygès, d'Erichthonius, en un mot, de ces bienfaiteurs de l'humanité qui passaient pour être les premiers auteurs de la culture de la terre comme de celle de l'intelligence. Placide Lutatius, dans son commentaire à la *Thébaïde* de Stace, l'associe à Pythagore et à Platon (ad Statii *Thebaïd.*, IV, 516). Un miroir étrusque, trouvé dans la nécropole de Toscanella et maintenant au Musée de Berlin, représente Hercule caressant un enfant que Minerve porte dans ses bras et qui tient à la main un pavot ; Vénus et une de ses nymphes complètent l'ensemble de ce monument d'antiquité figurée, où sont inscrits, en caractères étrusques, les noms d'Hercule (*Erklé*), de Minerve (*Mnerfa*), de Vénus (*Turan*) et de sa suivante *Munthu*. M. Braun a cru reconnaître dans l'enfant le génie Tagès, et, après avoir constaté que plusieurs monuments antiques semblent indiquer une liaison entre Hercule et Minerve, il rapproche le mythe de Tagès de celui d'Erichthonius, comparant le miroir de Berlin au bas-relief publié, il y a quelques années, dans les *Annales de l'Institut archéologique* et où l'on voit Athénée debout, entre Poséidon et Hephæstus, recevant dans ses bras le petit Erichthonius qui lui est présenté par Gæa au moment où il sort de la terre (*Tages und des Hercules und der Minerva heilige Hochzeit*, München, 1839). — Cf. Gerhard, *Trinkschalen des königl. Museums von Berlin*, 1840, tav. VII et pag. 30). M. Braun, dans un second mémoire inséré au *Rheinisches Museum für Philologie* (nouvelle série, t. I, p. 98 sqq.), a très-heureusement rapproché le miroir du Musée de Berlin du groupe de bronze appartenant au Musée du Collége romain, représentant un laboureur qui conduit une charrue attelée de deux bœufs et connu sous le nom du *Laboureur étrusque* (voy. Micali, *Mon. ined.*, tav. CIV). Ce groupe, trouvé à Arezzo, dans le même endroit et en même temps qu'une autre figure de même grandeur et de même style, représentant Minerve, a fait supposer à l'archéologue allemand qu'on avait là un autre exemple du mythe de la naissance de Tagès avec l'intervention

assurait qu'il était né avec des cheveux blancs (3). Ce rapprochement entre les deux traditions avait déjà fait supposer à Otfried Müller, avant qu'il eût connaissance du texte de Lydus récemment restitué, que le laboureur dont parle Cicéron ne pouvait être que le héros éponyme Tarchon, ou plutôt que les deux mythes n'en faisaient qu'un et qu'ils devaient probablement se réunir dans le même personnage.

Le savant archéologue va plus loin. Il trouve un argument favorable à la venue des Pélasges-Tyrrhéniens en Etrurie dans le rapport qu'il croit remarquer entre Tarchon et Tyrrhénus, dont il fait deux formes différentes d'un même nom altéré selon qu'il était employé par les Grecs ou par les Etrusques. Les voyelles dont la prononciation était sourde et brève, ainsi que le retour fréquent de l'aspiration dans la langue étrusque, expliquent, selon lui, comment il est possible de voir un *Tyrrhène* ou *Tyrrhénien*, c'est-à-dire un habitant de la ville de Tyrrha ou Torrha en Lydie, recevoir le nom de *Tarchon* ou *Tarchun* dans une

---

toute mystique de Pallas-Athéné. Toutefois, ainsi que l'a fait observer un autre archéologue allemand, il ne peut être question ici d'attribuer à la Grèce la fable de Tagès. Elle appartient complétement à l'Étrurie, quoique de bonne heure les mythes grecs se soient alliés aux traditions étrusques sous l'influence d'anciens souvenirs, de fréquents rapports et de croyances religieuses, dont un certain nombre trouvaient en Asie leur berceau commun. (Voy. dans les *Annales de l'Inst. arch.*, 1846, p. 307-312, *la Nascita di Tagete*, par Théodore Bergk.)

(1) Lib. V, c. 2, p. 182, éd. Didot.

tradition étrusque. Les Grecs, en faisant de Tarchon le fils ou le frère de Tyrrhénus, auraient obéi comme malgré eux au besoin de mettre dans un rapport de liaison intime deux formes du même nom, quoiqu'ils ne paraissent pas avoir soupçonné l'identité du fondateur de Tarquinies avec le chef de la colonie lydienne. Il est probable, d'ailleurs, qu'ils étaient amenés à ce rapprochement par la connaissance de quelque tradition étrusque rappelant la venue d'étrangers arrivés par mer des côtes de l'Asie Mineure (1).

Quoi qu'il en soit, et bien que nous n'attachions pas une grande importance à ces conceptions trop hardies identifiant deux noms sur le rapport d'une ou deux lettres, conceptions que Cicéron appelle *periculosa consuetudo* (2), il n'en est pas moins certain que nous avons à constater ici un fait important pour l'histoire de l'Etrurie. Ce fait, c'est la persistance chez les Etrusques d'un souvenir qui plaçait le berceau commun de la nation près de Tarquinies et de Cære, dans cette partie des Maremmes pontificales qu'enserrent le Tibre et la Marta. La découverte d'un tombeau fouillé, il y a peu d'années, dans le territoire de Cervetri, et où l'on n'a pas trouvé moins de trente-cinq ins-

---

(1) *Die Etrusker*, Introd., ch. II, § 8.

(2) « Quam periculosa consuetudo! In multis enim nominibus hærebitis. Quid Vejovi facies? Quid Vulcano? Quanquam, quoniam Neptunum a *nando* appellatum putas, nullum erit nomen quod non possis una litera explicare, unde ductum sit. In quo quidem magis tu mihi natare visus es, quam ipse Neptunus. » (*De Nat. deor.*, III, 24.)

criptions appartenant à la famille des Tarchons ou Tarquins, ainsi que la haute antiquité des trésors archéologiques exhumés des nécropoles récemment explorées dans ces vastes solitudes, confirment la tradition (1). Acceptons-la donc comme ayant une valeur historique, et voyons comment se sont développés, soit par l'arrivée des colons venus d'Asie, soit par toute autre cause, les premiers germes de la civilisation à laquelle nous avons donné le nom de civilisation étrusque. Nous commencerons, toutefois, par chercher quelle fut l'époque de cette transformation de l'Italie centrale dont la population passait de la vie nomade à la vie sédentaire, de l'état de barbarie au développement progressif des idées et des besoins sociaux.

Ce sont encore les annales étrusques qui nous permettent de reconnaître cette époque. Non pas que l'art d'écrire remonte aussi haut en Etrurie ; mais il paraît avoir été suppléé par le soin superstitieux avec lequel la discipline religieuse inscrivait sur les murs d'un temple, au moyen de clous solennellement enfoncés par la main des pontifes, le cours des années, les prodiges, les grands événements (2).

---

(1) Voy. notre description des Maremmes.
(2) Cf. Tite-Live, VII, 3 ;—Vermiglioli, *Sopra un' antica patera etrusca*, p. 17, et *Inscriz. perug.*, t. Ier, cl. 2, p. 44 ;—Orioli, *Opusc. letter.*, t. Ier, p. 213 ; — Inghirami, *Mon. etrusc.*, ser. II, tav. XLII, p. 550. — Le clou paraît avoir été chez les anciens un symbole du fait accompli, du destin irrévocablement fixé. C'est dans ce sens

Nous pouvons croire que cette prescription très-constante dans toutes les écoles de la discipline étrusque a marqué le temps où elle s'est établie, c'est-à-dire où s'est constitué le pouvoir sacerdotal qui devait diriger désormais une période nouvelle de l'existence des peuples en Etrurie. Cherchons donc quelle était, sur ce point, l'opinion des pontifes eux-mêmes, ce qui n'est peut-être pas impossible, malgré la perte de leurs annales, grâce aux renseignements donnés par Censorin sur l'ère dont les Etrusques dataient la série chronologique de leur histoire.

Ce peuple, dit-il, divisait le temps en âges ou siècles qui avaient été calculés de la manière suivante : on était remonté au jour assigné comme celui de la fondation de l'État, et l'on avait cherché parmi ceux qui étaient nés ce jour-là quel était celui qui avait survécu à tous ses contemporains. Le jour de sa mort avait marqué la fin du premier siècle. Toutes les personnes nées au début du second siècle avaient concouru à leur tour à en déterminer la durée, et la mort du dernier survivant en avait proclamé la fin. Les âges suivants avaient été mesurés de la même manière. Les dieux, cependant, venaient au secours des hommes dans ces calculs compliqués et marquaient le plus souvent la

---

qu'on le voit quelquefois comme attribut entre les mains de la Fortune, de la Nécessité, de la Parque. Telle était probablement la cause qui avait déterminé son emploi pour marquer l'accomplissement de l'année.

fin d'un siècle par des prodiges. Or c'était le soin des augures, de reconnaître ces avertissements du ciel, de les consigner avec exactitude et d'en instruire le peuple. Aussi les annales d'Etrurie, annales écrites seulement dans le cours du huitième siècle, ainsi que nous l'apprend Varron, disaient-elles combien de siècles étaient écoulés, quels prodiges en avaient marqué la fin, quelle avait été la durée de chacun d'eux. Les aruspices allaient plus loin : ils avaient lu dans l'avenir le nombre total d'âges ou siècles dont la vie du peuple étrusque devait être composée. Les quatre premiers siècles avaient été de cent cinq années, le cinquième de cent vingt-trois, le sixième de cent dix-neuf, aussi bien que le septième, le huitième s'écoulait et il ne restait plus à s'accomplir que le neuvième et le dixième, à la consommation duquel le nom étrusque devait périr (1).

Nous voyons, par les curieux détails conservés dans ce passage, que le siècle, tel qu'il avait été déterminé par la discipline religieuse des Etrusques, n'était pas, comme le nôtre, un cycle exact de cent années, mais qu'on en mesurait la durée sur celle de la plus longue vie humaine. Les sept premiers siècles, dont Varron nous a transmis le calcul, d'après les annales d'Étrurie, annales rédigées par des hommes qui avaient eu, sans doute, pour documents les clous plantés par la

---

(1) Censorin, *De Die natali*, c. XVII.

main des pontifes, forment un total de 781 ans, ce qui fait une moyenne de cent onze années pour chaque âge ou siècle de la chronologie étrusque. Or, nous trouvons dans les faits de l'histoire romaine un point de repère : nous savons que la comète qui vint éclairer d'une lueur sinistre les nuits de Rome dans l'année 708 de la fondation de cette ville, et que l'on regarda comme un présage de la mort de César, a marqué, selon l'aruspice *Vulcatius*, la fin du neuvième siècle et le commencement du dixième (1).

Comme il ne peut s'agir ici de l'ère romaine qui ne comptait encore que sept cent huit années, et que, d'ailleurs, la discipline augurale appartenait à l'Etrurie, il est évident que les calculs de Vulcatius portent sur l'ère des Etrusques. Appliquant donc la moyenne de cent onze années aux neuf siècles qui venaient de s'écouler, nous trouverons que l'année 291 avant la fondation de Rome (1044 av. J.-C.) est la date de l'époque à laquelle les traditions de l'Etrurie faisaient remonter ses origines.

---

(1) Ce fait était raconté par l'empereur Auguste dans ses mémoires, à ce que nous apprend Servius : « Vulcatius aruspex in concione dixit cometem esse qui significaret exitum noni sæculi et ingressum decimi ; sed quod invitis Diis secreta rerum pronuntiaret, statim se esse moriturum, et, nondum finita oratione, in ipsa concione concidit. Hoc etiam Augustus in libro secundo de memoria vitæ suæ complexus est. » (Ad Virgil., *Eclog.* IX, v. 47). Cette comète était celle de Halley.

Cette date n'est qu'approximative, sans doute, puisque pour l'obtenir nous serons obligés de calculer en moyenne la durée de deux âges ou siècles, pour lesquels cette durée avait été probablement fixée d'une manière rigoureuse. Toutefois, et sans vouloir déterminer ici autre chose que la valeur d'une tradition nationale, il nous semble que nous ne pouvons nous éloigner beaucoup de l'ordre chronologique des faits, tel qu'il avait été conservé par les Étrusques eux-mêmes, en reportant à trois siècles environ avant la fondation de Rome le grand développement de leurs institutions et l'extension de leur influence.

Quel était alors l'état de l'Italie ? Quelles familles humaines habitaient ce vieux monde de cratères affaissés et de volcans éteints dont la cendre était devenue fertile, terre au doux climat, aux riches récoltes, jetée entre la Méditerranée et l'Adriatique comme une proie offerte à tous les envahisseurs ? Peu importe à l'histoire, a dit un philologue moderne, de décider si les plus anciennes populations de la péninsule italique étaient autochthones ou venues par l'immigration. Ce qui est important pour la critique historique, c'est de reconnaître et de marquer la série des immigrations successives dans les contrées déjà occupées, afin de remonter aussi haut que possible vers l'origine des luttes engagées entre les nationalités pour la possession du sol ou l'exercice du pouvoir.

Cette tâche ardue a couru grand risque de demeurer

stérile tant qu'on ne s'est aidé que du chaos diffus des noms imposés aux différentes peuplades et des traditions obscures ou contradictoires qui les concernent. Heureusement une source plus précieuse que ces documents de faux aloi nous reste encore, quoique bien altérée par le cours des âges, et elle n'a pas été consultée sans succès depuis quelques années. Il s'agit des langues indigènes parlées par les tribus dont l'établissement dans la péninsule est antéhistorique. Ces langues, formées en même temps que le peuple lui-même, portent trop profondément l'empreinte du développement particulier de civilisation qu'il a subi pour qu'une civilisation postérieure ait pu l'effacer entièrement.

Bien que de toutes les langues italiques il n'y en ait qu'une dont on ait la connaissance complète, on a pu retrouver assez de fragments des autres idiomes pour grouper ou séparer définitivement les familles humaines auxquelles ils ont appartenu. Or, les recherches de la linguistique nous amènent à reconnaître trois nationalités différentes dans le pays qui s'étend des rives du Pô à l'extrémité orientale de la péninsule : une famille iapygienne, la famille étrusque, et l'italique proprement dite qui se divise elle-même en deux branches principales, l'idiome latin et celui dont font partie les dialectes des Ombriens, des Marses, des Volsques et des Samnites.

Nous ne savons que peu de chose de la première

de ces nationalités, c'est-à-dire de la tribu iapygienne.

A l'extrémité sud-est de la Calabre, maintenant terre d'Otrante, on a trouvé un certain nombre d'inscriptions offrant des divergences essentielles avec tous les autres dialectes italiques, mais ayant une certaine analogie avec les dialectes grecs. Ces monuments d'un idiome perdu appartiennent sans aucun doute à la langue des Iapygiens que d'anciens documents et des traces certaines font reconnaître comme ayant autrefois existé non-seulement dans la Messapie et l'Iapygie, mais dans l'Apulie tout entière. Cette tribu parfaitement distincte, dans les traditions, des tribus latines et samnites, est remarquable, ainsi que le fait observer M. Mommsen, par la singulière aptitude qu'elle eut à se confondre dans la nationalité hellénique. L'Apulie était encore habitée au temps de Timée (400 ans après la fondation de Rome) par des Iapygiens barbares et dès le sixième siècle l'hellénisme y florissait sans qu'aucune colonie fût venue s'établir sur ses côtes, et alors que les principales cités, telles que Arpi, Venosa, Canosa, se trouvaient, au contraire, dans l'intérieur des terres. Leur prompte absorption dans une nationalité étrangère ne nous laisse donc qu'une faible lueur pour éclairer leur histoire. Ce que nous savons d'eux suffit bien à les distinguer complétement des autres Italiotes, mais non pas à marquer la place qu'ils doivent occuper, soit sous le rapport de la langue, soit sous celui de la nationalité, dans la grande famille indo-germanique à laquelle ils appartiennent probablement.

Du reste, le peu de résistance que semble avoir offert le caractère de la tribu iapygienne en se laissant si facilement pénétrer par l'hellénisme, ainsi que sa position géographique à l'extrémité sud de l'Italie, peuvent favoriser la conjecture de ceux qui supposent que les Iapygiens sont les premiers immigrants de la péninsule. En effet, si, comme on le croit généralement, les migrations les plus anciennes ont eu lieu par terre, si les tribus nouvelles poussaient devant elles les premiers occupants, on devra supposer, dans cette espèce de stratification des races, opérée du nord au sud, que la tribu la plus méridionale est celle qui a devancé toutes les autres.

Quant à l'Italie centrale, nous la trouvons occupée, aussi loin que remonte la tradition, par deux peuples, ou plutôt deux rameaux d'un même peuple dont la position dans la grande famille des races indo-germaniques peut être étudiée avec plus de succès et déterminée d'une manière plus exacte que celle des Iapygiens. Ce groupe de tribus, ayant toutes une affinité incontestable, peut être nommé le groupe italique par excellence, car c'est lui qui devait appeler l'Italie aux plus hautes destinées, et, par la fondation de Rome, lui assurer la conquête du monde. Il se divise, ainsi que nous venons de le dire, en deux branches principales, les Latins d'une part, de l'autre les Ombriens et les ramifications que cette race avait étendues dans la partie méridionale de la péninsule, Marses, Osques, Samnites, etc.

L'étude comparative de ces différents idiomes, autant qu'elle est possible pour quelques-uns d'eux, a démontré qu'ils forment ensemble un des anneaux de cette grande chaîne de langues indo-germaniques qui enserre une si grande part de l'ancien continent, depuis l'Inde jusqu'à l'Angleterre. Comparés d'abord avec le latin, puis ensuite les uns aux autres, les débris des dialectes de l'Italie centrale donnent la preuve d'une origine commune, et la langue latine n'est pas plus éloignée des idiomes ombro-samnitiques que le dialecte ionien ne l'est du dorien, tandis que les différences de l'osque, de l'ombrien et de leurs dérivés peuvent être comparées à celles qui existaient dans le dorien parlé en Sicile ou à Sparte.

Les recherches qui nous ont valu ces résultats sont dignes de tout notre intérêt, car elles deviennent le fil conducteur de la critique historique dans le dédale des origines italiques. Nous entrevoyons, grâce à elles, la marche des grandes révolutions sociales dont la tradition n'est pas parvenue jusqu'à nous. Le nombre ou la similitude des mots conservés dans les langues congénères nous apprend jusqu'à quel degré de civilisation ces familles de langues sont restées unies, puis à quelle époque de leur croissance elles se sont séparées pour recevoir chacune des mots nouveaux avec des idées nouvelles. Telles familles n'ont mené ensemble que la vie nomade : le vocabulaire des pasteurs ou bergers est le seul qui leur soit commun. Telles autres, avant de se quitter, avaient passé de cette vie nomade aux travaux de l'agriculture, au calme, au bien-être d'une vie sédentaire : on en trouve la preuve dans la conformité des mots nécessaires à cette période nouvelle de leur existence sociale.

Nous pouvons conclure ainsi que du sein de cette grande famille des Aryas, dont le berceau doit être cherché dans l'Asie centrale, sortit la race qui donna des ancêtres communs aux Grecs et aux tribus italiques. Ces dernières, détachées du rameau principal par quelqu'un de ces orages qui dispersent les nations, se ramifièrent beaucoup plus tard en deux branches dont l'une a formé, comme nous l'avons dit, les tribus latines, tandis que l'autre donna naissance aux Osques et aux Ombriens. Où et quand ces séparations ont-elles eu lieu? C'est ce qu'on ne saurait indiquer d'une manière précise. Tout ce qu'il nous est permis d'entrevoir, c'est que la race latine semble s'être emparée du versant occidental de l'Apennin dans l'Italie centrale, avant que les tribus ombro-sabelliennes ne se fussent ébranlées pour venir à leur tour occuper les hauteurs et les gorges sauvages de la grande chaîne qui forme l'épine dorsale de la péninsule. N'est-il pas naturel en effet de supposer que les montagnes ne deviennent la résidence de nouveaux arrivants, qu'alors qu'ils trouvent les plaines fertiles en possession d'habitants solidement établis et prêts à se défendre?

Des populations de race illyrienne ou celtique, entre le Pô et les Alpes, des tribus ligures, à l'occident de la Magra, complètent le tableau de la péninsule, alors que plus de deux mille ans avant notre ère se développait la nationalité étrusque entourée de toutes parts d'éléments qui semblent lui avoir été étrangers. Tandis que Rome devait régner un jour par l'unité, c'est par la fédération que les Etrusques étendirent leur puissance et la rendirent forte et durable. Douze villes formèrent l'alliance qui devait commencer cette grande œuvre de la réunion de l'Italie, œuvre restée si difficile qu'à peine en entrevoit-on la réalisation de nos jours.

S'il fallait en croire les traditions nationales, c'est au héros éponyme de Tarquinies, à Tarchon, pris pour type de l'initiation des Etrusques à la vie sociale, que serait due la fondation des douze cités de la grande confédération, ainsi que des douze colonies qu'elle avait envoyées au delà de l'Apennin. Ce peuple voulait sans doute exprimer par ce mythe l'unité politique et religieuse qui réglait les rapports des hommes entre eux, soumettait tous les actes de la vie humaine aux rites imposés par le législateur, et faisait intervenir à tout propos la volonté du ciel.

Nous devons vivement regretter la perte des rituels des Etrusques que l'on consulta longtemps, même sous l'empire. On y trouvait consigné, ainsi que le rapporte Festus, d'après quels rites on fondait les villes, on consacrait les autels ou les temples; quel degré de sainteté et d'inviolabilité était afférent aux murailles ou enceintes des cités; quelle disposition devait être donnée aux portes de villes, et quelle était la signification de la position qu'elles occupaient; comment on devait répartir les tribus, les curies, les centuries; comment on recrutait et comment on instruisait les armées; enfin quelles étaient les mesures à prendre en temps de paix ou en temps de guerre (1).

Malheureusement ce livre, qui a peut-être rempli en Étrurie un rôle aussi important que celui des lois de Manou dans l'Inde, ou des lois de Moïse chez les Hébreux, est à tout jamais perdu pour nous. Ce que nous savons de la vie publique ou privée des Etrusques, nous le devons à quelques documents épars dans l'œuvre d'écrivains étrangers à leur nation. Quant aux premières luttes qu'ils eurent à soutenir, quant à l'ordre successif dans lequel furent annexés les centres de population qui formèrent leur république fédérative, nous sommes dans une ignorance complète; nous ne savons pas même

---

(1) « Rituales nominantur Etruscorum libri in quibus præscriptum est quo ritu condantur urbes, aræ, ædes sacrentur, qua sanctitate muri, quo jure portæ, quomodo tribus, curiæ, centuriæ distribuantur, exercitus constituantur, ordinentur, cæteraque ejus modi ad bellum ac pacem pertinentia. » (Festus, s. v. RITUALES.)

d'une manière certaine quelles ont été les douze villes confédérées. Ce n'est pas qu'il manque dans l'histoire de noms célèbres, ou, sur le territoire étrusque, de vastes ruines marquant l'emplacement de cités autrefois florissantes. Loin de là : nous nous trouvons, sous ce rapport, dans l'embarras des richesses. On peut compter jusqu'à dix-sept ou dix-huit villes situées dans l'Etrurie centrale, auxquelles il faut reconnaître, à un moment donné, des droits certains à l'indépendance, et qui, par conséquent, ont pu faire, en leur propre nom, partie de la confédération. Cette apparente anomalie peut cependant s'expliquer par l'annexion successive de quelques cités remplaçant celles dont les guerres ou les révolutions avaient détruit l'influence.

Si la civilisation étrusque s'est développée d'abord dans la partie des Maremmes placée entre la Marta et le Tibre, Agylla ou Cære doit avoir été, avec Tarquinies, l'une des premières villes comprises dans la confédération. Strabon a raconté les circonstances de son annexion en donnant la singulière étymologie du nom de Cære, que porta là ville pélasgique d'Agylla sous les Etrusques : « Agylla, dit-il, fut fondée par « les Pélasges venus de la Thessalie. Les Lydiens, « auxquels on donna plus tard le nom de Tyrrhéniens, « marchèrent contre cette ville, et un d'eux, s'étant « approché des remparts, demanda le nom de la cité : « χαίρε, dit un des habitants qui (ne comprenant pas

« la langue dans laquelle on l'interrogeait) crut devoir
« répondre par un salut amical. Les Tyrrhéniens
« virent un augure favorable dans cette réponse, et
« imposèrent à la ville le nom de Cære dès qu'ils s'en
« furent emparés (1). »

Poëtes et historiens ont fait de Cære la capitale du roi Mézence, ce cruel tyran des Etrusques que ses excès, dit Virgile, firent chasser par ses sujets, et qui, réfugié à Ardée, près de Turnus, combattit avec lui contre Enée. Nous voici donc reportés aux années qui suivirent immédiatement la guerre de Troie; voici les Etrusques établis à Cære avant la date déjà si reculée qui nous est indiquée par Velleius Paterculus quand il dit que la colonie lydienne se préparait à quitter l'Asie Mineure alors que le temple de Delphes était ensanglanté par le meurtre de Pyrrhus, tué par Oreste pour avoir voulu lui enlever Hermione.

Que devons-nous croire à ce propos, d'Enée et de Turnus, et de son allié Mézence, et des Etrusques de Cære? Que dire de cette grande épopée des origines romaines, de l'Enéide, en un mot, si ce n'est de l'admirer comme le plus beau poëme de la littérature latine, comme un des chefs-d'œuvre de l'esprit humain! Il n'y a peut-être pas en effet de tradition qui ait été plus facilement acceptée par toute une nation

---

(1) Strabon, l. V, c. II, § 3, p. 183, éd. Amb. Firmin Didot.

et qui repose sur des fondements plus fragiles que celle de l'établissement d'Enée en Italie. Des auteurs placés à mille ou douze cents ans des personnages dont ils prétendaient tracer la filiation, et qui n'ont à citer eux-mêmes que des autorités postérieures à l'olympiade de Corœbus, ont établi tout un système sur l'hypothèse inadmissible que des registres auraient été tenus ou des inscriptions gravées dans ces siècles reculés auxquels la science a rendu toute justice en les nommant l'époque mythique de l'histoire. Or, n'avons-nous pas vu que chez le peuple dont nous cherchons à rétablir les annales, et dont la civilisation a si évidemment précédé celle de Rome, des clous enfoncés dans la paroi d'une muraille étaient, encore beaucoup plus tard, la seule manière d'assurer le compte des années! Il serait donc bien inutile de revenir une fois de plus sur ces fictions, bien que le caprice des poëtes y ait mêlé les Etrusques, si l'on ne s'était appuyé principalement sur l'autorité de Denys d'Halicarnasse quand on a voulu combattre l'origine orientale des Tyrrhéniens. Examiner brièvement comment le sérieux annaliste a raconté l'arrivée d'Enée en Italie nous permettra de juger si son récit, tout dépourvu qu'il est des charmes du rhythme et des brillantes images de la poésie, est plus vraisemblable que ne le sont les beaux vers de Virgile.

Ce fut deux ans après la prise de Troie, selon Denys, qu'Enée débarqua sur les côtes de Laurente, après un périlleux voyage dont les principaux incidents semblent puisés aux mêmes sources qui ont servi à Virgile pour son admirable poëme. Mais l'historien est encore plus ami du merveilleux que le poëte. A peine Enée a-t-il touché le sol de l'Italie que les dieux se déclarent en sa faveur et le lui annoncent par des prodiges. Des sources jaillissent de terre au moment où les Troyens éprouvent le besoin de la soif. Si, faute d'une meilleure installation, ils posent leurs aliments sur des gâteaux plats qu'ils mangent ensuite, il se trouve qu'en dévorant leurs tables, ils viennent d'accomplir un oracle rendu par les chênes de Dodone. Ils n'ont plus, après cela, qu'à suivre une truie blanche (Lycophron dit qu'elle était noire, ce qui ne laisse pas d'être embarrassant pour l'étymologie du nom d'Albe), et à bâtir une ville à l'endroit où elle s'arrête. Cependant le roi Latinus fait alliance avec ces nouveaux hôtes, et par leur secours remporte la victoire sur les Rutules. On reprend après la bataille la construction de la ville nouvelle, et pendant qu'on l'élève, quelques branches d'arbre s'enflamment d'elles-mêmes dans la forêt voisine. Un loup vient aussitôt alimenter le foyer en y apportant du bois sec; un aigle souffle le feu par le mouvement de ses larges ailes, tandis qu'un renard s'efforce d'éteindre l'incendie en y jetant de l'eau avec sa queue qu'il va tremper dans un ruisseau. Mais le renard en est pour sa peine : l'aigle et le loup l'emportent sur lui, les flammes s'élèvent avec plus de violence. Admirable spectacle ! car Enée en conclut que la gloire de son peuple brillera du plus vif éclat malgré les ruses de ses ennemis. Tels sont, ajoute gravement l'historien, les présages évidents qui annoncèrent les brillantes destinées du peuple romain.

Enée avait épousé Lavinia, fille du roi Latinus, et, à son exemple, les Troyens s'étaient alliés par des mariages aux aborigènes. A la mort de Latinus, tué dans un combat sanglant livré à Turnus, chef des Rutules, il lui succéda dans le gouvernement de la nation entière. Bientôt les Rutules se soulèvent et appellent à leur secours Mézence, roi des Etrusques. Pendant une grande bataille, qui se termina par la défaite des Rutules et des Etrusques, Enée disparut. On en conclut que, fils d'une déesse, il était remonté au ciel, et on lui éleva un cénotaphe sur les bords du Numicus. Son fils, Euryléon, qui avait changé son nom pour celui d'Ascagne, devint alors le chef des Latins et voulut affranchir son peuple d'un impôt qu'il lui paraissait honteux de supporter plus longtemps. Tout le vin que produisait le Latium était apporté à Mézence, le roi des Etrusques, comme un tribut de vassal à suzerain. Ascagne déclara que dorénavant les produits de la vigne, au lieu d'être offerts au roi de Cære, le seraient à Jupiter (1). Cet acte d'émancipation fut suivi

---

(1) Le *Calendarium prænestinum* contient, à la date du 23 avril,

d'une guerre nouvelle dans laquelle Lausus, fils de Mézence, périt ainsi qu'une grande partie de l'armée d'Etrurie. Mézence, ayant appris à ses dépens quels redoutables ennemis il avait à combattre, fit la paix, et désormais il en observa fidèlement les conditions.

Telle est, dans Denys, la tradition relative à l'établissement d'Enée en Italie, et l'on peut voir combien elle se rapproche du poëme de Virgile, à l'exception, justement, de ce qui concerne les relations des Troyens avec les Etrusques. Le poëte, voulant accorder à son héros l'alliance de l'Etrurie, fait de Mézence un roi banni par ses sujets : « Sur un antique rocher, dit Evandre à Énée, s'élève la ville d'Agylla où les Lydiens, célèbres par la gloire de leurs armes, sont venus s'établir. Longtemps florissante, cette cité a dû souffrir la cruelle domination du roi Mézence. Dois-je rappeler les meurtres effroyables, les forfaits inouïs du tyran ? Accouplant des corps vivants à des cadavres, mains contre mains, bouche contre bouche, il voyait mourir ses victimes dans cet affreux embrassement. Enfin, lassés de ses fureurs, ses sujets prennent les

---

cette mention de la fête des *vinalia :* CONSECRATUM est Jovi vinum ex exuviis quæ DARENTUR AB RUTILIS QUIA MEZENTIUS REX ETRUSCORUM PACISCEBATUR SI SUBSIDIO VENISSET OMNIUM ANNORUM VINI FRUCTUM. Un passage de Pline, dans lequel il s'appuie sur l'autorité de Varron, peut servir de glose à ce monument épigraphique : « M. Varron auctor est Mezentium, Etruriæ regem, auxilium Rutulis contra Latinos tulisse, vini mercede quod tunc in Latino agro fuisset. » (*Hist. nat.*, XIV, XIV.) Festus rapporte la même tradition, s. v. RUSTICA VINALIA.

armes, l'assiégent dans son palais, menacent ses gardes : il s'échappe au milieu du carnage et se réfugie chez les Rutules. Aujourd'hui, Turnus le protége de ses armes ; mais l'Etrurie s'est soulevée, et, dans sa juste vengeance, le redemande à son hôte pour le livrer au supplice. C'est à cette armée des Etrusques que je veux donner un chef, et ce chef, Enée, c'est vous (1). » En effet, Enée prend sous ses ordres l'armée des Etrusques, conduite par Tarchon.

Tite-Live, qui prudemment fait précéder son récit d'une sage et modeste réflexion quand il dit : Comment affirmer la vérité de si vieilles traditions: *Quis rem tam veterem pro certo affirmet?* Tite-Live, disons-nous, est beaucoup plus bref que Denys dans tout ce qui regarde la venue d'Enée en Italie. Toutefois, c'est aussi contre l'Etrurie tout entière que s'arme le fils d'Anchise, dans la tradition qu'il adopte, et non pas seulement contre le roi des Etrusques, chassé par ses sujets. Turnus et les Rutules, se défiant de leur fortune, cherchent un appui dans la puissance alors très-florissante des Etrusques et de leur roi Mézence. Ce prince, qui avait établi le siége de sa domination dans l'opulente Cære, n'avait pu voir sans ombrage s'élever non loin de là une ville nouvelle : il associa donc ses armes à celles des Rutules. Enée, à la tête des Latins, osa braver ces redoutables Etrusques qui remplis-

---

(1) L. VIII, v. 478-496.

saient alors du bruit de leur nom toute l'Italie, dit l'historien de Padoue, depuis les Alpes jusqu'au détroit de Sicile, *ab Alpibus ad fretum Siculum*. La victoire resta aux Latins; mais Enée, comme plus d'un grand capitaine, mourut enseveli dans son triomphe. On lui consacra un monument sur les bords du Numicus, où il est adoré sous le nom de Jupiter Indigète.

Les autres historiens ont à peine parlé d'Enée et point du tout de ses collisions avec les Etrusques. Ni Velleius Paterculus, ni le *Liber memorialis* qui porte le nom d'Ampelius, ni Sextus Rufus, ni Eutrope, ne font mention du héros troyen. Florus en parle incidemment : « Romulus, dit-il, ouvrit un asile : aussitôt des pâtres latins et étrusques, des gens venus d'outre-mer, des Arcadiens qui avaient pénétré en Italie sous la conduite d'Evandre, et des Phrygiens arrivés sous la conduite d'Enée y accoururent en foule. »

Voilà quels sont à peu près les documents empruntés aux historiens de Rome. Voulons-nous remonter à la source première de la tradition d'Enée, si complaisamment accueillie par les écrivains du siècle d'Auguste qui s'empressaient d'y faire jouer un rôle à l'Etrurie, nous la trouverons dans Lycophron, à l'époque de Ptolémée Philadelphe. Dès que parut dans la littérature grecque la première lueur qui permettait d'unir les descendants de Dardanus au fondateur de Rome par une dynastie de rois Enéades, les historiens romains, Fabius Pictor à leur tête, s'en emparèrent avec ardeur. Les familles venues d'Albe à Rome se trouvaient intéressées à descendre, à travers une longue suite de siècles, des compagnons du fils d'Anchise : le siége de Troie devenait pour eux ce que sont pour nous les croisades. En vain Strabon cherchait à calmer ces bouffées d'orgueil patricien en rappelant les vers de l'*Iliade* où Neptune annonce qu'Enée régnera sur les Troyens, et en concluait expressément qu'Enée est resté dans la Troade : César voulait descendre d'Iule, et l'opinion qui plaisait au maître du monde ne devait pas trouver de contradicteurs.

Dans les temps modernes, alors qu'il n'existait plus de motifs pour flatter l'opinion favorable à une telle croyance, on en a recherché de près tous les éléments pour la juger avec l'impartialité d'une sage critique. Nul travail, peut-être, n'a été plus profond et plus consciencieux, sous ce rapport, que le savant ouvrage de Klausen sur Enée et les Pénates (1). La longue pérégrination du héros troyen à travers les mers de la Grèce et de l'Italie y est suivie pas à pas avec la plus minutieuse critique; tous les textes y sont rassemblés, analysés, et le résultat de ce grand

---

(1) *Æneas und die Penaten*, par Rud. Klausen, 2 vol. Hamb. et Gotha, 1839-1840.

travail est de nous laisser aussi incertains que nous l'étions avant tant d'efforts et d'érudition. Mais qu'importe? Il y a certaines parties du voile qui nous cache l'origine des peuples que nous ne lèverons jamais complétement, malgré les progrès de la science. Cependant il est des traditions qu'il faut connaître, car elles ont régné, elles ont eu leur raison d'être, et, à défaut de faits positifs, l'examen des monuments peut nous éclairer sur la véritable valeur d'événements défigurés par les historiens qui se font poëtes ou par les poëtes qui se font historiens.

Nous donnerons à cette assertion une preuve de plus par le récit de récentes découvertes dont nous avons été témoin à Ardée, et nous demandons au lecteur la permission de sortir un moment de l'Etrurie où se passent en grande partie les faits que nous venons d'analyser, pour aller chercher sur la rive gauche du Tibre de nouveaux souvenirs des origines étrusques.

La fondation d'Ardée, capitale des Rutules, où nous voyons réunis Turnus et Mézence, remonte à l'une de ces fables grecques que les Romains ont détournées plus d'une fois de leur acception première et du pays où elles avaient pris naissance pour en faire l'application à l'histoire des origines italiennes. Virgile, Strabon, Pline, Solin, Servius, ont fait d'Ardée une colonie argienne, fondée par Danaé, la fille d'Acrisius. Ce n'est plus vers l'île de Sériphe, comme nous l'apprennent Apollodore, Phérécyde et

Simonide de Céos, que la jeune fille séduite par Jupiter est portée sur les flots; c'est vers la côte du Latium maritime, où elle est accueillie par l'un des ancêtres de Turnus, Pilumnus, qui l'épouse. Comment Virgile, tout en admettant l'origine grecque de la capitale des Rutules, et tout en donnant à Enée les Etrusques pour alliés, a-t-il placé le roi de Cære dans l'armée de Turnus? Pourquoi Denys et Tite-Live, plus explicites que Virgile, ont-ils réuni les Rutules et les Etrusques dans une alliance étroite? Nous obtiendrons une réponse satisfaisante à ces questions si nous prouvons que cette vieille tradition d'alliance est fondée sur d'anciens souvenirs, et justifiée par des similitudes de coutumes ou d'œuvres d'art qu'on pourrait considérer jusqu'à un certain point comme les signes d'une origine commune.

Vers la fin de 1852, on tenta, sur le territoire d'Ardée, quelques fouilles qui firent reconnaître l'emplacement de la nécropole où l'on recueillit un grand nombre d'objets précieux, surtout des terres cuites d'un grand style et d'un fini d'exécution rare dans ce genre de monuments d'antiquité figurée. Mais un certain mystère avait été gardé sur le lieu précis et le résultat scientifique de ces excavations. En rendant compte de cette découverte à l'Institut archéologique de Rome, le secrétaire, M. Emile Braun, exprima ses regrets d'un manque de publicité qui nuisait aux intérêts de la science, et forma le vœu que d'aussi précieux témoignages de l'ancienne origine d'Ardée n'eussent pas à rester enfouis longtemps encore dans cette seconde prison à laquelle ils semblaient condamnés (1).

En apprenant, il y a quelques années, que de nouveaux travaux avaient été dirigés sur ce point, je résolus de m'y rendre en compagnie de M. Pietro Rosa, dont l'expérience est si précieuse à qui veut étudier le sol de l'ancien Latium. C'est à la vingtième borne miliaire depuis Rome, sur la route de Nettuno, qu'on prend à droite un embranchement qui se dirige vers la mer. Pendant cinq milles environ, on traverse des ondulations de terrain, formées par les courants de lave descendus des monts Albains, puis on arrive sur le plateau dont Ardée occupe l'extrémité méridionale. A un mille environ de la capitale des Rutules, cette langue de terre, qui diminue de largeur à mesure que l'on s'avance vers le sud, se trouve comme barrée par une longue colline couverte de bois, coupée au milieu de sa longueur par une étroite ouverture. C'est l'*agger*, ou boulevard, qui défendait l'approche de l'ancienne ville par le côté où elle était abordable, puisque de ce côté seulement elle tient au plateau

---

(1) « Questi preziosi monumenti trovansi tuttora sotto clausura. « Faccia la providenza che non lunghi anni rimangano in questo « secondo ritiro a cui perora sono condannati! » Ce vœu se trouve accompli de la manière la plus favorable par l'acquisition qu'a faite le gouvernement français du musée Campana, où un grand nombre de ces objets avaient pris place.

dont elle occupe l'extrémité, disposition complétement étrusque, qui rappelle toutes les villes anciennes situées sur la rive droite du Tibre.

Cette fortification artificielle, d'un aspect à la fois imposant et pittoresque, à cause de la belle végétation qui la recouvre, est formée par un amoncellement des terres enlevées du fossé profond qui s'étend au pied du massif et en double la hauteur ; elle atteint près de vingt mètres, ainsi que je m'en suis assuré, depuis le fond du fossé jusqu'à la crête du rempart. La poterne, ou le passage coupé dans la colline, donne entrée à une espèce de place d'armes ou ancien faubourg de la ville, terminé à l'autre extrémité par un second boulevard encore plus haut et plus imposant que le premier. Cette fois, on traverse le fossé sur un pont formé de ces pierres énormes taillées en parallélogrammes réguliers et ajustées sans ciment, comme celles des murs de Volterra, de Populonia, de Cossa ou de Rosellæ. J'ai mesuré quelques-uns de ces blocs, qui ont jusqu'à trois mètres de longueur. On est alors dans la ville proprement dite. On voudrait y rêver le palais de Turnus et les scènes de l'Enéide; mais on chemine dans une coupure profondément encaissée où l'imagination pourrait seule faire voir autre chose que les talus qui de chaque côté vous dominent; la capitale des Rutules n'était d'ailleurs alors qu'un champ de blé qui sans doute est redevenu pâturage, puis champ de blé, puis de nouveau prairie, sans qu'il y ait chance qu'elle redevienne jamais une puissante cité. Virgile l'avait déjà dit :

> . . . Et nunc magnum manet Ardea nomen :
> Sed fortuna fuit (1).

A l'extrémité méridionale de la ville se trouve la citadelle, tout à fait isolée par une tranchée qui semble artificielle. De ce côté ses murailles, qui couronnent le rocher à pic, sont très-bien conservées et dans leur ensemble offrent un aspect peut-être plus saisissant que celui d'aucune autre ville de l'Etrurie ou du Latium maritime.

En présence de cette imposante cité et de ses remparts encore debout, on a peine à comprendre que Danville (2), ordinairement si heureux à grouper et comparer les assertions incohérentes des anciens géographes pour en faire ressortir la véritable valeur, ait été amené, par le témoignage d'Eutrope, qui donne dix-huit milles comme distance entre Rome et Ardée, ainsi que par le chiffre de 160 stades donné par Strabon, à exprimer l'opinion que le village moderne d'*Ardea* n'occupait pas la place de l'ancienne Ardée. L'aspect des lieux, alors même

---

(1) *Æneid.*, V. l. VII, 412-413.
(2) *Mémoire sur l'étendue de l'ancienne Rome et sur les grandes voies qui sortaient de cette ville* (*Mém. de l'Acad. des I. et B.-L.*, t. XXX, p. 219).

qu'on n'avait pas encore trouvé des inscriptions qui ont démontré le fait, aurait suffi pour lui prouver avec quelle légèreté les chiffres véritables des distances ont été souvent altérés par la négligence des géographes ou les fautes des copistes. La distance de Rome à Ardée par la *via Ardeatina*, la voie la plus directe, est de 23 milles et demi à compter de l'ancienne porte Capène, ou de 23 milles à compter de la porte moderne de Saint-Sébastien.

La citadelle, dans l'enceinte de laquelle se trouve aujourd'hui le village, n'est abordable qu'au sud-ouest. Une pente douce conduit à une porte du xv° siècle au delà de laquelle il faut encore monter quelque peu pour se trouver sur l'esplanade où une douzaine de maisons chétives et le château des ducs Cesarini forment le hameau moderne d'Ardea dépendant du district de Gensano, dans la comarque de Rome. Cependant ces pauvres maisons étaient encore trop grandes pour le peu d'habitants qui s'y trouvaient alors. Nous étions à la fin de juin, et l'on émigre pendant les chaleurs, car le climat d'Ardée a conservé la réputation tristement méritée qu'il avait dans l'antiquité, ainsi que le témoignent Strabon, Sénèque et Martial (1). Nous eûmes peine à trouver quelques hommes pour nous aider dans l'examen que nous voulions faire de la nécropole des Rutules. Faut-il

---

(1) Strabon, V, 22 ; Sénèque,—*Epist.*, 105 ; — Martial, l. IV, 60.

dire des Rutules ou des Etrusques? C'est là une grave question, car il est impossible de voir une ressemblance plus parfaite que celle qui existe entre les tombes nouvellement découvertes à Ardée et celles de Cære, de Tarquinies, de Véies ou de Vulci.

Nous avons vu que les Etrusques creusaient ordinairement leurs tombeaux dans la paroi des vallées voisines du promontoire sur lequel s'élevait la cité. C'est ce qui est arrivé à Ardée. Nous suivîmes à droite, en sortant de l'enceinte du village, la route qui conduit à Antium, et à un demi-mille environ, c'est-à-dire au revers méridional du ravin qui fait suite à celui sur le sommet duquel était bâtie la ville, nous avons trouvé de nombreuses traces de fouilles récentes. C'est la nécropole : un grand nombre de tombeaux avaient été explorés, puis chacun d'eux refermé avec soin : on les reconnaissait seulement à l'absence de végétation et aux terres fraîchement remuées. Nous fîmes appliquer la pioche là où l'entrée nous semblait moins obstruée, et, après avoir fait enlever quelques pelletées de terre, nous parvînmes chaque fois, par une descente rapide, à des chambres sépulcrales creusées dans le massif de la colline. Le premier tombeau dans lequel nous avons pénétré offrait à l'entrée, de chaque côté d'une porte cintrée, des débris de colonnes qui, bien que très-frustes, semblent avoir été cannelées. Une première chambre de 4 mètres de longueur sur 2 de largeur contenait deux lits avec leurs coussins pour déposer les morts, le tout taillé dans le roc et appuyé sur la paroi de la muraille à main droite. En face de la porte d'entrée s'ouvrait une autre porte encadrée par cette moulure si reconnaissable, tracée en relief sur les rochers de Castel d'Asso, de Bieda, de Norchia, ou peinte sous les tumulus de Cervetri, de Véies et de Corneto, et qui porte avec elle le caractère appliqué aux constructions toscanes par Vitruve, qui les appelle *humiles, barycephalæ* : basses et lourdes du haut. La chambre du fond contenait aussi deux lits funéraires, l'un placé au fond, l'autre à droite. Deux portes ouvertes dans la muraille, à gauche de la première chambre, donnaient entrée dans deux cellules, contenant chacune un de ces lits de pierre sur lesquels on étendait les cadavres, de telle sorte que l'hypogée se composait en tout de quatre cellules, dans lesquelles six personnes avaient trouvé leur dernier asile. Le stuc qui recouvrait toutes les murailles a environ un centimètre d'épaisseur. Il est d'un blanc jaunâtre dans la partie supérieure; la plinthe, ainsi que l'enroulement qui lui sert de bordure et l'encadrement de la porte, sont d'un rouge vif dont la belle conservation rappelle l'assertion de Pline, lorsqu'il dit que de son temps il existait à Ardée, comme dans la ville étrusque de Cære, des peintures plus vieilles que Rome, peintures qui, sans être protégées par un toit, avaient à travers les siècles conservé la fraîcheur de leur coloris (1).

Un second tombeau dans lequel nous pénétrâmes ensuite n'avait qu'une vaste chambre sans décoration. Il contenait de grands sarcophages en pierre brute sans autre ornementation que de simples moulures comme nous en avons trouvé un grand nombre dans nos fouilles de Chiusi : quelques-uns de ces sarcophages étaient entiers, d'autres brisés ; mais il est inutile d'ajouter que tous les vases ou autres objets précieux avaient disparu, et que nous avons trouvé seulement quelques débris de poterie d'une pâte presque aussi fine que celle des vases de Vulci. Enfin, dans un troisième tombeau, le plafond, soutenu par un pilier, était orné de ces poutres saillantes taillées dans le roc et figurant la toiture qui prouvent que les habitants de l'ancienne Ardée, quels qu'ils fussent, décoraient, ainsi que les Etrusques, la demeure de leurs morts à l'imitation de celle des vivants. C'est donc une ressemblance nouvelle entre la nécropole d'Ardée et celles de l'Etrurie. En somme, aucune des villes anciennes placées sur la rive gauche du Tibre, c'est-à-dire dans le Latium et hors des limites naturelles du territoire étrusque, ne présente, ainsi que le fait Ardée, ces circonstances d'une position, d'un système de défense, du choix d'une nécropole,

---

(1) « Antiquiores Urbe picturæ, tam longo ævo durantes in orbitate tecti veluti recentes. » (*Hist. nat.*, XXXV, vi.)

entièrement identiques à ce que l'on trouve en Etrurie.

Evidemment le peuple qui a taillé ces chambres sépulcrales et qui y a déposé ses morts sur des couches funéraires a eu l'affinité la plus grande avec les habitants de Cære ou de Tarquinies. A quelle époque? Il nous serait bien difficile de le déterminer, quoique nous sachions, tout au moins, qu'il nous faut remonter à ce propos jusqu'à des temps antéhistoriques, puisque nous trouvons plus tard les Ardéates complétement séparés des Etrusques. Contentons-nous de justifier ainsi, à l'aide des monuments, la tradition de l'alliance des Rutules avec l'Etrurie, et revenons aux autres cités qui entrèrent tour à tour dans la grande confédération se développant rapidement sous l'influence d'une civilisation plus avancée que celle des contrées voisines.

Au territoire de Cære confinait celui de Véies. Bien que cette dernière ville n'ait pas été nommée par Virgile et que ses habitants ne soient pas compris par le poëte dans la revue qu'il fait des troupes étrusques venues au secours de son héros, on ne saurait douter que Véies n'ait, de bonne heure, fait partie des cités confédérées entre lesquelles l'étendue de son territoire et l'importance de la lutte qu'elle soutint contre Rome la placent, plus tard, au premier rang (1). La tradition, si avare du nom des chefs pla-

---

(1) « Antiquissima et ditissima civitas, » dit Eutrope en parlant de Veies (l. I, 18). Cf. ce que dit Plutarque de l'importance de cette

cés à la tête de l'Etrurie, nous a conservé ceux de trois princes qui ont gouverné Véies, et qui tous trois semblent remonter, d'après cette même tradition, à une époque antérieure à la fondation de la ville de Romulus. Un passage obscur de Caton parle d'un roi Propertius auquel serait due la colonisation de Capena, sur les pentes du Soracte, par suite de l'accomplissement d'un de ces vœux connus sous le nom de *ver sacrum*, ou printemps sacré, ainsi que l'a conjecturé Niebuhr (1). Servius parle aussi d'un roi des Véiens nommé Morrius, qui avait institué le sacerdoce des Saliens (2), institution adoptée plus tard par Numa. Enfin, d'après Varron, le Tibre, qu'on appelait d'abord l'Albula, aurait emprunté le nom qu'il porte aujourd'hui à un roi de Véies nommé Thebris (3).

Des fouilles entreprises sur l'emplacement de la ville ou de sa nécropole ont confirmé ce que nous font pressentir les traditions sur l'époque reculée à laquelle remonte la ville étrusque. On a découvert en 1843, dans les collines placées au nord-ouest de la cité, le tombeau peut-être le plus ancien qui ait été ou-

---

cité au temps de la fondation de Rome (*Vie de Romulus*, c. 25, éd. Didot).

(1) Caton dans Servius (*Æneid.*, l. VII, 697). — Cf. Niebuhr, t. I, et Müller, *Etr.*, t. Iᵉʳ, p. 112.

(2) Ad *Æneid.*, l. VIII, v, 285.

(3) « Fuerunt qui ab Thebri, vicino regulo Veientum, dixerunt appellatum Thebrim ; sunt qui Tiberim priscum nomen latinum Albulam vocitatum literis tradiderunt. » (*De ling. lat.*)

vert depuis que des fouilles ont été tentées en Etrurie. Les peintures qui recouvrent la paroi des murailles et qui sont du style le plus archaïque, les vases trouvés sur le sol ou sur les couches funéraires, les bronzes, tout porte l'empreinte d'une haute antiquité et donne à cette découverte la portée d'une révélation relativement à l'état de civilisation dans lequel se trouvait la ville étrusque au moment où les sept collines n'étaient encore habitées que par des bergers ou des proscrits (1).

Quant à l'annexion de Véies dans la confédération, et à son droit d'être comptée au nombre des douze cités, on n'en saurait douter. Qu'il nous suffise de rappeler ici que Denys d'Halicarnasse appelle Véies et Tarquinies les deux plus célèbres villes de l'Etrurie (2), puis que Tite-Live est encore plus explicite lorsqu'il nous apprend qu'un Véien avait été tellement mécontent de se voir préférer un compétiteur, alors qu'il s'agissait de présider comme pontife l'assemblée des douze cités, qu'il interrompit les spectacles publics en rappelant les acteurs presque tous ses esclaves (3). Nous aurons, d'ailleurs, plus d'une occasion de revenir sur l'importance de la ville de Véies dans le courant de cette histoire.

---

(1) Voyez, sur cette intéressante découverte, le *Bull. de l'Inst. archéol.*, 1843, p. 69 et 99-102; Micali, *Mon. ined.*, p. 395, et Dennis, *Cities and cemeteries of Etruria*, t. I, p. 48-61.

(2) L. VI, p. 398.

(3) V, 1.

Vulsinies, dont l'emplacement longtemps cherché paraît devoir être décidément fixé près de la ville moderne de Bolsena, a des droits au moins égaux à ceux de Véies pour être comprise dans la confédération comme l'une des douze cités. Non-seulement Tite-Live dit positivement que cette ville était comptée parmi celles qu'il appelle les têtes de l'Etrurie, *Etruriæ capita* (1), mais nous savons que le temple de la déesse Nortia, où, dès la plus haute antiquité, les Etrusques inscrivaient leurs annales d'une manière si primitive, s'élevait dans les murs de Vulsinies (2). C'est

---

(1) X, 37.

(2) « Les Vulsiniens, dit Tite-Live en s'appuyant sur le témoignage de Cincius, désignaient le nombre des années par des clous enfoncés dans le temple de la déesse étrusque Nortia (l. VII, c. 3). » C'était la Fortune, le Destin : « Si Nortia Tusco (Sejano) favisset... hac ipsa diceret hora Sejanum Augustum, » dit Juvénal (X, 47). Cf. Schol. Mart. Capp. I, 18; — Tertullien, *Apol.*, c. XXIV; *ad Nat.,* II, 8; — Otf. Müller, *Etr.*, III, 3, 4; — Adami, *Storia di Volseno*, I, p. 77; — Burmann, *Anth. lat.*, cl. I, ep. 70. Une inscription rapportée par Fabretti (p. 697, n. 189) et consacrée MAGNÆ DEÆ NORTIÆ est regardée comme peu authentique par Henzen (3ᵉ vol. d'Orelli, *Indices*); mais M. Borghesi a vu et restitué sur un marbre à moitié détruit par le temps, dans le Musée du Vatican, une autre inscription à la déesse Nortia déjà publiée avec quelques inexactitudes de lecture par Fabretti (p. 742, n. 507), et par Spon (*Misc.*, p. 99) :

R. FESTVS V. C. DE SE AD DEAM NORTIAM
FESTVS MVSONI SVBOLES PROLESQVE AVIENI
VNDE TVI LATICES TRAXERVNT CAESIA NOMEN
NORTIA TE VENEROR LARE CRETVS VVLSINIENSI
ROMAM HABITANS GEMINO PROCONSVLIS AVCTVS HONORE
etc............

Par la comparaison de plusieurs autres monuments épigraphiques (Bœckh, *Corp. I. G.*, t. I, p. 436, n. 372; — Doni, cl. V, 109; — Marini,

aussi sur son territoire que se trouvait le *fanum Voltumnæ*, ce temple de la déesse Voltumna, placé au milieu d'un bois sacré et où toutes les villes unies envoyaient, chaque année, les députés chargés de veiller aux intérêts de la confédération. Le lieu précis de cette réunion solennelle, si souvent mentionnée dans les récits des guerres de Rome contre l'Etrurie (1), n'est pas connu d'une manière certaine : nous savons seulement que les États confédérés se réunissaient encore, alors que l'Etrurie, jusqu'au Cimino, était occupée par les Romains, et qu'à une autre époque la réunion se trouvait entravée par l'invasion des Gaulois dans la vallée de la Clanis (la Chiana). On doit conclure de ces deux faits que la grande plaine située entre le Cimino et l'Apennin, plaine occupée en grande partie par le territoire de Vulsinies, avait été choisie par l'union pour y assembler ses députés, sa position centrale la mettant également à portée de tous les États, depuis les rives de l'Arno jusqu'à celles du Tibre.

Bien que Vulsinies se trouvât éloignée de la mer,

Fr. arv., p. 425, note 606 ; — Kellermann, *Vigiles*, n. 43 et note, p. 87), monuments trouvés en grande partie sur le territoire de Vulsinies, Borghesi a rapproché l'adorateur de la déesse Nortia, dont il est ici question, du poëte latin Rufus Festus Avienus, et prouve ainsi à quel point avait persisté chez les habitants de Vulsinies, après tant d'années écoulées depuis la conquête romaine, le culte de leur déesse nationale (*Schede Borghesiane* : proconsuls d'Achaïe).

(1) Voy. Tite Live, IV, 23, 25, 61 ; V, 17 ; VI, 2.

et par conséquent moins soumise que les villes du littoral à l'influence des arts de la Grèce, en tant que cette influence résultait des rapports commerciaux, l'industrie et le sentiment artistique s'y étaient développés avec une vigueur toute nationale. Outre le témoignage de Métrodore de Scepsis, qui reprochait aux Romains d'avoir pris Vulsinies par convoitise pour les deux mille statues qui ornaient la cité (1), nous avons le témoignage tout récent de fouilles heureuses opérées dans la nécropole de cette ville. On y a trouvé de magnifiques vases en bronze doré portant des inscriptions en langue et en caractères étrusques. Acquis par le gouvernement pontifical, ils ornent le Musée Grégorien au Vatican, et leur riche ciselure, l'élégance de la forme, l'expression des têtes, qui semblent copiées sur les belles médailles de la Sicile ou de la Grande Grèce, prouvent à quel degré de perfection les Etrusques étaient parvenus dans l'art de travailler les métaux (2).

---

(1) Pline, l. XXXIV, c. 16. Pline l. XXXVI, c. 29, dit encore que les moulins à blé ont été inventés à Vulsinies.

(2) Voy. *Bull. de l'Inst. arch.*, année 1857, p. 33 sq. A la fin de 1858, d'autres fouilles ont été entreprises sur le même territoire par le comte Ravizza d'Orvieto. Des bijoux d'or et d'électrum, au nombre desquels on remarquait des bracelets, deux élégants diadèmes imitant le feuillage et le fruit du laurier, d'admirables boucles d'oreille dont les pendants représentent des Victoires ailées, des vases, un miroir d'une haute importance par le sujet et les inscriptions qui l'accompagnent, ont prouvé une fois de plus les droits de Vulsinies à son ancienne réputation artistique. Voy. l'article de M. Brunn sur ces découvertes (*Bull. de l'Inst. arch.*, 1858, p. 184-897).

Vulci, Vetulonia, Rosellæ, ont dû former autant d'États appartenant à l'Etrurie confédérée. Nous avons déjà dit, en faisant la description de chacune de ces villes perdues au milieu des Maremmes où restaient ensevelis tant de mystères, quelles sont les traditions relatives à leurs origines, et surtout quelles lueurs nouvelles nous recevons de la découverte des nécropoles où chaque tombe nous révèle après plus de deux mille ans les secrets que la mort lui avait confiés : nous n'y reviendrons pas ici.

Sur les bords d'un lac, au sein de forêts sauvages dont la riche végétation recouvre deux nécropoles superposées, s'élevait Clusium (Chiusi). Cette ville s'est d'abord appelée *Camers*, et l'analogie de ce nom avec celui des *Camertes*, tribu ombrienne dont nous parlent Polybe et Tite-Live, a fait conclure qu'elle avait été d'abord habitée par des Ombriens, conséquence d'autant plus naturelle que cette nation a occupé tout le pays devenu plus tard l'Etrurie centrale. Clusium aurait dû son nom, si l'on en croit Servius, à Clusius (1), fils de Tyrrhénus, c'est-à-dire de Tarchon, si ces deux héros doivent être ramenés à un seul personnage, ainsi que le veut Otfried Müller. Toutefois Servius ajoute encore qu'une autre tradition

---

(1) Clusius, ou le porte-clef, était un des noms de Janus, le fondateur de tant de villes en Italie (Ovide, *Fast.*, I, 130). — Cf. la note 4ᵉ du livre V de la *Symbolique* de Creuzer, par MM. Guigniaut et Alf. Maury.

rapportait la fondation de cette ville à Télémaque, fils d'Ulysse, tradition qui semble aussi la relier à Cortone (1).

L'importance de Clusium et le rôle pris par cette cité dans la grande ligue formée en Etrurie pour rendre aux Tarquins le trône de Rome, sont trop bien connus pour qu'il y ait nécessité de prouver autrement le rang qu'elle occupait dans la confédération. Tite-Live nous dit que, quand on apprit à Rome la marche de Porsenna, la consternation y fut à son comble : « Jamais une si grande terreur, ajoute-t-il, ne s'était jusqu'alors emparée du sénat, tant était redoutable à cette époque la puissance de Clusium. »

Les traditions relatives à cette cité remontaient assez haut pour que Virgile ait cru devoir lui donner une place dans son poëme et appeler au secours de son héros mille guerriers sortis des murs de Clusium sous la conduite d'un chef nommé Massicus; il est vrai que, quelques vers plus loin, c'est Osinius qu'il nomme comme le roi des Clusiens. Nous n'avons pas la prétention d'établir une polémique à ce sujet, et de créer une rivalité parmi les dynasties des rois de Chiusi. Qu'il nous suffise d'avoir trouvé pen-

---

(1) Théopompe (ap. Tzetz. ad Lycophr., *Cass.*, v. 806) rapporte qu'Ulysse, appelé par les Étrusques Nanos (cf. Lycoph., 1244, Tzetz., *in loc.*), fit voile pour l'Étrurie, fixa sa résidence à Gortynæa, ou Cortone, et y mourut.

dant nos fouilles, dans les collines qui l'enserrent, des preuves évidentes de son antique origine. Bronzes, urnes funéraires, cippes, poteries, y ont un caractère plus archaïque que dans les autres centres de population appartenant à l'Etrurie. Parmi tant de trésors dont les nécropoles de Clusium ont enrichi les musées ou les collections particulières, il n'y en a pas, du reste, qui portent plus complétement l'empreinte de l'art étrusque sans mélange d'hellénisme que les vases noirs, connus dans le pays sous le nom de *creta nera*, et dont nous donnons quelques spécimens dans notre atlas (1). Leurs formes étranges, les scènes bizarres qui y sont figurées en relief, le style roide et primitif du dessin attestent des croyances, des habitudes et une influence artistique étrangères aux mythes de la Grèce. Plus tard, il est vrai, ces mêmes mythes pénétraient au sein de l'Étrurie, et Clusium a produit le plus beau vase italo-grec qui soit dans la collection céramographique du Musée de Florence : les noces de Pélée et de Thétis, Achille poursuivant Troïlus, les jeux funèbres célébrés au tombeau de Patrocle, le combat des Centaures et des Lapithes, la mort d'Achille, le retour de Thésée après la défaite du Minotaure, la chasse du sanglier de Calydon, en un mot les faits les plus célèbres du cycle mythique adopté par les Grecs sont représentés sur ce vase et

---

(1) Voyez les deux planches de vases noirs.

expliqués par plus de cent inscriptions (1). Ils prouvent une fois de plus que la riche capitale de Porsenna, comme les autres villes d'Etrurie, non contente du produit des arts qui lui étaient propres, empruntait à la Grèce ou ses plus habiles artistes ou ses compositions les plus gracieuses.

Si le travail de la nationalité en Étrurie s'est opéré en rayonnant de Tarquinies et de Cære vers l'Apennin, à travers la grande plaine des Maremmes, l'annexion des nouveaux États, qu'elle ait été pacifique ou sanglante, a dû s'opérer à peu près dans l'ordre où nous avons parlé des villes que nous supposons avoir fait partie des douze cités unies. Malheureusement, tous les détails de cet envahissement nous échappent. Nous n'avons à faire ni le récit dramatique d'une conquête, ni l'histoire non moins intéressante de colonisations où nous verrions se fonder la propriété et la famille, s'organiser la religion, l'Etat, l'industrie : mais ce que nous pouvons supposer, c'est que l'action civilisatrice s'est propagée de proche en proche avec rapidité en ne rencontrant que peu d'obstacles dans la configuration du pays.

Les Etats dont nous avons à parler maintenant, Cor-

---

(1) Voy. l'article publié sur ce vase par M. Émile Braun (*Ann. de l'Inst. archéol.*, 1848, p. 306-362).—Voy. aussi, sur des découvertes postérieures à nos fouilles, Brunn, *Vasi e specchi chiusini*, dans le même bulletin, 1859, p. 103-12, et le comte Conestabile, *Di alcune novità in fatto di Etrusche anticaglie*, même vol., p. 80-84.

tone, Pérouse, Aretium, Volaterræ, placés sur le versant méridional de l'Apennin, auront été, d'après cette hypothèse, les derniers admis dans la confédération, tandis qu'ils auront, au contraire, subi les premiers l'influence étrusque si, comme le veut Denys, les Tyrrhéniens, partis de l'embouchure du Pô, sont descendus du nord vers le midi. En tous cas, les villes que nous venons de nommer ont les droits les mieux établis à prendre rang parmi les douze cités.

Cortone, encore entourée en partie de ses vieilles murailles, a pour elle les témoignages les plus décisifs. Son origine se perd dans la nuit des temps. On cite une tradition qui en fait la patrie de Dardanus, le fondateur de Troie(1). Denys nous dit qu'elle était grande et florissante quand les Etrusques l'enlevèrent aux Ombriens (2). Silius Italicus l'appelle la demeure du superbe Tarchon (3), et Etienne de Byzance, dans un style moins poétique, la nomme la métropole de l'Etrurie et la troisième ville de l'Italie(4). Voilà bien des titres

---

(1) « Corythum Tusciæ civitatem unde Dardanus fuit. » Voy. Servius ad *Æneid.*, l. I, v. 384. Müller (*Die Etrusk.*, IV, 4, 5) a contesté l'identité de Corythus et de Cortone, qui est admise dans toute l'antiquité latine. Niebuhr l'accepte : « Il est avéré, dit-il, qu'il faut appliquer à Cortone le nom de *Corythus*, ou ville de Corythus. Forcellini a réuni les passages qui y sont relatifs, et celui de Silius Italicus est décisif :

.... Pœnus nunc occupet altos
Arreti muros, Corythi nunc diruat arcem!
Hinc Clusina petat. (L. V, 122, seq.)

(2) L. I, p. 16.
(3) L. VIII, 474.
(4) Et. de Byz., sub. voce Κόρτων.

de noblesse, que M. Lepsius a confirmés, en regardant Cortone comme la première ville étrusque où l'on ait frappé de la monnaie (1). Pérouse et Aretium partagent avec Cortone l'honneur d'être placés par Tite-Live à la tête des peuples de l'Etrurie. Pérouse, d'après Justin, tirait son origine des Achéens (2); d'après Servius, c'était une ville ombrienne (3). Aretium (Arezzo) ne conserve plus dans l'histoire le souvenir de sa fondation; mais la famille Cilnia, d'où descendait Mécène, y avait régné au temps de l'indépendance : *Mæcenas, atavis edite regibus*, dit Horace en s'adressant à son noble ami qui était d'Aretium (4). Volaterræ (Volterra), la ville du nord, dont le vaste territoire s'est étendu depuis la Marta jusqu'au promontoire de Populonia, l'une de ses colonies, complète le nombre des

---

(1) « Presso niun altro popolo trovasi siffatta maniera di segnare l'asse e semisse, laquále indubitatamente io crederei essere la più antica ed originaria. » (*Ann. de l'Inst. archéol.*, 1841, p. 103.) L'opinion de Lepsius a été combattue par M. Gennarelli, qui croit retrouver au contraire dans l'as et le semis de Cortone les signes d'un art avancé. (*Bull. arch.*, 1842, p. 126-127.)

(2) L. XX, 1.

(3) « Sarsinates qui Perusiæ consederaut. » (Ad *Æn.*, l. X, v. 201.)

(4) Cortone, Pérouse, Arezzo, placées sur la route principale qui de Florence conduit à Rome, sont chaque jour visitées par de nombreux voyageurs. On a souvent décrit les restes de leur ancienne splendeur et les riches musées formés des dépouilles enlevées à leurs nécropoles. Nous croyons donc superflu d'entrer dans plus de détails sur l'importance qu'elles ont eue dans l'histoire des origines étrusques. Voyez, du reste, sur les fouilles tentées dans les environs de ces vieilles cités, le Bulletin de l'Institut archéologique où elles ont été constatées.

douze cités qui formaient la confédération de l'Étrurie.

La hauteur du plateau qui sert d'assiette à cette ville et qui surpasse en élévation toutes les collines environnantes, lui avait assuré, dans l'antiquité, une position inexpugnable : elle lui vaut aujourd'hui un air salubre et la vue la plus étendue sur les plaines des Maremmes, qu'elle domine en souveraine. A l'aspect imposant de ses ruines et au grand nombre de monuments trouvés dans ses hypogées, bien plutôt qu'à la mention des historiens, Volterra doit la place qui lui a été assignée parmi les premières cités de l'Étrurie (1). Sentinelle avancée de la confédération du côté des Ligures, elle était séparée de Rome par de nombreux États et s'est trouvée en contact avec les Romains plus tard que les villes rapprochées du Tibre. Nous savons seulement par Denys d'Halicarnasse qu'elle s'allia à Porsenna dans les guerres amenées par la chute des Tarquins, et qu'il lui fallut subir, au cinquième siècle de Rome, une conquête sur laquelle nous n'avons aucun détail.

Son histoire sous les empereurs n'est pas mieux connue, et il est probable qu'elle n'a joué qu'un rôle secondaire pendant cette longue période, à en juger par le petit nombre de ruines purement romaines que

---

(1) Voy. ce qu'ont dit de Volterra, en rassemblant les passages qui constituent ses droits à faire partie des douze cités d'Étrurie, Cluvier, t. II, p. 511 ; Müller, *Etr.*, t. II, p. 346 ; Cramer, I, p. 185.

l'on y rencontre ; mais nous n'avons à nous occuper ici que de ses origines.

La ville moderne occupe seulement une partie de la ville étrusque, dont on peut recomposer l'enceinte à l'aide des débris de son ancienne muraille.

Le plus beau fragment qui soit resté debout sert aujourd'hui de soutènement et de clôture aux terrasses du couvent de Santa-Chiara. On y admire dans toute sa grandeur l'appareil de ces immenses constructions procédant par assises régulières et dont quelques blocs, que j'ai mesurés avec soin, ont six mètres de longueur, sur deux ou trois de hauteur. La pierre dont on s'est servi est un tuf calcaire très-dur, de nuance grisâtre, où se trouvent un grand nombre de débris fossiles qui lui donnent souvent l'éclat de la lumachelle. Une porte, qu'on nomme *porta del Arco*, est encore l'un des spécimens les plus complets d'architecture qui depuis plus de deux mille ans ait résisté en Etrurie à l'action destructive du temps et des hommes. Formé, comme les murailles, de blocs rectangulaires, l'arc est composé de dix-neuf pierres parfaitement taillées en voussoir, et les deux premiers voussoirs, ainsi que la clef de voûte, portent sculptées en haut relief des têtes trop frustes pour qu'on puisse en reconnaître le caractère. Les piédroits sont couronnés d'une imposte formée d'une large cymaise et d'un réglet, qui, tout aussi bien que la taille rectiligne des pierres, annoncent un art avancé. On a voulu conclure de cette perfection du travail qu'il fallait l'attribuer à l'époque romaine; mais les hommes les plus compétents y ont reconnu les caractères de l'architecture étrusque : « La porte de Volterra, dit Canina, est l'un des grands monuments de l'Étrurie, dans lequel on peut reconnaître avec le plus de fondement une antiquité incontestable (1). »

Hors de la porte de la ville, à un mille environ de l'enceinte moderne, on a fouillé depuis plus d'un siècle toute une nécropole dont les richesses exploitées par les Buonarotti, les Gori, les Inghirami, ont fourni un large contingent aux études sur les antiquités de l'Italie centrale. Quelques chambres sépulcrales, restées ouvertes, sont vides maintenant, mais le musée de la ville contient plus de quatre cents urnes, la plupart en albâtre, offrant la suite la plus complète de sculptures étrusques qui ait encore été réunie dans le même local. Ajoutons toutefois que, si la variété des sujets, si le mélange d'hellénisme et des mythes particuliers à l'Étrurie, donnent un grand intérêt à cette collection, elle ne présente pas les caractères d'archaïsme qu'on trouve dans les cités plus méridionales, favorisant ainsi l'opinion qui fait de Tarquinies ou de Cære le berceau de la civilisation étrusque.

Nous devons croire que d'autres villes ont eu, à un moment donné, leur autonomie, et cette opinion s'ap-

---

(1) *Ann. de l'Inst. arch.*, 1835. p. 192.

puie sur quelques-uns des faits de leur histoire. Faléries, la ville argienne des Falisques, dont la tradition fait remonter l'origine jusqu'à Halésus, fils d'Agamemnon, peut avoir fait partie de l'union. Pise, qu'on disait bâtie par Tarchon, a dû prendre une certaine importance par sa situation à l'embouchure d'un grand fleuve, quand les Ligures, refoulés par les Celtes, se furent tellement rapprochés qu'elle était devenue de ce côté le boulevard de l'Etrurie. Fæsulæ (Fiesole) conserve en partie l'enceinte formidable de remparts qui en faisait une place de refuge dominant la riche vallée de l'Arno. Aurinia et ses murailles pélasgiques ; Salpinum dont quelques antiquaires croient retrouver le site à Orvieto, d'autres villes encore ont eu, peut-être, à une certaine époque, leur place dans la confédération, lorsque la guerre ou la conquête avait retranché quelqu'un de ses membres. Il faut bien qu'il en ait été ainsi, puisque nous voyons Tite-Live parler de l'assemblée fédérale des douze Etats, alors que Véies, prise par les Romains, était détruite de fond en comble. Toutefois Tarquinies, Cære, Véies, Vulsinies, Vulci, Vetulonia, Rosellæ, Clusium, Cortone, Pérouse, Aretium, Volaterræ, par leur importance historique, telle que la constatent la tradition ou les vestiges empreints sur le sol, nous semblent avoir les droits les mieux fondés pour être comptées parmi les premiers anneaux de la chaîne qui devait enserrer bientôt l'Italie, de la Campanie jusqu'aux Alpes.

Avouons-le, cependant, cette première période de l'histoire des Étrusques est encore enveloppée de nuages qui se dissipent avec lenteur. Nous n'avons eu trop souvent pour nous guider que les chants des poëtes, et il nous a fallu demander aux monuments une intelligence des origines de l'Étrurie plus nette que celle dont nous empruntons le récit à de fabuleuses traditions. C'est dans l'espoir de retrouver également sur le sol la trace d'un passé si complétement effacé de la mémoire des hommes, que nous traverserons maintenant l'Apennin pour étudier le complet développement de la confédération dans la Péninsule.

CHAPITRE III.

La confédération des Étrusques dans les plaines du Pô.

Nous sommes effrayé, au début de ce chapitre, de tout ce que notre tâche a d'ardu pour l'écrivain et d'incomplet pour le lecteur. En accompagnant les Étrusques au nord de l'Apennin, nous voudrions donner au tableau de leurs conquêtes l'intérêt philosophique ou pittoresque qui s'attache aux luttes énergiques de la civilisation contre la barbarie. Malheureusement, les premiers éléments d'un récit enchaîné par les faits nous manquent complétement. Des révolutions accomplies, des hordes sans avenir admises aux bienfaits d'une existence régulière, des territoires assainis se couvrant d'une florissante culture, ont laissé bien peu de traces dans le souvenir des hommes, et ces traces sont si légères qu'elles n'ont plus ni forme ni couleur. Ombriens, Rasènes ou Étrusques se confondent pour nous dans un lointain où la voix du passé n'a pas d'écho. Il nous faut rechercher péniblement les vestiges de chaque cité, remuer les cendres des races éteintes, descendre dans leurs hypogées, et constater, quelquefois par le galbe d'un vase cinéraire ou la pierre taillée d'un tombeau, l'existence du peuple dont nous voudrions rétablir les annales. Chacune des preuves que nous recherchons ainsi doit être discutée pour être admise, et nous avancerons lentement, sur une route difficile, vers un but qui semble toujours prêt à nous échapper. C'est à ce prix, cependant, que nous pourrons mettre l'histoire des origines de l'Étrurie circumpadane en harmonie avec les progrès récents de la critique historique. Lorsque nous nous serons placés, par cette marche prudente, sur un terrain plus solide, lorsque nous connaîtrons l'extension de la race étrusque dans la péninsule, les changements opérés par son influence, les traits saillants de son caractère, nous comprendrons alors l'intérêt qui s'attache aux luttes qu'elle engage avec Rome naissante, et nous saurons mieux pénétrer les secrets de ses premières victoires comme de ses longs revers.

Le bassin du Pô forme une vaste plaine fermée par les Alpes et les Apennins. De larges rivières descendues des plus hautes montagnes de l'Europe la sillonnent et menacent le pays dès qu'elles s'élèvent au-dessus de leur niveau. Les Étrusques, habiles à dompter les eaux, ainsi que le prouvent leurs travaux hydrauliques dans les Maremmes, passaient, dans l'antiquité, pour avoir réglé le cours de ces fleuves dont les débordements devaient rendre toute communication impossible avant qu'ils fussent contenus par de puissantes barrières (1). Aujourd'hui encore, le Pô coule à la hauteur des toits de Ferrare, et la rupture d'une digue noierait une province.

Quelle fut la marche des Étrusques dans l'Italie septentrionale? Comment sont-ils venus s'établir dans une contrée dont le caractère diffère si essentiellement des terres volcaniques placées au versant de la Méditerranée et où ils élevaient sur le haut des rochers leurs indestructibles remparts? C'est ce qu'il ne nous est pas donné de connaître, ou même de rechercher avec quelque espoir de succès. Chassés de bonne heure des rivages de l'Adriatique, et repoussés au delà des chaînes de l'Apennin par l'invasion des Celtes, ils n'ont laissé que de faibles empreintes sur un sol tout formé de limon, qui, s'exhaussant chaque année par le dépôt successif des inondations, cache leurs nécropoles à d'immenses profondeurs. Nous en sommes réduits, le plus souvent, à de rares monuments et à quelques vieilles traditions, dont le reflet affaibli nous est parvenu par les écrivains de la Grèce et de Rome.

Ce ne fut probablement pas sans lutter contre les premiers occupants que les Étrusques se sont établis dans les riches plaines du Pô. La race ombrienne, qui habitait d'abord le pays, dut être soumise ou détruite,

---

(1) Omnia ea flumina fossasque primi a Pado fecere Thusci (Pline, *H. N.*, l. III, c. 20).

et, sans accepter, dans son exagération évidente, l'assertion de Pline lorsqu'il nous dit que trois cents villes ombriennes étaient tombées au pouvoir des Toscans (1), on peut croire à des luttes longues et sanglantes. Strabon nous l'atteste, tout en rendant un compte inexact de faits qu'il semble avoir peu connus. « Avant que Rome eût fondé sa puissance, dit-il, les Ombriens et les Étrusques, séparés seulement par le Tibre, portèrent tour à tour la guerre sur les territoires voisins; sans cesse les deux peuples luttaient pour obtenir la supériorité; dès que l'un entreprenait quelque expédition militaire, l'autre ne savait pas rester en arrière. Les Étrusques, ayant envoyé une armée contre les barbares du Pô (τοὺς περὶ τὸν Πάδον βαρβάρους), s'emparèrent du pays; mais, la richesse du sol et le luxe les ayant amollis, ils dégénérèrent bientôt, et furent chassés à leur tour. Alors les Ombriens attaquèrent les peuples qui avaient chassé les Étrusques, et dans la suite ces deux peuples, Étrusques et Ombriens, alternèrent dans la lutte pour l'occupation du pays où ils fondèrent chacun des cités. Les villes ombriennes

---

(1) *H. N.*, l. III, 19. Il est évident que l'assertion de Pline est non-seulement exagérée, mais qu'elle s'applique tout à la fois à l'Étrurie circumpadane et à l'Étrurie centrale, où les Ombriens durent perdre un grand nombre de places qui leur furent enlevées par les Étrusques. Micali et Niebuhr pensent que l'Ombrone (voy. notre Description des Maremmes, p. 48, note 1) avait pris son nom des Ombriens, dont le territoire s'était ainsi étendu jusqu'à la Méditerranée.

étaient, toutefois, en plus grand nombre, car les Ombriens se trouvaient là plus voisins du centre de leur puissance (1). »

Il y a dans cet exposé du géographe d'Amasée des faits que nous pouvons accepter, et d'autres dont nous devons contester l'exactitude. Ainsi l'extension de la race ombrienne dans l'Italie du nord semble un fait acquis à l'histoire, et l'on pourrait conclure d'un texte d'Hérodote, relatif au cours des fleuves qui descendent des Alpes, qu'il considérait les Ombriens comme s'étendant dans la péninsule jusqu'aux frontières des régions alpines (2). Quant à supposer que la puissance ombrienne ait constamment balancé et surpassé quelquefois celle des Étrusques, nous ne le pourrions qu'en contredisant formellement l'assertion de Tite-Live. Or Tite-Live, né dans les plaines de la haute Italie, doit avoir recherché avec une pieuse sollicitude les documents relatifs à l'histoire de sa patrie. Voici ce qu'écrivait à ce sujet l'historien dont la raison éclairée a su si souvent choisir entre les traditions pour préférer la plus vraie à la plus brillante, quand l'amour-propre national n'est pas en jeu : « Les Toscans avaient étendu leur domination sur terre et sur mer longtemps avant qu'il fût question de l'empire de Rome; les noms mêmes de la mer inférieure

---

(1) Strabon, l. V, c. I, p. 180, éd. Didot.
(2) L. IV, 49.

et de la mer supérieure qui enserrent l'Italie attestent la puissance de ce peuple. Les Grecs comme les Italiotes ont appelé l'une la mer Tyrrhénienne, l'autre la mer Adriatique, du nom d'Adria, colonie des Toscans. Maîtres du territoire qui s'étend de l'une à l'autre de ces deux mers, les Toscans y bâtirent douze villes et s'établirent d'abord en deçà de l'Apennin vers la Méditerranée. Plus tard ils firent partir de ces villes capitales des colonies qui, à l'exception du territoire des Vénètes, reculé vers l'angle du golfe, envahirent tout le pays au delà du Pô jusqu'aux Alpes. Les nations alpines ont eu sans doute la même origine, et surtout les Rhétiens; mais la nature sauvage des montagnes qui devinrent leur demeure a changé leurs mœurs au point qu'ils n'ont rien conservé de leur ancienne patrie que l'accent, et encore est-il bien corrompu (1). »

Si nous interrogeons maintenant la tradition nationale dans les rares échos qui nous parviennent, le mythe de Tarchon, avec lequel commence la vie à la fois sédentaire et agricole des Toscans, se retrouve attaché à l'occupation des plaines du Pô, sans que ce mythe ait là d'autre valeur que de faire remonter à une antiquité reculée l'établissement des Étrusques dans la haute Italie. Le héros civilisateur y aurait conduit son armée et fondé douze villes à l'imitation

---

(1) L. V, c. XXXIII.

des cités confédérées de l'Étrurie centrale. Telle est du moins la légende rapportée par Cæcina et Verrius Flaccus (1); mais, de ces douze villes nouvelles, il en est bien peu dont le nom nous soit connu. Nous allons exposer brièvement, pour chacune de celles dont nous admettons l'origine étrusque, les déductions qui nous amènent à lui reconnaître des droits certains à une si haute antiquité.

§ I. — Villes de l'intérieur : Felsina.

Une tradition locale appartenant à Pérouse raconte que, cette ville ayant été fondée par l'Étrusque Aulétès, son frère Ocnus (2), qui craignait de lui porter ombrage, franchit l'Apennin et vint fonder au pied de ses dernières pentes, sur les bords du Reno, la ville de *Felsina* qui prit plus tard le nom de Bononia (3). Une

---

(1) Ap. Interpp. *Æneid.*, l. X, 198. Tarchon cum exercitu Apennimum transgressus primum oppidum constituit.... deinde undecim dedicavit.

(2) Ocnus ou Aucnus. Hunc Ocnum alii Auletis filium alii fratrem qui Perusiam condidit referunt : et ne cum fratre contenderet, in Agro Gallico Felsinam quæ nunc Bononia dicitur condidisse (Servius ad *Æn.*, X, 198).

(3) C'est en souvenir de cette tradition que Silius Italicus (VIII, 601) appelle Bononia : *Ocni prisca domus*. Dans un autre passage, Silius donne pour souverain aux campagnes qui entourent le lac de Trasimène, situé près de Pérouse, un prince du nom d'Arnus ou Aunus (l. V, 7). O. Müller suppose qu'Aunus n'est ici qu'une forme modifiée et adoucie du nom d'origine étrusque Ocnus, ou plutôt Aucnus (car les Étrusques ne connaissaient pas la lettre *o*), et qu'il s'agit dans les deux traditions du même personnage, quoique Silius

autre version faisait d'Ocnus le fils d'Aulétès, et mettait ainsi plus d'intervalle entre la fondation des deux cités. La forme du nom de Felsina (1) rend probable son origine étrusque, et ce qu'il y a de certain c'est qu'elle a été habitée par cette race antique dont les tombeaux, si remarquables par leur forme comme par les objets qu'ils renferment, se retrouvent dans les environs de la cité (2). Nous avons du reste, à

Italicus lui-même ne paraisse pas s'en être douté. (Cf. Mazocchi, *Dissert. Corton.*, t. III, p. 27; Vermiglioli, *Opusc.*, I, 83, et Müller, *Die Etrusker*, l. IV, c. 1, § 4.)

(1) C'est le même nom que portait dans l'Étrurie centrale la ville que les Romains appelaient Volsinies (voyez les médailles). Le changement de l'*e* en *o* dans les noms d'origine étrusque qui ont pris la forme latine se rencontre fréquemment; ainsi, par exemple : *Volumnius* pour *Velimnas* dans le tombeau de la *gens Volumnia*, près de Pérouse, ou le nom de la ville étrusque *Felathri* devenu *Volaterræ*.

(2) Voyez les Mémoires remarquables publiés en 1855 et 1856 par le comte Gozzadini sur la découverte d'une nécropole étrusque près de Bologne : 1° *Di un sepolcreto etrusco scoperto presso Bologna, descrizione del conte Giovanni Gozzadini;* — 2° *Intorno ad altre settantuna tombe del sepolcreto etrusco scoperto presso a Bologna e per far seguito alla descrizione già pubblicata, cenni del conte G. Gozzadini. Bologna,* 1856. M. le comte Gozzadini continue toujours ses intéressantes recherches, et la découverte d'une nouvelle nécropole, au lieu dit *Marzabotto*, promet de nouvelles preuves à l'appui de l'origine étrusque des plus anciens monuments restés sur le territoire de Felsina. Voici en quels termes M. Gozzadini apprécie cette découverte : « La necropoli di Marzabotto, che ha già somministrati preziosissimi monumenti è d'un' importanza incomparabilmente maggiore di tutto quanto è stato rinvenuto di etrusco in questo suolo felsineo, può gittare la più viva luce sulle arti, sui riti, sui costumi degli Etruschi circumpadani. Basta che l'avventurato suo possessore, soddisfacendo alla comune aspettazione, prosegua animosamente a raccogliere i numerosi e stupendi avanzi d'un popolo

ce sujet, le témoignage de Tite-Live (1) et celui de Pline, qui donne même à Felsina le titre de capitale de l'Étrurie, désignant sans doute, dans ce passage, sous le nom d'Étrurie, la région circumpadane qui appartenait aux Étrusques (2).

§ II. — Mantoue.

Une autre ville à laquelle nous devons supposer une origine étrusque, est celle de *Mantoue*. Sa position inexpugnable au milieu d'un lac formé par les eaux du Mincio, dut attirer de bonne heure l'attention d'un peuple qui, tout différent des Celtes par lesquels il devait être chassé de ces plaines, plaçait sa confiance dans la force de ses remparts plus que dans le courage de ses soldats. Virgile a dit de Mantoue qu'elle était riche d'aïeux, *dives avis* (3) : trop riche en effet, car de nombreuses traditions lui attri-

---

della cui lunga dominazione si credeva or sono pochi anni nessun vestigio fosse rimasto nell' agro felsineo » (voyez *Di alcuni antichi sepolcri felsinei*, notizia del conte Giovanni Gozzadini, page 10).

(1) Tite-Live, en parlant de la colonie latine envoyée à Bologne en l'an de Rome 565, dit que les terres distribuées aux colons avaient été enlevées aux Boïens, qui eux-mêmes en avaient chassé les Étrusques (l. XXXVII, 57). Il paraît, d'après un autre passage de Tite-Live, que, même au temps de la domination des Gaulois Boïens, la ville portait encore le nom étrusque de Felsina (l. XXXIII, 37).

(2) *H. N.*, l. III, c. xx.

(3) *Æneid.*, X, 201. « Et bene dives avis, dit Servius, quia non ab Ocno tantum sed ab aliis quoque condita sit. Primum namque a Thebanis, deinde a Tuscis, novissime a Gallis, vel, ut alii dicunt, a Sarsinatibus qui Perusiæ consederant. » (Servius ad loc.)

buent divers fondateurs. Les uns rapportent que Tarchon lui-même, après avoir franchi l'Apennin, fonda Mantoue et lui donna le nom qu'elle porte, d'après celui du dieu Mantus, le Pluton des Étrusques (1); d'autres veulent que le fondateur de Felsina, Ocnus, ait permis à ses soldats de se fortifier dans le pays, et que Mantoue ait été une des places choisies par eux (2). Virgile a puisé à toutes ces sources; il ne pouvait oublier dans son poëme la ville à laquelle il devait le jour : bien loin de là, il lui donna la suprématie sur les douze cités de l'Étrurie septentrionale. Parmi les chefs qu'il appelle au secours d'Énée, on compte Ocnus, fils du Tibre et de la prêtresse Manto : « C'est lui, Mantoue, dit le poëte, qui éleva tes murs « et te donna le nom de sa mère. Mantoue est riche « en aïeux célèbres. Tous n'ont pas la même origine. « Trois races, divisées chacune en quatre peuples, la « reconnaissent pour leur capitale : mais sa force lui « vient du sang étrusque.

« Gens illi triplex, populi sub gente quaterni :
« Ipsa caput populis, Tusco de sanguine vires (3). »

---

(1) Tarchon.... Mantuam nominavit, vocatum quæ tusca lingua a Dite patre est nomen (ap. Interpp. *Æn.*, X, 198).

(2) Ocnum referunt permisisse exercitui suo ut castella munirent in quorum numero Mantua fuit (Servius ad *Æn.*, X, 198). O. Müller fait observer que, dans cette dernière tradition, Ocnus étant originaire de Pérouse, il n'y a pas de contradiction entre cette donnée et celle qui veut que des Sarsinates se soient établis à Mantoue (Servius ad *Æneid.*, X, 201. Cf. Müller, *Die Etr.*, t. I, p. 137).

(3) *Æneid.*, l. X, 203-204.

Il faut avouer que ces vers offrent un sens quelque peu vague et se prêtent trop facilement aux hypothèses des commentateurs. Servius croit que Mantoue était divisée en trois tribus dont chacune comptait quatre curies (1). Otfried Müller suppose que Virgile veut désigner dans ce passage les trois races différentes qui habitèrent le pays, Étrusques, Grecs, et probablement Ombriens. A chacune de ces races auraient appartenu quatre cités, de telle sorte qu'il y en avait douze, quatre d'origine grecque, quatre d'origine ombrienne, et quatre d'origine étrusque, formant, selon Virgile, du moins dans l'opinion de Müller, la confédération de l'Étrurie circumpadane et reconnaissant pour capitale Mantoue dont les Étrusques avaient fondé la puissance (2).

Quel que soit le sens précis des expressions employées par Virgile, il est probable que le poëte écrivait sous l'influence du sentiment d'affection qu'il portait à sa ville natale, sans prévoir qu'il suffirait un jour à la gloire de Mantoue de le compter au nombre de ses enfants. La tradition qui fait de cette

---

(1) Quia Mantua tres habuit populi tribus quæ in quaternas curias dividebantur : et singulis singuli lucumones imperabant quos in tota Tuscia duodecim fuisse manifestum est : ex quibus unus omnibus præerat. Hi autem totius Tusciæ divisas habebant quasi præfecturas. Sed omnium populorum principatum Mantua possidebat (Servius ad *Æn.*, X, 202).

(2) *Die Etrusker*, Intr., ch. III, note 23. Niebuhr pense que dans ces vers de Virgile il faut traduire *gens* par *tribu*, et *populus* par *dème*.

cité un simple *castellum* élevé par les fondateurs de Felsina, s'appuie sur plusieurs témoignages qui ne sont pas sans valeur. Si les Étrusques sont descendus de l'Apennin dans les plaines du Pô, ainsi que le voudrait Tite-Live, Felsina dut être fondée dans la position importante qu'occupe aujourd'hui Bologne, longtemps avant que les conquérants traversassent le fleuve pour aller occuper un îlot qu'on ne pouvait aborder que par des ponts et de longues chaussées. Si, d'autre part, le fond de la population étrusque a été composé, comme le veut Denys, des Rasènes qu'il fait sortir de la Rhétie, il n'en est pas moins avéré que la civilisation qui a marqué de son sceau la race des Toscans s'est développée sur les côtes de la mer tyrrhénienne où toutes les traditions ont placé son berceau. Dans ce cas encore, Felsina se trouvait sur la route qu'elle a dû suivre avant d'atteindre les bords du Mincio. Quoi qu'il en soit, la position péninsulaire de Mantoue, qui la retint longtemps au rang des cités les plus modestes (1), la sauva de l'invasion des Celtes. Elle résistait encore alors que toutes les places voisines avaient succombé sous ce torrent dévastateur : « Mantoue, dit Pline, est la seule

---

(1) Strabon la range, avec Brescia, Reggio et Côme, parmi les villes peu importantes (l. V, c. I, p. 177, éd. Didot). Martial lui donne l'épithète de *parva* :

Tantum magna suo debet Verona Catullo,
Quantum parva suo Mantua Virgilio (XIV, ep. 195).

ville étrusque qui reste encore au delà du Pô (1). » Cette assertion a été confirmée, il y a quelques années, par la découverte d'une tombe étrusque dans le territoire de Mantoue (2).

Or, s'il est un fait reconnu dans l'histoire des révolutions comme dans celle de l'humanité, c'est que les vivants héritent des morts ; aussi voit-on souvent les traditions et la gloire des villes qui ne sont plus, recueillies par celles qui sont restées debout. Les plus anciennes traditions disaient probablement que Felsina avait dominé, de sa position au pied des mon-

---

(1) *H. N.*, III, 23. *Tuscorum trans Padum sola reliqua.*

(2) Voici l'extrait d'une lettre qu'écrivait à ce propos le docteur Labus à M. Émile Braun, secrétaire de l'Instit. arch. de Rome (février 1847) : « Sur la rive gauche du Mincio, à peu de milles de son embouchure dans le Pô, quelques travaux exécutés dans une propriété particulière, au lieu dit Gavolda, ont fait découvrir un tumulus tout à fait identique à ceux qu'on a rencontrés si souvent dans l'Étrurie centrale. La voûte, étant écroulée depuis longtemps sous le poids des terres qui avaient formé le tumulus, avait brisé dans sa chute une grande partie des vases déposés dans la chambre sépulcrale. Quelques-uns, cependant, avaient échappé au désastre et ont suffi pour faire reconnaître l'élégance des formes et le caractère archaïque du dessin. Parmi les vases figurés, il y en a un à fond noir et figures jaunes représentant deux groupes. L'un se compose d'un griffon portant un personnage dont les traits étaient trop effacés pour qu'on en pût distinguer le sexe ; il est précédé d'une femme tenant de la main gauche une torche allumée, et, de la droite, un objet arrondi qui peut être un miroir ou un tambourin. L'autre groupe représente un autel, près duquel deux personnages préparent un sacrifice. La victime qu'on va immoler, et dont les contours ont presque entièrement disparu, semble avoir été un chien ou un porc. Tout l'ensemble des objets conservés, ainsi que de ceux dont on n'a plus retrouvé que des fragments, offre le caractère des monuments funéraires de l'Étrurie. » (Voy. *Bull. dell' Ist. di corr. arch.*, 1847, p. 17-18.)

tagnes, la belle plaine qui s'étendait devant elle; mais quand elle ne fut plus qu'une ville gauloise dont le nom même avait disparu, Mantoue réclama son héritage, et Virgile le lui donna du droit qu'ont les poëtes de génie d'être les distributeurs de la gloire.

§ III. — Melpum.

Pline a parlé d'une ville de *Melpum*, « riche cité qui, d'après Cornélius Népos, fut détruite par les Insubres, les Boïens et les Sénones, le jour même où la ville de Véies était prise par Camille (1). » Quelques géographes ou antiquaires, ne rencontrant ce nom de ville qu'une seule fois dans les auteurs de l'antiquité grecque ou latine, ont supposé que le texte de Pline, altéré en cet endroit, se rapportait à la ville de Spina dont il parle dans la phrase précédente. D'autres ont cru retrouver le site de Melpum dans la localité actuelle de Melzi en Lombardie (2). Quoi qu'il en soit de

---

(1) Pline, *H. N.*, III, 21. Interiere et Caturiges Insubrum exules, et Spina supra dicta. Item Melpum opulentia præcipuum, quod ab Insubribus, et Boiis, et Senonibus deletum esse eo die quo Camillus Veios ceperit, Nepos Cornelius tradidit.

(2) Nonnulli ævi nostri scriptores Melpum oppidum intelligunt esse id quod in mediolanensi agro, XV millia passuum ab ipsa urbe Mediolano in ortum versus, vulgo dicitur Melzi (entre Bergame et Milan). Omnino credo ego corruptas esse has voces, *item Melpum* a genuinis, *olim oppidum opulentia præcipuum* (Cluvier, *Ital. ant.*, t. I, p. 135. Cf. Cramer : *Description of ancient Italy*, t. I, p. 100).

ces conjectures, et à part les cités maritimes dont nous nous occuperons tout à l'heure, nous ne saurions désigner aucune autre ville de l'intérieur que Felsina, Mantoue et peut-être Melpum, comme ayant appartenu à la confédération étrusque de la haute Italie. Tite-Live nous dit, il est vrai, que Modène et Parme étaient situées sur un territoire ayant appartenu à l'Étrurie septentrionale (1); mais rien, dans l'histoire de leur origine, ou parmi les monuments de l'antiquité qui y ont été retrouvés, ne peut faire supposer qu'elles aient été fondées par les Étrusques (2).

Otfried Müller, d'ailleurs, a fait remarquer la différence qui existait entre les instincts de la race étrusque et ceux de la race gauloise pour le choix des emplacements de leurs cités. Les Étrusques plaçaient leurs villes sur des hauteurs et les entouraient de fortes murailles; les Gaulois, au contraire, habitaient dans de grands bourgs ouverts (3), tels que Mediolanum, dont le nom même est gaulois. On devrait donc rechercher les cités étrusques de l'Italie septentrionale, non parmi les grandes villes de la plaine, évidem-

---

(1) In agro qui proxime Boïorum, ante Tuscorum fuerat (XXXIX, 55).
(2) Dans un mémoire publié récemment à Leipzig, sur le sens de l'inscription d'un casque tyrrhénien conservé au musée de Vienne (Bertani, *Essai de déchiffrement de quelques inscriptions étrusques*, Leipzig, Brockhaus, 1863, in-4), l'auteur essaye de donner au nom de la ville de Parme une origine étrusque.
(3) Polybe, II, 17, 9.

ment gauloises, mais parmi de petites villes fortifiées, surtout quand il y a rapprochement de nom entre ces villes et d'autres villes étrusques (1). Ce qu'il y a de certain, c'est que tout est mystère ou lueurs douteuses dans l'histoire de cette occupation dont nous ne pouvons nier le fait sans espérer d'en jamais connaître les détails.

§ IV. — Villes maritimes : Adria.

L'aspect riche et florissant qu'offrent aujourd'hui les plaines de la Lombardie, depuis les Alpes jusqu'à Bologne, ne saurait donner l'idée de la contrée telle qu'elle était dans les temps reculés où les Étrusques en prirent possession. Ces plaines unies, où le mouvement des eaux qui les sillonnent est souvent insensible, sont formées d'alluvions exhaussées à chaque inondation par de nouveaux dépôts, et qui s'avancent vers la mer sur laquelle elles empiètent tous les jours. Des lacs, des marais, les coupaient en tous sens. Le voyageur qui se rend de Ravenne à Venise par le littoral, trajet facile par le beau temps et avec une voiture légère, peut se faire une juste idée de ce qu'était le

---

(1) Telles seraient, par exemple, Acerræ, sur la rive gauche du Pô (voy. Cluvier, t. I, p. 244), qui porte le même nom qu'une autre localité de la Campanie autrefois tyrrhénienne (Strabon, V, c. IV, p. 205, éd. Didot), et Vulturnia, non loin de Crémone (Cluv., t. I, p. 263), dont le nom rappelle si bien celui de Vulturnum que les Étrusques avaient donné à la ville qui fut plus tard nommée Capoue (cf. O. Müller, Introd., ch. III, § 3).

pays ; il ne tarde pas à rencontrer les lacs de Comacchio formés par l'embouchure méridionale du Pô, là où se trouve maintenant Porto Primaro et où s'élevait la ville de Spina. A Porto di Volano, aux frontières de la Romagne et des États vénitiens, il quitte cette étroite chaussée s'allongeant entre les lacs et la mer, pour un terrain plus solide qui le conduit maintenant jusqu'aux lagunes de la capitale de l'Adriatique. Mais autrefois, de Ravenne à Venise, la plaine n'avait formé qu'un vaste marais où la première condition du séjour pour l'homme avait dû être la conduite des eaux, leur écoulement, le desséchement du sol, le percement des canaux. Toute l'antiquité attribuait aux Étrusques cette transformation d'une contrée où la puissance du soleil d'Italie n'aurait pu suffire, sans leurs habiles travaux, à dessécher la terre. Sur une longueur de cent vingt milles, dit Pline, entre Ravenne et Altinum (au nord de Venise), le Pô, grossi de trente rivières, formait sept mers intérieures dont toutes les dérivations, les endiguements, les canaux, avaient eu pour auteurs les Étrusques (1).

Otfried Müller a recherché quelle avait été l'inspiration particulière qui guidait ce peuple dans ses travaux hydrauliques des plaines du Pô. De temps immémorial, dit-il, la nature avait créé dans ce pays, par la formation des lagunes, de vastes rades abritées

---

(1) *H. N.*, l. III, c. xx.

et de grandes routes navigables. La mer, qui y pénétrait du dehors, empêchait par le flux et reflux, très-sensible au fond du golfe, toute stagnation ou tout ensablement; et le fleuve, par lequel ces mers intérieures auraient pu s'envaser, prenait une direction qui le reportait beaucoup plus au sud. Quelle fut donc la raison qui engagea ces habiles ingénieurs à diriger les eaux du Pô précisément vers leurs mers intérieures, tandis que Venise a tout fait pour détourner de ses lagunes le faible courant qu'on appelle la Brenta, parce qu'elle a compris que son salut et la santé publique dépendaient du soin qu'elle apporterait à prévenir tout exhaussement du sol par des dépôts vaseux? Les anciens habitants d'Adria savaient probablement tous les dangers d'un envasement, aussi bien que le Vénitien Fra Giocondo quand il se mettait à l'œuvre en 1506, pour en préserver sa patrie; mais, d'autre part, ils comprirent de bonne heure l'impossibilité de contenir le puissant Éridan dans son lit méridional dont les terres, charriées depuis les montagnes, exhaussaient progressivement le niveau. Avertis probablement par des inondations de plus en plus menaçantes, ils voulurent prévenir quelque cataclysme en donnant au fleuve des canaux d'écoulement réguliers, qui formaient autant d'écluses de décharge et régularisaient l'exhaussement en leur faisant gagner du terrain sur les lagunes.

L'embouchure du Pô, appelée maintenant *Porto*

di Primaro, ainsi qu'une autre qui en était voisine et à laquelle Pline donne le nom d'*Ostium Caprasiæ*, paraissent avoir été les seules embouchures naturelles du fleuve. Les autres lits ou canaux placés au nord étaient artificiels; mais toutes ces eaux se trouvaient alimentées par le fleuve et communiquaient à la mer par plusieurs ouvertures. La plus méridionale de ces bouches artificielles portait, à l'époque romaine, le nom d'*Ostium Sagis*; venait ensuite le *Volane* (Ὄλανα), qui formait, du temps de Polybe (1), la principale embouchure du fleuve, et offrait un très-bon port. Plus au nord se trouvait la *fossa Carbonaria*; puis les *fossiones Philistinæ*, déjà ensablées au temps de Pline. Ces dernières reliaient le Pô avec le *Tartarus* ou *Atrianus*, situé entre le Pô et l'Adige. C'est sur le Tartarus que s'élevait la ville d'Adria, dans une position évidemment assez rapprochée de l'embouchure pour lui assurer un bon port.

Quant aux canaux placés au nord d'Adria, ils n'avaient sans doute d'autre but que d'établir une communication plus directe avec le Pô et de faciliter la navigation fluviale pour les habitants de cette ville. Aussi longtemps qu'elle fut florissante, ces routes ouvertes au commerce et à l'industrie durent être nettoyées et entretenues avec soin. Avec la déca-

---

(1) L. II, c. 16, §§ 10 et 12. *Sacis ad Padum*, dans la carte Peutingérienne, s'applique à Comacchio.

dence arriva l'incurie ; aussi Pline nous parle-t-il d'embouchures encombrées, *ostia plena* (1) : une ville longtemps célèbre devint un marais. Nous voyons par un passage des Histoires de Tacite (III, 12), qu'au temps de Vespasien des galères liburniennes pouvaient encore naviguer de Ravenne jusqu'à Adria. Aujourd'hui, le bras principal du Pô a son cours dans la contrée des anciennes *fossiones Philistinæ*, un peu au sud d'Adria et du Tartarus. Mais ce n'est qu'à partir du deuxième siècle de notre ère qu'il a pris cette direction, abandonnant son ancien lit, plus méridional, qu'il avait exhaussé peu à peu. Jusque-là, les embouchures de Spina et du Volane avaient été les plus importantes, tandis que, depuis l'époque dont nous parlons, le Pô, réuni à l'Adige et au Bacchiglione (*Medeacus minor*), a comblé par ses atterrissements tout le pays qui entoure Adria, séparant ainsi complétement les marais de Comacchio des lagunes de Venise. Il a fait, en outre, avancer le rivage, qui se trouvait à 10 kilomètres d'Adria, jusqu'à la distance de 32 à 33 kilomètres. Les progrès de cet envahissement de la terre ferme sur le domaine de l'Adriatique semblent devenir de plus en plus rapides. Ainsi, Domenico Maria Negri, qui écrivait en 1557 (2), place les ruines d'Adria à 12 milles, ou en-

---

(1) *H. N.*, l. III, 20.
(2) *Geographica*, p. 125.

viron 17 kil. et demi, du littoral, tandis qu'aujourd'hui le point le plus rapproché de ce littoral se trouve à plus de 25 kilomètres. De ces atterrissements il résulte que le sol de la ville moderne d'Adria est beaucoup plus élevé que celui où l'on trouve encore différentes ruines romaines ou étrusques, et, entre autres, les vestiges d'un théâtre. A une plus grande profondeur encore, on parvient à une couche de terrain dans laquelle on ne trouve plus que des poteries semblables à celles que l'on exhume des nécropoles de l'Étrurie centrale (1).

En effet, Pline, Tite-Live, Varron, donnent à *Adria* ou *Atria* une origine étrusque (2) et des traces nom-

---

(1) Voyez *Recherches sur le système hydraulique de l'Italie*, par M. de Prony. Cf. Vermiglioli, *Opusculi*, IV, p. 69 ; *Dissertations de l'Acad. de Cortone*, t. III, II, p. 74; O. Müller, l. I, ch. I, § 6.

(2) Voyez Pline, *loc. cit.*; Tite-Live, V, 33 ; Varron *De l. l.*, l. V, 161. Pline parle du port des Toscans appelé *Atria a quo Atriaticum mare quod nunc Adriaticum* (III, 20). Strabon dit aussi : « Atria fut jadis une ville considérable dont le golfe Adriatique a pris le nom, mais avec un léger changement (l. V, c. I, p. 178, éd. Didot). » Toute cette contrée coupée de fleuves et de marais, où s'élevait la ville, a été primitivement appelée l'*Atrias* ou *Adrias*, mot qu'Otfried Müller suppose avoir eu, en étrusque, la signification de confluent (Introd., ch. III, § 4). C'est dans cette acception primitive, et comme indiquant une contrée tout entière, qu'Hérodote semble employer ce mot lorsqu'il dit que les Vénètes habitaient dans l'*Adrias* (V, 9), et que les Phocéens avaient ouvert aux Grecs l'*Adrias*, la *Tyrsénie*, l'*Ibérie* et *Tartessus* (I, 163, Letronne, *Recherches sur Dicuil*, p. 176). De même, Polybe dit que le Pô se jette par deux embouchures dans le golfe, près de l'Adrias; ou bien encore, que les *Lingones* habitent du côté de l'Adrias, tan-

breuses de cette origine ont été retrouvées sur l'emplacement qu'elle occupait (1). Communiquant avec la mer et les artères d'un grand fleuve, elle fut de bonne heure le centre du commerce de l'Étrurie septentrionale avec les provinces illyriennes et la Grèce ; car la race étrusque, qui s'est étendue si rapidement d'une mer à l'autre par l'expansion d'une civilisation supérieure à celle des nations voisines, était encore plus industrielle et commerçante que guerrière. Si elle a partagé l'empire de la Méditerranée avec les Grecs, les Phéniciens et les Carthaginois, dans l'Adriatique elle a longtemps régné seule. Or le commerce et l'industrie comprennent promptement ce qu'il y a de favorable pour leur développement dans les accidents de géographie physique. La facilité des communica-

---

dis que les *Senones* habitent sur les côtes de la mer elle-même. Hécatée (Ét. de Byzance, s. v.) et Eustathe, dans son Commentaire à Denys le Périégète, citent un fleuve du nom d'Adrias.

(1) Vermiglioli appelle Adria : *un luogo ferace di monumenti etruschi*. — Cf. Laurentii Pignorii, *Origines Patavinæ*, in Th. Ant. ital., VI, III, p. 41, tab. 8, n. 1 à 4, où sont représentées des idoles de bronze d'un caractère tout à fait étrusque. — Cf. encore l'ouvrage de Carlo, conte de' Silvestri, intitulé : *Descrizione istorica e geografica delle antiche paludi Atriane ora chiamate lagune di Venezia*, 1736. Plusieurs inscriptions en caractères étrusques auraient été trouvées, d'après Vermiglioli, sur le territoire d'Adria (*Opuscoli*, t. IV, p. 69). — Cf. aussi, sur les vases peints d'Adria, les extraits d'un voyage archéologique entrepris par M. le professeur Gerhard dans l'Italie supérieure (*Bull. dell' Ist. arch.*, 1832, p. 205-206), un article de M. le professeur Welcker, intitulé *Vasi di Adria* (*ibid.*, 1834, pp. 134-142), et les *Monumenti inediti* de Micali, Firenze, 1844, pp. 279-297, tav. XLV, XLVI.

tions ouvrant un passage à l'importation des matières premières et à l'exportation des produits fabriqués, crée promptement de grands centres de population. C'est dans une de ces positions favorisées que se trouvait Adria. Son commerce avec la Grèce remonte si haut dans le passé, qu'il a laissé de profonds souvenirs dans les traditions grecques. Elles se sont attachées à Adria comme à un bien qui leur appartenait, et voulaient en faire une ville hellénique. De là une légende qui lui donnait pour fondateur ce Diomède poursuivi par la colère de Vénus, auquel les mythes de la race hellénique attribuent l'origine de tant d'autres cités en Italie (1).

§ V. — Spina.

Cependant, si l'un des ports de l'Étrurie circumpadane devait réclamer une origine grecque, ce serait plutôt *Spina* placée à l'embouchure méridionale du Pô. Non-seulement Pline lui donne pour fondateur le même Diomède auquel on attribue aussi la fondation d'Adria, mais Scylax l'appelle une ville grecque placée dans l'Étrurie septentrionale, et Denys d'Halicar-

---

(1) Voy. Ét. de Byz., s. v. — Trogue Pompée, dans son abréviateur Justin, appelle Adria une ville grecque : « Hadria Illyrico mari proxima quæ et Hadriatico mari nomen dedit, græca urbs est. » Cf. Heeren, *De fontibus et auctor. Justini*, dans les *Comment. Gœtting.*, t. XV, p. 228.

nasse raconte longuement l'histoire de sa fondation par les Pélasges (1). En rapprochant, toutefois, le récit de Denys d'une autre tradition qu'il emprunte plus loin à la *Phoronis* d'Hellanicus de Lesbos, lorsqu'il fait débarquer à Spina les Tyrrhéniens qui s'emparèrent ensuite de Cortone (2), on a un nouvel exemple de cette confusion continuelle qui donne si souvent aux villes d'Étrurie une double origine. En effet, on ne voit pas de raison pour que le peuple qui a fondé Cortone ou Pérouse, puis qui, traversant les Apennins, a nivelé et assaini par ses travaux le littoral de l'Adriatique, n'ait pas édifié les ports et les arsenaux d'où sortaient les galères tyrrhéniennes dont étaient sillonnées les mers de la Grèce. Ces relations incessantes auront rattaché à Spina, comme à Adria, et plus encore, des traditions helléniques. Il est possible, d'ailleurs, que Spina ait reçu dans les temps anciens quelque tribu pélasgique, comme cela est arrivé pour d'autres villes d'Étrurie; mais nous ne voyons pas qu'elle ait offert à aucune époque le caractère d'une ville hellénique indépendante, ni qu'on doive la séparer du faisceau que formait la confédération des cités étrusques placées au delà de l'Apennin. Scylax lui-même, en traçant, vers le commencement du cinquième siècle de Rome, le tableau du

---

(1) Voy. Pline, III, 20; — Scylax, *Petits Géographes,* éd. Didot, t. I, p. 25; — Denys, I, 18.
(2) L. I, ch. 28.

littoral de l'Adriatique, donne positivement le nom de territoire tyrrhénien à la région qu'occupaient Adria et Spina (1). Le contact que cette dernière cité eut de si bonne heure avec la Grèce, et les rapports commerciaux qui existaient entre les deux peuples suffisent d'ailleurs pour expliquer le culte qu'elle paraît avoir rendu à l'Apollon delphique, auquel, ainsi que nous l'apprend Strabon, elle envoyait de riches offrandes, comme le faisaient du reste tant de rois et de peuples barbares (2).

§ VI. — Limites de l'Étrurie circumpadane.

Quelle était la limite de la puissance des Étrusques sur la rive méridionale du Pô, dans les provinces que baigne l'Adriatique? Jusqu'à quel point avaient-ils envahi de ce côté le territoire des Ombriens? C'est encore là une de ces questions ardues dont on est tenté d'abandonner la solution lorsqu'on veut soumettre à une critique sérieuse les inductions hasardées, les conjectures vagues, les hypothèses que l'on rencontre à défaut de monuments ou de textes explicites. Cependant les traditions dont la valeur propre est si difficile à apprécier dans l'éloignement

---

(1) Voy. *Geographi minores*, éd. Didot, t. I, p. 25.
(2) Voy. l. V, ch. I, p. 178, et l. IX, ch. III, p. 361, éd. Didot. — Cf. Pline, l. III, 20 : Spina quæ fuit juxta prævalens ut Delphicis creditum est thesauris.

des faits qui y ont donné lieu, ne sauraient être rejetées en bloc : elles ont une valeur relative qu'elles tirent de leur influence ou de leur diffusion dans l'antiquité, et nous devons leur en tenir compte. Toute critique purement négative reste inféconde et manque de profondeur, même dans la négation. Explorons donc, sans nous lasser, les traces confuses laissées par l'invasion étrusque sur le versant oriental de l'Apennin. Le temps jaloux en fit disparaître un grand nombre avant qu'on sût mettre à profit ce qu'il avait épargné, et, comme la sibylle qui venait offrir à Tarquin les livres des oracles du destin, il a détruit, à chaque siècle, ce qu'on dédaignait de recueillir. Imitons du moins la sagesse tardive du roi de Rome : emparons-nous à tout prix de ce qui reste, et recherchons les éléments qui constituent l'histoire partout où nous avons l'espoir de les rencontrer.

Felsina, aujourd'hui Bologne, est la ville la plus orientale signalée sur la rive droite du Pô dans la revue que nous venons de faire des cités de l'Étrurie qui ont conservé des traces de leur origine ; puis, à quelque distance de Felsina, en remontant vers le sud-est, nous devons croire qu'on entrait en Ombrie. Tel est, du moins, le fait qui semble ressortir d'un texte de Tite-Live. Décrivant les diverses invasions des Gaulois en Italie, cet historien raconte que les Boïens et les Lingons, descendant des Alpes Pennines, et trouvant occupé par les Celtes, qui les avaient précédés, tout le pays situé entre les Alpes et le Pô, passèrent le fleuve sur des radeaux. Dans cette dernière expédition, ils chassèrent de leurs territoires « des Étrusques et des Ombriens » (1). Il est vrai que l'annaliste romain ne nous dit pas dans ce passage jusqu'à quel point les Boïens poussèrent leur conquête; mais il ajoute que plus tard les Sénones, arrivant à leur tour, prirent possession de la contrée qui s'étend entre le fleuve Utis et l'Ésis, c'est-à-dire entre le Ronco coulant près de Forli (2), et l'Esino à quelques milles d'Ancône. L'invasion des Boïens s'était donc étendue depuis le Pô jusqu'à l'Utis, puisque les nouveaux venus furent obligés de traverser ce dernier fleuve pour trouver une contrée qui n'appartînt plus à la race gauloise. Or, dans leur marche vers l'Utis, les Boïens, répétons-le, avaient chassé non-seulement des Étrusques, mais aussi des Ombriens : *Non Etruscos modo, sed etiam Umbros agro pellunt*. Nous connaissons ainsi deux termes extrêmes : d'une part,

---

(1) L. V, c. xxxv.
(2) Le *Vitis* de Pline (III, 20) et l'*Utis* de Tite-Live (V, 35), deux variantes du même nom, ont été identifiés avec le *Ronco* des modernes à l'aide d'arguments qui ne laissent place à aucune incertitude. Voyez Morgagni, *Epistolæ Æmilianæ*, II, § 2 et sqq.; V, § 1-9; XII, § 1 et 2. Dans un docte Mémoire lu à la Société de *Storia patria* réunie en assemblée générale, le 8 juin 1862, M. le professeur Rocchi a repris et élucidé, avec toute l'autorité que lui donnent sa parfaite connaissance des localités et l'étude approfondie des antiquités de la Romagne, la thèse soutenue par Morgagni. Un résumé de sa dissertation a été publié dans le *Moniteur de Bologne*.

Felsina, que le témoignage des traditions ou des monuments fait reconnaître évidemment comme étrusque, et, d'autre part, le fleuve qui porte maintenant le nom de Ronco. C'est entre ces points qu'il nous faut placer la frontière divisant les deux peuples les plus puissants de l'Italie antérieure aux Romains.

Vouloir aller plus loin est peut-être bien hardi, et c'est rentrer dans le système des hypothèses que de chercher à devenir plus précis, quand nous n'avons pas de guide pour nous tracer la route : les faits ne se devinent pas. Toutefois Cluvier, qui avait compris la portée du passage de Tite-Live, a marqué la limite des deux peuples au Saternus, maintenant le Santerno, qui coule à la hauteur d'Imola, sans autre raison apparente que de placer cette frontière à distance égale entre les points extrêmes de ce territoire contesté, c'est-à-dire entre Bologne et Forli. Nous serions plus volontiers de l'avis d'un érudit né dans le pays, Amati, qui, vers la fin du siècle dernier, écrivait un Mémoire intéressant, mais peu connu, sur la marche d'Annibal dans l'Italie du Nord (1). Après avoir examiné les lieux avec la plus scrupuleuse attention, il supposait que l'*Anemo* de Pline, aujourd'hui le Lamone près de Faenza, sortant d'une des vallées de l'Apennin qui offrent les communications les plus faciles entre

---

(1) *Dissertazione sopra il passaggio dell' Apennino fatto da Annibale e sopra il castello mutilo degli antichi Galli.* Bologna, 1776.

l'Étrurie centrale et l'Étrurie circumpadane, avait été la limite des Étrusques. L'importance que ce peuple devait attacher à la possession de ce passage est un argument puissant en faveur d'une opinion qui laisse d'ailleurs au territoire de Felsina l'étendue que réclame l'influence de cette ville dans la confédération du Nord. Ajoutons que la conjecture qui donne le Saternus comme limite aux Étrusques laisse trop en dehors de leur action les habitants de Ravenne. Nous apprenons de Strabon que cette cité fut fondée par des Thessaliens qui, pour ne pas la laisser tomber sous le joug des Tyrrhéniens, appelèrent les Ombriens et, après la leur avoir livrée, retournèrent dans leur patrie (1). Or cette tradition semble annoncer que la ville était située sur le territoire où les Tyrrhéniens, c'est-à-dire les Étrusques, établirent leur domination d'une manière permanente, ce qui n'eût pas été le cas si le Saternus avait été la limite de leur conquête.

Quel que soit du reste le nom du petit fleuve qui a pu servir de frontière entre l'Étrurie circumpadane proprement dite et la région qui avait conservé le nom d'Ombrie, n'oublions pas que cette frontière avait été promptement franchie par l'action dominante de la race étrusque sur les races voisines. Tout porte à croire que si les Ombriens avaient conservé leur in-

---

(1) Strabon, l. V, c. 1, § 7, p. 178, éd. Didot.

dépendance sur les sommités de l'Apennin ou dans quelques-unes des vallées profondes qu'il enserre, les villes maritimes avaient subi le joug de ces Tyrrhéniens que la tradition représente comme les maîtres des deux mers dont est baignée l'Italie. Il est vrai que la race ainsi envahie par une influence morale n'avait pas été dépouillée de la propriété du sol comme dans l'Étrurie circumpadane. Elle avait conservé son nom, peut-être même ses institutions ; mais elle recevait son impulsion de ses puissants voisins, elle obéissait à leur civilisation plus avancée, ouvrait ses ports à leur marine, ses ateliers à leurs arts, et cédait ses produits à leur commerce. Servius et Isidore appellent l'Ombrie *pars Thusciæ* (1).

Cette influence de l'Étrurie sur la côte orientale de la péninsule a été si bien reconnue qu'on a peut-être accepté trop légèrement l'existence de monuments étrusques dans quelques-unes des villes situées entre Bologne et le cap d'Ancône. Sur la foi de Lanzi, Otfried Müller cite plusieurs inscriptions en caractères étrusques trouvées à Ravenne, à Rimini, à Pesaro (2) : nous avons dû rechercher avec d'autant plus de soin la provenance de ces documents que nous attachons plus de prix au témoignage contemporain des monuments épigraphiques partout où l'on en rencontre. Or

---

(1) Voy. Servius ad *Æn.*, l. XII, v. 755.
(2) *Die Etrusker*, t. I, p. 144.

l'inscription citée comme existant à Ravenne n'a été attribuée à cette ville que sur un passage de Passeri qui paraît se rapporter à Cortone, et, dans sa diligente recherche de toutes les inscriptions anciennes de Ravenne, Spreti n'en a compris aucune qui appartienne à l'Étrurie. Quant à Rimini, il est vrai que deux urnes ornées d'inscriptions en caractères étrusques s'y trouvent encore dans le musée de l'érudit Giovanni Bianchi, connu dans la science, à la fin du siècle dernier, sous le nom de *Plancus*, et qu'elles ont été publiées par Lanzi comme appartenant à la ville (1); mais *Plancus* lui-même a noté dans un manuscrit déposé à la bibliothèque Gambalunga que ces deux urnes ont été trouvées dans une hypogée, près de Sienne, en pleine Étrurie centrale (2). Resterait Pesaro où plusieurs monuments du même genre sont conservés dans le musée de la ville; mais en supposant que Pesaro ait existé avant la colonisation romaine, ce dont il ne reste aucune trace certaine malgré les savantes recherches et les conjectures d'Olivieri (3), les inscriptions étrusques contenues dans son musée ne lui appartiennent pas; nous en avons la preuve dans les manuscrits de Passeri, qui indiquent avec la plus grande précision la provenance de ces marbres appor-

---

(1) *Saggio di lingua etrusca*, t. II, p. 367, n. 95, 96.
(2) Voy. Tonini, *Rimini avanti il principio dell' era volgare*, p. 389.
(3) *Della fondazione di Pesaro*.

tés de Todi (1). C'est là une preuve nouvelle, s'il en était besoin, de l'intérêt qu'il y a toujours à bien connaître l'origine des monuments avant de les interroger dans les questions historiques.

Constatons du reste, après avoir fait ces réserves, que la présence des Étrusques, pour ne pas s'appuyer ici sur les monuments épigraphiques, n'en ressort pas moins de la tradition et de traces trop fortement empreintes pour être méconnues. Nous avons pénétré, près de la cime d'une colline qui domine la ville de Rimini, dans quelques cryptes récemment découvertes et remontant évidemment à une haute antiquité. Bien que dépouillées à une époque antérieure des monuments qu'elles devaient contenir, elles offrent encore tous les caractères des hypogées de famille dont nous avons visité un si grand nombre pendant nos fouilles en Toscane (2). D'autre part, dans une lettre adressée au Dr Gennarelli, Borghesi, après avoir prouvé que l'*æs grave*, offrant comme empreinte la tête d'un guerrier gaulois, appartient à Rimini, prouve encore que cette monnaie, frappée après la conquête

---

(1) Je dois la connaissance de ce fait à l'obligeance de M. Rocchi, professeur d'archéologie à Bologne, qui avait accepté la collaboration du *Corpus inscr. lat.*, dont la publication devait être faite sous les auspices du gouvernement français, il y a vingt ans, et qui a entrepris, à ce sujet, d'actives recherches dans les bibliothèques publiques des principales villes de l'Ombrie et du Picenum.

(2) Voyez le plan de deux de ces cryptes dans l'histoire consciencieuse et exacte de Rimini, par le docteur Tonini, t. I, p. 241.

gauloise, ne peut avoir été exécutée que par les artistes étrusques restés dans la ville malgré l'invasion (1). Quant au roi étrusque Arimnus, qui fut le premier parmi les barbares à envoyer des offrandes au temple de Jupiter à Olympie, nous n'entreprendrons pas de décider s'il faut ou non voir en lui un de ces héros éponymes que la tradition place si souvent à l'origine des cités. Pausanias l'appelle simplement un roi étrusque (2), et le rapprochement de son nom avec celui de la ville peut seul faire supposer que les galères qui portèrent ses dons en Grèce soient sorties du port formé par l'embouchure de l'Ariminum, aujourd'hui la Marecchia.

Un passage de Pline semble étendre l'influence étrusque encore plus loin vers le sud-est : « La

---

(1) « . . . Ne temo la difficoltà oppostami della rozzezza e della barbarie dei Galli : perche dato eziandio che da loro si ignorasse l'uso della moneta, poterono bene impararlo dalla conquistata Rimino, città più antica della loro venuta, siccome quella che porta il nome d'Arimno re de' Tirreni memorato da Pausania. Imperocchè io sono interamente dell' opinione dell' Olivieri che i Senoni sottomettessero bensì, ma non spegnessero gli abitanti delle contrade da loro occupate. Ora i Riminesi, a motivo del loro commercio marittimo attestato dagli spezzati del loro asse, erano ben in caso di conoscere anche prima la libbra e le monete di Adria, le quali è poi certo avere avuto corso anche presso di noi, essendo le uniche dell' *æs grave* oltre le indigene di cui qui rinvengasi alcuna : ond' io stesso ne serbo due portatemi dai nostri contadini. Qual maraviglia dunque, che i Riminesi insegnassero ai nuovi loro dominatori l'uso più proficuo che potevano fare delle loro prede metalliche? ecc.... » San Marino, ai 16 agosto, 1842.

(2) Voy. *l'Élide*, ch. XII.

« sixième région, dit-il en décrivant l'Italie, com-
« prend l'Ombrie et le territoire gaulois autour d'Ari-
« minum : à Ancône commence la *Gallia togata*. Les
« Sicules et les Liburnes ont habité une grande partie
« de ce pays et plus particulièrement les districts de
« Palma, de Prætutia et d'Adria; ils furent chassés
« par les Ombriens, ceux-ci par les Étrusques, et les
« Étrusques par les Gaulois (1). » Il faut avouer, toutefois, que ce texte s'explique difficilement, bien
qu'on y voie les différentes races qui ont occupé
l'Italie envahir les unes sur les autres, ainsi que nous
l'apprend la tradition, des territoires déjà occupés, et
se juxtaposer dans l'ordre énoncé par de précédents
chroniqueurs. Qu'ont à faire, en effet, les districts des
Prætutii et des *Palmenses*, à l'extrémité méridionale
du Picenum, avec les Gaulois qui n'ont jamais passé
l'Esino? Évidemment Pline a généralisé sa proposition dans une vue d'ensemble, et ses paroles ne sauraient être prises à la lettre. L'envahissement des Ombriens par les Étrusques a pu avoir lieu dans quelques parties du Picenum; nous en retrouvons la trace
dans l'appellation de quelques villes de cette région,
telles qu'Adria picentina rappelant l'Adria padana,
et Cupra portant le nom que Strabon donne à la Junon adorée en Étrurie (2); nous avons même vu dans

---

(1) L. III, c. XIX.
(2) Voy. l. V, c. IV, § 2, p. 201, éd. Didot. — Cf. Gius. Colucci,

le musée de Bologne un lampadaire en bronze, d'un travail évidemment étrusque, trouvé à Monte Milone, près de Macerata : mais, en parlant des Gaulois, Pline ne peut avoir eu en vue que l'Ombrie dont la limite orientale forma toujours la frontière de la race celtique, du moins comme résidence fixe et conquête durable.

En résumant les divers documents exposés jusqu'ici nous pourrons nous former un tableau synoptique de l'Étrurie septentrionale à l'époque de son extension complète. Nous trouverons d'abord les vastes plaines du Pô enfermées entre les Alpes, l'Apennin et la mer jusqu'au Lamone ou au Santerno, à l'exception du petit canton habité par les Vénètes. Là se trouvaient les forces vives de la nation sur le versant de l'Adriatique : là les Étrusques avaient subjugué ou refoulé de toutes parts les premiers occupants qui, pour la plus grande partie, avaient déserté la plaine et fui vers la montagne ; là ils avaient élevé les douze cités formant la confédération du Nord, et armaient dans les ports ces galères qui allaient jusqu'en Grèce porter tour à tour la guerre ou le commerce. Au delà du Lamone, dans la région qui conserva le nom d'Ombrie et jusque dans le Picenum, l'influence des Étrusques, ou même leur domination, s'étendait encore, non plus

---

Cupra maritima; Sarti, *De Ant. Picent civ. Cupra montana;* Cramer, *Ancient Italy*, t. I, p. 284, et la note à la trad. française de Strabon, t. II, p. 238.

absolue toutefois, car la chaîne des Apennins, en se rapprochant de la mer, avait opposé à l'envahissement des obstacles naturels autour desquels s'était concentrée une résistance plus forte. C'était une conquête politique plutôt que territoriale, où le contact d'une civilisation supérieure avait eu peut-être plus de part que les armes, et où l'association agricole de la race dominée s'était fondée à côté de l'association active et militante des dominateurs.

CHAPITRE IV.

Les Étrusques en Campanie.

« A la même époque où les Étrusques habitaient dans le bassin du Pô, dit Polybe, ils habitaient aussi les champs appelés Phlégréens autour de Capoue et de Nola (1). » Là, en effet, la tradition place une troisième confédération de douze cités (2) dont l'histoire est encore plus obscure que celle de l'Étrurie circumpadane. Si nous admettons toutefois, comme la plupart des textes et les monuments semblent l'indiquer, que le développement de la civilisation en Étrurie eut lieu plus particulièrement sur le versant de la Méditerranée, vers les régions de Tarquinies et de Cære, nous comprendrons que l'expansion des forces dues à une culture plus complète ait eu lieu en des sens divers, au midi comme au nord, et que les riches plaines de la Campanie en aient été le théâtre, tout aussi bien que les plaines fertiles du Pô. Les Latins, appuyés sur les tribus sabelliques de l'Apennin, ont sans doute arrêté la conquête étrusque sur les

---

(1) L. II, ch. XVII.
(2) Strabon, l. V, ch. IV, § 3, p. 202, éd. Didot.

bords du Tibre, et quand l'histoire vient éclairer de ses premières lueurs le berceau de Rome, le fleuve sépare à nos yeux deux races distinctes ; mais la barrière avait été franchie à des époques antéhistoriques : il n'est guère permis d'en douter.

Sans parler ici de Fidène, alliée fidèle des Véiens, et dont Tite-Live nomme positivement les habitants comme Étrusques (1), une tradition faisait passer Crustuminum ou Crustumena, ville située sur le territoire latin, pour avoir appartenu à la race qui habitait l'Étrurie (2). L'emplacement de Rome elle-même semble avoir été en partie habité par les Étrusques avant la fondation de la ville par le petit-fils de Numitor. Florus nous dit que Romulus rassembla autour de lui les pasteurs latins et étrusques qui habitaient la contrée (3). M. Ampère, dont l'*Histoire romaine à Rome* a tout l'attrait que peut offrir une haute érudition mise au service d'un charmant esprit, a été jusqu'à désigner parmi les sept collines celle qu'ils avaient habitée et leur assigne la plus célèbre entre toutes. C'est sur le Capitole, ce siége de la puissance

---

(1) Fidenates.... Etrusci fuerunt (l. I, c. xv). — Plutarque dit, dans la Vie de Romulus, que les Véiens avaient réclamé Fidène comme une ville qui leur appartenait (c. xxv). — Strabon la nomme aussi comme une ville étrusque (l. V, c. II, p. 188, éd. Didot).

(2) Crustumina tribus a Tuscorum urbe Crustumena dicta est (Festus, s. v.).

(3) *Hist. Rom.*, l. I, ch. r. Une ancienne tradition voulait que la Rome primitive eût été tributaire des Étrusques et délivrée de leur domination par Hercule (Plutarque, *Quæst. rom.*, 18).

romaine où les vainqueurs de l'Étrurie vinrent plus tard rendre grâces aux dieux de leurs victoires, que se seraient groupés les Étrusques parvenus sur la rive gauche du fleuve (1). De récentes découvertes viennent encore de prouver que, jusqu'au pied des montagnes, à l'entrée de la vallée du Sacco, Palestrine, l'ancienne Préneste, conservait dans sa nécropole les traces certaines d'une civilisation tout étrusque : mais c'est surtout le long de la mer que l'Étrurie, puissance maritime, a étendu et gardé plus longtemps son influence.

Déjà nous avons eu l'occasion de constater la similitude parfaite qui existe entre les tombes d'Ardée et celles des nécropoles de l'Étrurie centrale (2). Une tradition faisait venir de la capitale des Rutules un chef étrusque au secours de Romulus (3), et la nation tout entière des Volsques passait pour avoir courbé la tête sous la domination de l'Étrurie : *Gens Vulscorum quæ etiam ipsa Etruscorum potestate gerebatur,* dit Servius d'après Caton (4). Cette légende explique la réputation des Antiates comme habiles navigateurs et leur renom de piraterie ainsi que leur antagonisme avec Rome. Abritées sous les rochers d'Antium ou

---

(1) Voyez les déductions ingénieuses que tire M. Ampère des noms qu'a successivement portés le Capitole (*op. cit.*, t. I, p. 259-260).
(2) Voy. plus haut, p. 185 et suiv.
(3) P. Diac., p. 119.
(4) Ad *Æneid.*, l. XI, v. 567.

cachées au pied du cap de Circé, les trirèmes étrusques, à en croire les récits des Grecs, fondaient sur leur proie quand les navires étrangers longeaient le rivage, conformément aux habitudes timides de la navigation dans l'antiquité : aussi ces attaques soudaines inspiraient-elles une si grande terreur aux marins qui fréquentaient la mer de Tyrrhénie qu'il ne faut pas nous étonner de voir la fable des Lestrigons appliquée, dans les mythes de la Hellade, aux côtes méridionales du pays des Volsques (1).

Parvenus aux plaines admirables de l'heureuse Campanie, *Campania felix,* comment les Étrusques n'auraient-ils pas été frappés de la fertilité de ces régions volcaniques où le sol se couvre sans culture de plantes luxuriantes, où la végétation a tant de force que l'herbe broutée le soir repousse, dit-on, pendant la nuit? Là furent fondées par eux Capoue, qui s'appela d'abord Vulturnum, Abella, Nola et d'autres villes encore (2). A l'exception de quelques colonies grecques, Cumes, Dicæarchia (Pouzzoles), Néapolis, la région comprise entre le Liris et le Silarus

---

(1) Voyez Pline, l. III, c. IX, et la dissertation de l'abbé Matranga sur les peintures murales trouvées à Rome dans la *via Graziosa.*

(2) Quoique Nola et Abella aient été quelquefois appelées des villes chalcidiennes (Justin, XX, 1; *Chalcidicam Nolam,* Silius Ital., XII, 161), cette épithète ne peut se rapporter qu'à une partie minime de leur population, dont la grande majorité était osque et étrusque. Cf. Otfried Müller, Introd., ch. IV, vol. I, p. 167.

fut complétement étrusque, et la domination de ce peuple devint tellement prépondérante sur celle des Hellènes que le territoire même des colonies grecques est souvent compris dans l'antiquité sous la dénomination de Tyrrhénie. C'est ainsi qu'un poëte appelle l'Averne un lac tyrrhénien (1), bien qu'il fût placé sous la dépendance de Cumes, et que Pausanias nomme comme une cité tyrrhénienne Dicæarchia qui n'était habitée que par des Grecs (2). Dans les fragments qui nous restent de la tragédie de Triptolème, Sophocle ne compte, entre les côtes de la Ligurie et de l'OEnotrie, que le rivage de la Tyrrhénie, le golfe tyrrhénien (3).

Velléius Paterculus, qui vivait sous Auguste et Tibère, fait remonter à huit cent trente années avant l'époque où il écrivait la fondation de Capoue et de Nola par les Étrusques : « C'est l'avis de plusieurs « écrivains, dit-il, et c'est aussi le mien. Cependant « Caton est d'une autre opinion. Ce sont bien les Tos- « cans, selon lui, qui ont été les fondateurs de ces « deux cités; mais il croit que Capoue n'existait que

---

(1) Voy. Becker, *Anecd.*, I, p. 413, 414. Eustathe in *Odyss.*, X, p. 410.

(2) IV, 35, 6 ; VIII, 7, 3. Cf. Ét. de Byz., s. v. Ποτίολοι.

(3) Τὰ δ' ἐξόπισθε χειρὸς εἰς τὰ δεξιὰ
Οἰνωτρία τε πᾶσα καὶ Τυρσηνικὸς
Κόλπος Λιγυστική τε γῆ σε δέξεται.

(*Sophoclis Fragm.*, n. 329, p. 312, éd. F. Didot.)

« depuis deux cent soixante ans environ lorsqu'elle
« fut prise par les Romains. S'il en était ainsi, cinq
« cents ans se seraient à peine écoulés depuis sa fon-
« dation, puisqu'il n'y a que deux cent quarante ans
« qu'elle est tombée en notre pouvoir. Quel que soit
« le crédit que me paraisse mériter l'opinion de Ca-
« ton, je ne puis supposer qu'une aussi grande ville
« ait pu en si peu de temps s'accroître, fleurir, tom-
« ber et renaître (1). »

Le jugement de Velléius Paterculus sur l'époque probable de la formation d'une troisième confédération étrusque dans l'Italie méridionale mérite d'autant plus d'attention que cet historien, né dans la Campanie, a dû étudier avec un soin tout particulier les traditions relatives à sa patrie. C'est là une circonstance dont nous devons tenir compte. Ne serait-ce pas en effet céder à une étrange illusion que de nous représenter l'histoire de l'antiquité comme homogène et d'en confondre les témoignages dans une même appréciation? Ce n'est pas un jour égal qui met pour nous les faits en lumière, et les circonstances de temps ou de lieu, les habitudes ou le caractère moral de l'écrivain, sont des conditions essentielles à connaître pour accepter son récit, ou tout au moins pour en mesurer avec précision la probabilité. Ici la critique de Paterculus nous semble fondée sur l'observation lo-

---

(1) **L. I, c. VII.**

gique et rigoureuse des faits. Exprimée d'une manière concise, elle peut se développer en peu de mots et combat l'autorité de Caton, toute grave qu'elle puisse être. Capoue a eu de bonne heure une réputation de richesses et de splendeur qui, aux yeux des Romains eux-mêmes, la plaçaient hors de comparaison avec toutes les autres villes d'Italie : « Nos ancêtres, dit « Cicéron, ne reconnaissaient que trois villes, Car- « thage, Corinthe et Capoue, qui pussent prétendre au « titre de cités souveraines et en soutenir l'éclat(1). » Tant de grandeur et de richesses ne pouvaient remonter ni à l'époque des Osques aux habitudes rustiques, premiers habitants du pays, ni à celle des Samnites, qui chassèrent les Étrusques de Capoue et qui pendant longtemps ne furent pas moins étrangers que les Osques aux raffinements de la civilisation. C'est évidemment à l'industrie, à l'activité commerciale, aux habitudes luxueuses de ses fondateurs toscans que Capoue, alors connue sous le nom de Vulturnum, a dû sa grandeur. Or reconnaître l'époque indiquée par Caton, c'est-à-dire la fin du troisième siècle de Rome, comme la date de sa fondation, ce serait borner à moins d'un demi-siècle son existence comme ville étrusque, puisque les Samnites s'en emparèrent en l'an de Rome 331. Peut-on admettre, quelles que soient les richesses du sol, qu'une pos-

---

(1) *De lege agrar.*, II, 32.

session si courte ait suffi aux Toscans pour faire de la capitale de la Campanie l'une des merveilles de l'univers ? Il est difficile de le supposer, et Paterculus nous semble avoir choisi, entre les diverses traditions qu'il avait sous les yeux, celle qui s'appuyait sur l'évidence des faits comme sur l'existence de nombreux monuments.

D'autres témoignages semblent d'ailleurs corroborer le sien. Éphore, parlant de deux colonies grecques placées sur la côte orientale de la Sicile, Naxos et Mégare, dit qu'elles furent fondées quinze générations après la prise de Troie : jusque-là, ajoute-t-il, la terreur qu'inspiraient les pirates de la Tyrrhénie avait écarté de ces parages les navigateurs de la Grèce (1). Il est probable que les pirates qui infestaient ainsi les côtes de la Sicile sortaient des ports appartenant à la confédération méridionale : or, quinze générations représentant environ cinq siècles, il nous faut supposer, d'après la date la plus probable de la grande épopée homérique, que, vers le septième ou le

---

(1) *Fragments des historiens grecs*, t. I, p. 246. Cf. Strabon, l. VI, c. II, § 2, éd. Didot. Ajoutons que le texte de Strabon est altéré en cet endroit. On lit : ...κάτῃ γενεᾷ. Cluvier a supposé πεντεκαιδεκάτῃ, leçon qui a été suivie par Coray, puis par M. Müller, dans les *Fragments des historiens grecs*. Toutefois ce dernier adopte la leçon δεκάτῃ dans son édition de Strabon, ce qui reculerait jusqu'au neuvième siècle la fondation de Naxos, contrairement à d'autres témoignages. Cf. M. Brunet de Presles (*Recherches sur les établissements des Grecs en Sicile*, p. 73) : ce savant propose d'adopter la leçon τρίτῃ καὶ δεκάτῃ.

huitième siècle avant notre ère, les pirates de l'Etrurie, déjà maîtres des golfes de Naples et de Salerne qu'ils gardaient tous deux du haut des rochers de Sorrente où dominait la Minerve étrusque (1), envoyaient leurs longues galères, armées d'éperons et de grappins, jusque dans la mer d'Ionie.

Plus tard l'émigration étrusque s'accrut encore. Les Celtes, descendant des Alpes et poussant devant eux les populations de la vallée du Pô, rejetèrent vers la basse Italie les Étrusques et les Ombriens qui avaient établi leur résidence entre l'Apennin et l'Adriatique (2). Mais, quelque puissante et dominatrice qu'ait pu être la race des Toscans dans les plaines fertiles qui s'appelèrent plus tard la Campanie, elle ne paraît pas avoir formé une population compacte et homogène comme celle dont nous avons retrouvé les traces dans l'Italie centrale et dans la haute Italie. La force des armes, les bienfaits d'une civilisation supérieure, soumirent une grande partie du pays aux Étrusques venus d'abord par mer ou le long des côtes; mais ils avaient trouvé une population d'autochthones forte et nombreuse qui subit leur influence sans céder la place, et réagit même sur les vainqueurs. Évidemment l'ancienne langue osque était restée dans le pays la langue dominante, et si l'écriture

---

(1) Stace, *Sylv.*, liv. III, 2.
(2) Denys d'Halicarnasse, l. VII, § 3.

y fut apportée par les Étrusques, elle subit des modifications profondes dont nous retrouvons la preuve sur les monuments épigraphiques (1).

Du reste, à vouloir déterminer d'une manière rigoureuse l'étendue de l'occupation étrusque et les villes qui doivent leur fondation aux Toscans, nous verrions encore se dresser devant nous cet obstacle sans cesse renaissant, cette confusion perpétuelle entre les Tyrrhéniens étrusques et les Tyrrhéniens pélasges, qui apporte tant de doutes et d'ambiguïté dans la discussion des origines italiques. Capoue, Nola, Nocera sur le Sarno, ont très-probablement été des villes tyrrhéniennes. Herculanum ainsi que Pompéi, d'après Strabon, auraient été occupés, à un moment donné, par les Toscans (2), et nous avons vu que Stace appelle le promontoire de Sorrente *Saxa Tyrrhenæ templis onerata Minervæ* (3). Entre le cap des Sirènes et Possidonia Strabon nomme la ville de Marcina (4), qu'il dit fondée par les Étrusques. Là commençait le territoire qui fut plus tard l'*ager Picentinus* (5), et, malgré la tradition argienne qui s'attache

---

(1) Cf. aussi Otfried Müller, *Die Etrusker*, l. IV, ch. vi, § 9, et le beau travail de M. Mommsen, *Die unteritalischen Dialekte*, p. 99-316.

(2) L. V, ch. iv, § 8, p. 205, éd. Didot.

(3) Sylv., II, ii, 2. On lit dans Étienne de Byzance : Συρέντιον πόλις· Τυρῥηνίας.

(4) L. V, ch. iv, § 13, p. 209, éd. Didot.

(5) A Surrento ad Silarum amnem triginta millia passuum ager Picentinus fuit Tuscorum (Pline, *H. N.*, l. III, c. ix).

à la fondation de Salerne, cette ville a probablement joué un rôle important dans la confédération méridionale. Otfried Müller suppose encore que le temple de Junon sur le Silarus, dont l'érection est attribuée aux Argiens par quelques auteurs, était dédié à la déesse Cupra, c'est-à-dire à la Junon étrusque (1). Au delà du Silarus, bien qu'Euripide place en Tyrrhénie le gouffre de Scylla (2), en face du cap Pélore, nous ne trouvons plus que des colonies grecques.

---

(1) Introduction, ch. IV, § 2.
(2) *Médée*, vv. 1342 et 1359.

CHAPITRE V.

Premières relations commerciales de l'Étrurie. — Commerce maritime et commerce intérieur. — Constitution politique.

§ I. — Contact de l'Étrurie avec l'Orient et les colonies grecques.

La conquête achevée, et l'Étrurie se trouvant ainsi maîtresse d'une grande partie de la péninsule italique, pourrons-nous suivre les traces du développement des institutions sociales, religieuses ou politiques qui dut succéder à l'expansion de la conquête? Le pays conquis était fertile; car la vallée du Pô, le val d'Arno, les Maremmes, la Campanie, les plaines les plus riches, en un mot, appartenaient désormais à la race étrusque; mais des forêts, des fleuves débordés, des friches immenses couvraient le pays, et la main de l'homme devait lui donner sa valeur industrielle ou agricole.

Malheureusement les annalistes de l'antiquité ne se sont occupés que des événements de guerre, et les premières notions qui nous parviennent sur les Étrusques nous les montrent uniquement dans des rapports hostiles avec les peuples qui les entourent. Rien des arts de la paix; rien du commerce ou des échanges qui devaient développer une civilisation brillante en Italie. L'Étrurie n'a plus d'annales, et les annales des nations voisines ne nous parlent que de ses méfaits. La Grèce ne la connaît que comme la terre des pirates. Les vers qui terminent la *Théogonie* d'Hésiode donnent pour chefs aux Tyrrhéniens les fils de la magicienne Circé, Latinus et Agrios (le sauvage) (1). C'est que les côtes de l'Italie méridionale, Latium maritime ou Tyrrhénie, furent longtemps inhospitalières pour les navigateurs de la Grèce; ils s'arrêtaient, effrayés, devant le détroit de Messine où les écueils de Charybde et de Scylla n'ont été peut-être que la traduction poétique des terreurs qu'inspiraient les corsaires tyrrhéniens (2).

Il est à croire, cependant, que si nous avions les annales de l'Étrurie, tout aussi bien que nous avons les récits de la Grèce, nous y verrions que les agressions ne venaient pas toujours d'un même côté. Il arrive souvent, en changeant de point de vue dans l'histoire des peuples, qu'on s'aperçoive que les rôles ont été intervertis, et que tel a crié *au voleur*, tout en ayant les mains dans la poche du voisin. Nous croyons fermement que les Tyrrhéniens ont dû armer plus d'une fois leurs galères pour se défendre contre les forbans venus de la Grèce, et, dans bien des cas, leurs expéditions maritimes n'étaient que des re-

---

(1) Vv. 1011-1016.
(2) Dans la *Médée* d'Euripide, vv. 1342-1359, Scylla habite une caverne tyrrhénienne. Cf. Paléphate, *Incredib.*, 21.

présailles. Les Phocéens ne dédaignaient pas toujours la piraterie : Denys, l'un des plus vaillants guerriers de Phocée, après la révolte des Ioniens et leur défaite par Darius, était venu s'établir en Sicile, de l'aveu d'Hérodote, pour y faire le métier de corsaire contre les Carthaginois et les Tyrrhéniens (1).

Quoi qu'il en soit, les Grecs, qui redoutaient fortement, à cette époque, la puissance maritime de l'Étrurie, avaient formé des colonies prospères sur la côte orientale de la Sicile, alors qu'ils hésitaient encore à passer le détroit. Naxos, Syracuse, Mégare, Catane étaient fondées dès le huitième siècle avant notre ère sur la mer d'Ionie, et, au temps de Thucydide, Himère était la seule colonie hellénique sur les côtes de l'île baignées par la mer tyrrhénienne (2). La plus ancienne des colonies grecques en Italie, Cumes, fut une exception, et il est à croire que sa fondation suivit de près, si elle ne précéda, l'établissement des Étrusques en Campanie. Aussi la crainte des pirates rendait-elle rares et difficiles ses communications avec la mère patrie, ainsi que le prouvent les sombres traditions qui s'attachent à son territoire. N'est-ce pas là, en effet, que nous trouvons, dans les mythes de la Grèce, les frontières du monde connu, le rocher des Sirènes, le lac Averne,

---

(1) Hérodote, l. VI, c. 17.
(2) L. VII, c. LVIII.

la descente au royaume des ombres? Tout y était fable ou mystère.

Si les documents que nous empruntons à la Grèce sont ainsi faussés par l'espèce de fantasmagorie qui faisait des Tyrrhéniens, aux yeux des Grecs, les ennemis de tout commerce ou de toute civilisation, nous trouvons ailleurs des preuves évidentes que la prépondérance maritime des Étrusques ne les amenait pas toujours à d'injustes agressions. Les traces d'échanges pacifiques se retrouvent à toute fouille nouvelle qui nous fait pénétrer dans une nécropole d'Étrurie. Chacune de ses hypogées est comme un livre ouvert où se déroule la longue histoire de relations internationales régulières et étendues. L'or qui manquait à l'Étrurie, l'ambre de la Baltique, l'ivoire de l'Afrique, l'étain des îles Cassitérides, la pourpre de Tyr, les vases, les amphores où se retrouvent les formes élégantes, la pureté du dessin empruntées aux artistes grecs, sont autant d'indices de transactions nombreuses dues à des institutions commerciales étendues et perfectionnées.

Les relations de l'Étrurie avec l'Égypte, à une époque antérieure au développement de l'art hellénique, sont attestées par des monuments dont l'autotorité est irrécusable. On découvrit en 1840, à Vulci, une des tombes les plus anciennes qui aient été excavées dans cette riche nécropole. Parmi des vases de forme entièrement archaïque, elle contenait un assez grand nombre de monuments dont l'origine africaine ou égyptienne n'a pu être mise en doute. Nous avons vu quelques-uns de ces monuments chez M. Braun, secrétaire de l'Institut archéologique à Rome. Des œufs d'autruche, sur lesquels se trouvaient peints ou sculptés des sphinx, griffons et autres animaux fantastiques, avaient été percés pour être suspendus comme ceux qu'on voit aujourd'hui dans la plupart des mosquées de l'Orient. Quelques vases d'une poterie verte, identiques avec ceux qu'on trouve en Égypte, portaient des inscriptions hiéroglyphiques. D'autres vases à parfums (*alabastron*), bien que d'apparence égyptienne, pouvaient être une imitation étrusque du style égyptien; mais les uns comme les autres n'en prouvent pas moins des rapports de commerce très-anciens entre l'Égypte et l'Étrurie, soit que ces rapports aient été directs, ce qui est peu probable, soit qu'ils aient eu les Phéniciens pour intermédiaires. En 1841, on découvrit aussi dans un tombeau à Santa Marinella, l'ancien Punicum, les fragments d'un alabastron couvert d'une inscription hiéroglyphique (1).

---

(1) Elle se trouve reproduite et expliquée dans le *Bulletino dell'Istit. archeol.*, 1841, p. 111. — Strabon, en décrivant le temple d'Héliopolis, remarque que les parois des ailes ou ptères du pronaos étaient couvertes de grandes figures sculptées en anaglyphe, semblables, dit-il, aux sculptures tyrrhéniennes (l. VII, c. I, § 28, p. 684, éd. Didot). Un certain nombre des monuments d'antiquité figurée, conservés en Étrurie, entre autres les peintures de la tombe archaïque ouverte par le marquis Campana à Véies, et plus parti-

Nous pourrions donner bien d'autres exemples encore des relations pacifiques et précoces de l'Étrurie avec l'Orient. Concevrait-on, en effet, que les arts et les habitudes d'une vie luxueuse se fussent développés chez un peuple qui n'aurait eu d'autres ressources que la course ou le pillage? L'époque très-reculée à laquelle on constate l'emploi des métaux précieux comme mesure des valeurs en Étrurie est d'ailleurs l'une des preuves les plus convaincantes du commerce paisible des Étrusques : ne se bornant plus à un simple échange de denrées, ils comprirent de bonne heure tout l'avantage d'un système monétaire dans es transactions commerciales (1).

---

culièrement la coiffure des personnages et du sphinx, le caractère de quelques-unes des plus anciennes peintures murales de Tarquinies et de quelques bronzes, la disposition architecturale des tombes de Castel d'Asso ou de Norchia, nous font faire encore aujourd'hui le rapprochement indiqué par Strabon.

(1) Peu de sujets archéologiques ont donné lieu à plus de discussions entre les antiquaires, que l'attribution des monnaies italiotes et la date de leur origine. Revenir sur ces questions controversées de la numismatique exigerait un mémoire spécial. On peut voir, à ce propos, Otf. Müller, *Die Etrusker*, l. I, c. IV, § 12-20, et l'appendix, *Von den Orten welche Etruskische Münzen geschlagen haben*; — *L'Æs grave del museo Kircheriano*, Rome, 1839; — *Les Considérations sur la numismatique de l'ancienne Italie*, par Millingen, etc. Nous dirons simplement ici qu'à la suite de l'intéressante découverte des monnaies de bronze, *æs rude* et *æs signatum*, trouvées à Vicarello, dans les *Aquæ apollinares*, l'opinion des numismates qui voulaient attribuer l'origine de ces monnaies aux Latins, Volsques et Rutules, s'est profondément modifiée. Déjà, dans le XIIIe volume des *Annali dell' Istituto archeologico* (1841, p. 99-115), M. Lepsius avait déduit de la simplicité des types de la

C'est évidemment avec les peuples riverains de la Méditerranée que l'Étrurie, établie désormais sur les deux mers intérieures, noua les relations qui lui valurent promptement un accroissement de pouvoir et de richesses. Parmi ces peuples, la race phénicienne a probablement joué un rôle important, car elle paraît être la première qui se soit aventurée dans de longues navigations (1). Le récit des expéditions de l'Hercule phénicien, symbole des pérégrinations tentées par les navigateurs sortis des ports de Tyr, touche à tous les points de la Méditerranée : c'est un véritable périple. Les Phéniciens, dit Thucydide, occupaient les côtes de Sicile et les petites îles voisines, longtemps avant que les Grecs y eussent pénétré (2). Diodore n'est pas moins explicite et nous parle des colonies que les Phéniciens établirent en Sicile ou

---

monnaie reconnue comme étrusque, des conditions évidentes de priorité en sa faveur. Voy. encore à ce sujet le Mémoire publié par M. Gennarelli (*Monet. primit. e Mon. dell' Ital. ant.*, p. 97; cf. Cavedoni, *Notiz. bibliogr.*, p. 8). C'est un fait admis aujourd'hui que les plus anciennes monnaies italiotes appartiennent à l'Étrurie, et à Populonia en particulier. La monnaie incuse, en argent, de Populonia, d'une haute antiquité, portant comme type sur la face une tête de Méduse, s'est retrouvée, d'après M. Mommsen, sur la vieille route du commerce de l'ambre, dans le district de Posen (*Römische Geschichte*, t. Ier, c. XIII, p. 185).

(1) Voyez, sur l'influence des Phéniciens dans le bassin de la Méditerranée, le beau livre consacré par M. Renan à l'Histoire comparée des langues sémitiques (l. II, c. II, p. 181 et suiv.). Nous renvoyons à l'explication de nos monuments ce que nous croyons avoir à dire sur l'introduction de l'alphabet phénicien en Étrurie.

(2) L. VI, c. II.

en Sardaigne (1). Toutefois ce peuple ne paraît pas avoir formé d'établissement sur les côtes de la Tyrrhénie, à moins qu'on ne veuille voir dans la station de Punicum, près de Cære (probablement Santa Marinella, sur la via Aurelia), le souvenir de quelque ancien comptoir établi en vue du commerce que les Phéniciens faisaient avec Agylla, dont le nom, d'après M. Mommsen, serait d'origine sémitique (2). Ce qu'il y a de certain, c'est que Cære ou Agylla semble avoir été une espèce de port franc ouvert en tout temps aux communications de l'Étrurie avec l'Orient. Sa neutralité, les habitudes hospitalières de ses habitants, sont attestées par Strabon, qui vante la bonne foi des Cérites, le soin avec lequel ils s'abstenaient de tout pillage, et la piété qui leur avait fait consacrer un trésor à Delphes (3). Les fouilles tentées depuis quelques années dans les nécropoles de cette ancienne cité ont d'ailleurs confirmé ses nombreux rapports

---

(1) L. V, c. xxxv.

(2) « Le nom d'Agylla, dit M. Mommsen, n'est nullement d'origine pélasgique, ainsi que le voudrait une fable frivole. C'est un mot phénicien signifiant *la ville ronde*; et c'est précisément la forme qu'offre Cære vue de la mer. » (*Römische Geschichte*, t. I, p. 118.) M. Mommsen donne ainsi, probablement, pour racine étymologique au nom d'Agylla עֲגֻלָּה Cf. Stickel, *Das Etruskische durch Erklärung von Inschriften und Namen als semitische Sprache*, p. 242. Une autre ville du même nom existait en Afrique. On lit dans Gesenius : Achulla, urbs in ora maritima Bizacenes sita, etiam Acholla, Achilla, Acilla (*Scripturæ linguæque phœniciæ monumenta*, Lipsiæ, Vogel, 1837).

(3) L. V, c. II, § 2, p. 183, éd. Didot.

avec l'Asie antérieure, de quelque part qu'ils puissent venir (1).

Lorsque la puissante Carthage, cette fille de Tyr, se fut emparée de la navigation de la Méditerranée occidentale, elle marcha sur les traces de son ancienne métropole et hérita pour ainsi dire de ses possessions, de ses colonies ou de ses relations. Non-seulement nous verrons, dans la suite de cette histoire, les Carthaginois alliés souvent aux Étrusques, mais Aristote nous parle de nombreux traités de commerce qui avaient été conclus entre eux (2). Si le texte nous en avait été conservé, nous y verrions sans doute les conventions relatives aux ports ouverts ou fermés, aux contrats de ventes ou d'achats, aux garanties réciproques sur l'accueil dû à chacune des parties contractantes, telles que nous les lisons dans les traités entre Rome et Carthage dont Polybe nous a transmis la rédaction (3). Nous pouvons du moins conclure de l'existence ainsi constatée de pactes réglant les rapports des peuples maritimes entre eux, que les actes de piraterie, dus d'abord à cet abus de la force qu'on rencontre chez tous les peuples dans l'enfance de leur civilisation, ne s'exercèrent plus

---

(1) Voyez notre première partie, *les Maremmes*, p. 92-95.

(2) « Les Carthaginois et les Étrusques ont entre eux une foule de traités sur les alliances et les droits réciproques. » (Aristote, *Polit.*, III, 9; *Op.*, II, 261.)

(3) Voy. Polybe, l. I, p. 434 et 437. Cf. le traité entre Hannibal et Philippe de Macédoine (Polybe, II, p. 598).

tard qu'aux dépens des nations refusant d'entrer dans les alliances préparées par l'intérêt commun.

« Les Phocéens, dit Hérodote, sont les premiers chez les Grecs qui aient entrepris de longs voyages et qui aient fait connaître l'Adrias, la Tyrrhénie, l'Ibérie et Tartessus (1). » Voici donc, à une époque très-ancienne, Phocée en contact avec les redoutables Tyrrhéniens, et faisant sillonner par ses navires les deux mers où dominait leur puissance. Il est vrai que ces relations, qui avaient probablement le commerce pour objet, ne s'établirent pas sans précautions de la part des Phocéens. Ils envoyaient dans ces parages, ajoute le père de l'histoire, non pas les vaisseaux ronds avec lesquels ils étaient habitués à parcourir les côtes amies, mais des galères à cinquante rames, probablement armées en guerre. Il serait difficile de fixer l'époque précise où commencèrent les courses des Phocéens, et par conséquent leurs premières relations avec l'Étrurie; cependant nous savons que vers la trente-cinquième olympiade ils étaient déjà parvenus à Tartessus (2). La navigation, à cette épo-

---

(1) L. I, § 163.
(2) Après nous avoir dit que les Phocéens avaient été les premiers à faire connaître Tartessus, Hérodote parle d'un vaisseau de Samiens qui fut poussé jusque-là par les vents d'est (vers la 35ᵉ olympiade), et qui y aborda. Il est évident que, puisque les Samiens ne furent pas les premiers à visiter ces lointains parages, les Phocéens y étaient déjà parvenus. Cependant les relations étaient encore rares; et Hérodote ajoute que, le port étant alors très-peu fré-

que, se faisant le long des côtes, il est probable qu'ils avaient lié des rapports avec les Tyrrhéniens avant d'arriver aux colonnes d'Hercule ; nous ne nous tromperons donc pas de beaucoup en supposant que ces rapports s'étaient établis vers la fin du septième siècle avant notre ère.

Cependant nous ne ferons pas dater des premières relations des Phocéens avec la Tyrrhénie l'influence que la Grèce y a exercée de si bonne heure sur les arts, et qui a modifié profondément le caractère purement asiatique qu'ils semblent avoir eu à leur début. Cette influence est beaucoup trop grande et trop générale pour être uniquement due aux marchands de Phocée. Déjà depuis longtemps, en Campanie, Cumes et Vulturnum vivaient dans des rapports de mutuelle bienveillance qui nous sont prouvés, non par l'histoire (elle ne parle jamais que des cas de guerre), mais par l'accroissement rapide et la prospérité des deux cités voisines. Comprendrions-nous qu'elles se fussent développées au sein du luxe et de la richesse si elles avaient toujours été en lutte, et que les guerres qu'elles se firent plus tard n'eussent été précédées d'une longue paix ? Les ports de l'Étrurie circumpadane eurent aussi de fréquents rapports avec la Grèce. Spina avait son trésor particulier dans le temple de

---

quenté, les Samiens firent à leur retour un grand profit sur les marchandises qu'ils rapportaient (voy. l. IV, § 152).

Delphes, et il n'est pas improbable que le roi Arimnus, le premier des barbares qui ait envoyé des offrandes à Olympie, ait été, comme nous l'avons fait pressentir, un lucumon d'Ariminum. Dirigé d'abord vers Corcyre, le commerce des Étrusques dans l'Adriatique s'étendit bientôt jusqu'à l'Attique, et les vases panathénaïques d'Athènes étaient recherchés ou imités par les Étrusques, alors que les bronzes de l'Étrurie allaient orner les maisons ou les temples des Athéniens (1).

§ II. — Commerce continental.

Si le grand développement de côtes que présente la péninsule italique facilita de bonne heure le commerce maritime des Étrusques, il n'en est pas moins probable que le commerce continental, tout aussi bien chez eux que chez les autres peuples de l'antiquité, précéda les longues navigations. Dès leurs premiers établissements sur les bords du Pô, ils semblent avoir lié des relations avec des régions entièrement étrangères au commerce de la Méditerranée, et l'ancienne

---

(1) Voyez, à propos des amphores de Corcyre apportées en Istrie par les navigateurs de l'Adriatique, le traité *De mirabilibus auscultationibus*, cap. CIV, éd. Didot. Voyez encore, à propos du prix qu'on attachait en Grèce à la toreutique des Étrusques, Athénée, l. I, p. 28 :

Τυρσηνὴ δὲ κρατεῖ χρυσότυπος φιάλη
Καὶ πᾶς χαλκὸς ὅτις κοσμεῖ δόμον ἔν τινι χρείᾳ.

tradition d'une voie sacrée à travers les Alpes, route ardue dont le passage était garanti par une convention spéciale des peuplades voisines, peut être regardée comme la première trace de ces rapports (1). Comment expliquer autrement les traditions et les mythes de l'antiquité sur l'ambre jaune, dont nous trouvons de si nombreux échantillons dans les plus anciennes hypogées de l'Étrurie? L'électrum venait de la Baltique, seule localité où on l'ait rencontré avec abondance. Là il était recueilli du temps de Pythias par des peuples de race gothique, ou, selon Tacite, par les Æstiens, qui, par suite d'échanges, le transmettaient aux peuples plus méridionaux (2). La route commerciale, qui du temps de Pline était tracée depuis de longs siècles par les impérieux besoins du luxe, a pu varier dans son parcours à mesure que ces régions sauvages étaient mieux connues; mais, depuis la plus haute antiquité, elle venait aboutir aux embouchures de l'Éridan, c'est-à-dire du Pô, où on plaçait les îles Électrides (3). Là la fable grecque mettait

---

(1) « On dit qu'une route, qu'on appelle voie d'Hercule, va d'Italie jusque chez les Celtes, les Celtoligures et les Ibères. Tout voyageur grec ou indigène est protégé par les habitants pendant son passage; car chaque peuplade est responsable des sévices exercés sur son territoire. » (*Mirab. Auscult.*, ch. LXXXV, éd. Didot.)

(2) *De Mor. Germ.*, c. XLV.

(3) Pline, l. XXXVII, c. XI. Cf. *Mirabil. Auscult.*, ch. LXXXI, éd. Didot. — Hésiode (*Théogonie*, vv. 338 et 349) fait naître l'Éridan et l'océanide à laquelle il donne le nom d'Électre, de l'union de l'Océan avec Téthys. D'après Buttmann et Otfried Müller,

en scène la métamorphose des filles du Soleil, versant sur la mort de Phaéton ces larmes, perles brillantes dont les femmes faisaient leur parure. Le commerce du succin appartint d'une manière si spéciale à l'Étrurie circumpadane, qu'au temps de l'empire on s'étonnait naïvement de ne pas y trouver encore des peupliers pleurant leurs larmes d'ambre à chaque sève nouvelle, et que cette précieuse denrée y était restée en assez grande abondance pour que les paysannes elles-mêmes en fissent des colliers (1). Adria (2), Spina, les villes de l'embouchure du Pô, furent les entrepôts commerciaux des marchandises du Nord, telles que l'ambre, et l'étain que la fabrication du bronze

---

Homère parle déjà de l'électrum dans le sens de succin, et non dans celui de l'alliage qui portait le même nom (voy. Müller, l. I, c. IV, note 15). Les anciens textes sur l'électrum et l'Éridan sont cités par Beckmann ad *Mirab. Auscult.*, LXXXI, p. 163. Otfried Müller, combattant l'opinion qui voudrait reconnaître les Phéniciens comme les introducteurs du succin dans l'Orient, ajoute : « Une des preuves importantes que je puis donner en faveur de mon système, je l'emprunte à Hérodote. Il prétend savoir très-bien que l'électrum parvenait chez les Grecs des pays les plus éloignés de l'Europe (III, 115), mais il énonce des doutes sur l'existence d'un fleuve Éridan; ce qu'il n'aurait pas pu faire, si, à cette époque, l'électrum eût été apporté par des vaisseaux phéniciens dans la Méditerranée, à travers les colonnes d'Hercule, puisque, dans ce cas, la tradition qui confond dans une même légende l'Éridan et la production de l'ambre n'aurait pu s'établir. » (*Die Etrusker*, t. I, p. 284.)

(1) Pline, l. c.

(2) Eschyle parle des plaintes des femmes d'Adria, déplorant la mort de Phaéton (Becker, *Anecdota*, p, 346, 9. Cf. Hermann, *De Æschyli Heliadibus*, sept. 1826, et Ahrens, *Æschyli fragmenta*, éd. Didot, p. 235).

rendit de si bonne heure nécessaire à l'Étrurie. L'étain parvenait aussi dans l'Étrurie circumpadane par voie de terre, à travers les Gaules, et un embranchement de la route qui l'amenait à l'embouchure du Rhône se dirigeait vers Adria, ainsi que le prouve la tradition d'une île Cassitéride sur ce rivage (1). Les navires de Phocée ou de Corcyre emportaient ces précieux produits jusqu'en Grèce, tandis que la grande voie qui, d'après Scylax (2), réunissait Pise au port de Spina, à travers la chaîne des Apennins, servait à les transporter dans les ports de la Tyrrhénie placés sur la mer occidentale.

Le commerce continental, ainsi que nous le disions tout à l'heure, a peut-être précédé en Italie le commerce maritime (3); mais ce qui nous paraît évi-

---

(1) Théopompe, dans *Scymnus*, 392. Voyez, sur une statue d'étain, œuvre de Dédale et consacrée dans les îles Électrides, le traité *De mirabilibus auscultationibus*, c. LXXXI, éd. Didot.

(2) *Geographi minores*, éd. Didot, t. I, p. 25.

(3) On pourrait encore donner, comme une preuve du commerce continental auquel les races italiques se livrèrent de bonne heure, un fait cité par Diodore. Lorsque Thémistocle, poursuivi par la haine des Lacédémoniens, fut obligé de quitter précipitamment le foyer d'Admète, roi des Molosses, auprès duquel il s'était réfugié, il fit la rencontre de deux Ligures, marchands de profession, qui connaissaient toutes les routes. Guidé par eux, l'illustre exilé échappa à ses ennemis et arriva jusqu'en Asie (Diod., l. XI, ch. LVI). Probablement ces Ligures étaient venus en Épire par Adria ou Spina, et faisaient partie de ces hardis marchands italiotes qui se lançaient en pionniers sur les routes à peine tracées de l'ancien continent, et rapportaient dans les centres commerciaux de l'Étrurie les produits des contrées les plus éloignées.

dent, c'est qu'avant d'aller chercher l'ambre sur la Baltique par les voies de terre, ou de lier par mer des rapports commerciaux avec l'Orient et la Grèce, les Étrusques avaient échangé les produits du sol avec les autres races italiotes qui les entouraient, Ligures, Ombriens, Osques, Latins ou Sabins. Quelques-unes des habitudes de ce commerce intérieur nous sont connues, et, comme elles ont une liaison plus intime qu'on ne pourrait le supposer avec les institutions politiques, elles nous amèneront à les étudier à leur tour.

§ III. — Institutions politiques.

Plus on remonte dans la vie des peuples, plus on acquiert la preuve que les origines de la société civile furent très-simples. Loin d'avoir été formée en vertu de règles déterminées, et d'être un contrat social inventé à époque fixe, elle n'est le plus souvent que l'œuvre des besoins réciproques, des nécessités et des circonstances. Malheureusement l'histoire proprement dite nous conduit rarement jusqu'à une aussi haute antiquité, et d'anciens usages se perpétuant jusqu'aux époques historiques sont presque toujours les seuls guides qu'on puisse suivre dans ces recherches ardues.

Nous savons que de temps immémorial l'Étrurie eut des assemblées commerciales, politiques et religieuses; car la religion, avec un temple commun et les fêtes qui en dépendent, fut l'un des liens les plus puissants qui aient rapproché les familles pour en faire des tribus, les tribus pour en faire des nations. Le bois sacré de Féronia, dans la grande plaine du Tibre, au pied du Soracte, sur les confins de l'Étrurie, du Latium et de la Sabine, était la place de commerce la plus fréquentée par les trois races, qui y échangeaient leur bétail, leur blé, les métaux ou autres produits d'une civilisation primitive (1); mais ce fut au

---

(1) Voyez le fait rapporté par Tite-Live, I, 30, et Denys d'Halicarnasse, III, 32. — Nibby et Dennis ont cru reconnaître au petit village de Saint-Oreste, sur les premières hauteurs du Soracte, le site d'une ancienne ville étrusque qui aurait été l'antique Féronia ; car, non-seulement il y avait là un sanctuaire, un bois sacré, mais aussi une ville : ὑπὸ δὲ τῷ Σωράκτῳ ὄρει Φερωνία πόλις ἐστίν, dit Strabon, l. V, c. II, § 39, p. 188, éd. Didot. La déesse de l'ancien panthéon italique, qui portait le nom de Féronia, semble avoir été également vénérée par les trois peuples limitrophes qui se réunissaient autour de son temple. Varron affirme que son nom est sabin (*De l. l.*, I, § 74). La foi qu'elle inspirait était si vive que ses adorateurs marchaient pieds nus sur des charbons ardents et n'en ressentaient aucun mal (Strabon, *l. c.*). A en croire Denys d'Halicarnasse, il faudrait l'identifier avec Proserpine (l. III, c. XXXII) ; ou avec Junon, d'après Servius : *Juno virgo quæ Feronia dicebatur* (*Æneid.*, VII, 799). On trouve, en effet, une inscription consacrée IVNONI FERONIAE (Orelli, n. 1314) ; mais M. Borghesi a fait observer (*Giorn. Arcad.*, 1825. p. 386) que *Junoni* est là pour *Genio*, ainsi qu'il y en a d'autres exemples, et que l'inscription est consacrée, non pas à Junon-Féronia, mais à la Junon, c'est-à-dire au génie de Féronia. Une autre inscription distingue parfaitement les deux déesses : elle s'adresse IVNONI.REGinae.ET.FERONIAE. (Fabretti, p. 454). La déesse Féronia avait des prêtresses, ainsi que nous l'apprend un marbre découvert près de *Tuficum*, en Ombrie : CAMVRENAE ‖ C.F ‖ CELEBRINAE‖FLAMinicae.FERONiae‖MVNICIPI.SEPTEMPedani‖MVNICIPES. ET.INCOLAE ‖ TUFicenses. VTRIVSQ.SEXVS ‖ OB.MERITA.EIVS‖Honore

temple de la déesse Voltumna, placé sur le territoire de Volsinies (1), dans l'Étrurie centrale, que se réunissaient sous les auspices de la religion, de la politique et du commerce, les différents membres de la grande confédération étrusque.

Nous avons nommé déjà, dans un précédent chapitre, les villes qui nous semblaient avoir le plus de droits à figurer dans l'histoire comme membres actifs

---

ACCEPTO IMPENSAM REMISIT (Henzen, n° 6000). On lit encore sur la place publique de la petite ville de Nepi, l'ancienne *Nepete*, à quelques milles du Soracte, une inscription rappelant le célèbre sanctuaire où les trois peuples se rendaient en pèlerinage : HERMEROS, etc. . . . FERONIÆ ARAS QVINQVE D. S. D. D. Il y eut un autre sanctuaire de Féronia près du cap de Circé; c'est celui dont parle Virgile : *viridi gaudens Feronia luco* (*Æn*., VII, 800), et que salua Horace, dans son voyage à Brindes : *ora manusque tua lavimus, Feronia, lympha* (*Sat*., I, v. 24). Enfin, il y en aurait eu un troisième près de Trebula Mutuesca, dans le pays des Sabins, s'il faut en croire Fabretti, qui trouva dans cette localité un fragment de colonne sur lequel était inscrit : Q. PESCENN.. || COLVMNAS. III || DE SVO DAT FERONIAE || ET CREPIDINEM (p. 451 et suiv.). Le docte épigraphiste d'Urbino voudrait en conclure que les faits cités dans les annalistes de Rome comme s'étant accomplis près du temple de Féronia se sont passés dans la Sabine; mais il est évident que Tite-Live et Denys d'Halicarnasse parlent du sanctuaire situé près du Soracte, le même qu'Annibal dépouilla des trésors que lui avait valus le grand concours des pèlerinages, et qui était placé, ainsi que le dit positivement Tite-Live, sur le territoire des Capénates, ce qui détermine clairement sa position. Que Féronia ait eu un culte dans la Sabine, comme nous avons vu qu'elle en avait un à Tuficum, en Ombrie, rien de plus probable ; mais elle était très-certainement adorée en Étrurie. A l'autre extrémité de cette vaste contrée, près des frontières liguriennes, elle avait encore un bois sacré, *lucus Feroniæ*, ainsi que nous l'apprend Ptolémée (*Géogr.*, p. 72, éd. But.).

(1) Orioli le place à Viterbe (voy. *Viterbo*, p. 80 et suiv.).

des douze États confédérés. La communauté des intérêts politiques avait exigé des délibérations communes, et le culte d'une divinité nationale était devenu l'occasion d'assemblées régulières où les intérêts privés trouvaient aussi leur satisfaction dans les transactions commerciales auxquelles ces réunions donnaient lieu (1). Elles étaient annuelles, et paraissent avoir été fixées au printemps. Quelquefois cependant des assemblées extraordinaires étaient convoquées sur la proposition de quelqu'un des États de la confédération ou même d'un État étranger (2). Des circonstances critiques pouvaient amener plusieurs convocations dans un court espace de temps, comme nous le verrons lorsqu'il s'agira d'armer toute la nation pour défendre Véies, ou de la laisser succomber dans sa lutte contre les Romains (3). Des hécatombes, des fêtes, des jeux sacrés, donnaient à la solennité de ces réunions un caractère éminemment religieux et nous savons d'ailleurs qu'elles étaient sous la présidence d'un pontife élu par les douze cités (4). Reste à savoir

---

(1) Nous verrons plus d'une fois, dans Tite-Live, des marchands apporter à Rome des nouvelles de la grande assemblée des Étrusques près du temple de Voltumna (l. IV, c. 24 et passim).

(2) Les Samnites demandèrent la convocation du grand conseil d'Étrurie : « postulaverunt principum Etruriæ concilium » (Tite-Live, l. X, c. 16).

(3) Quum Etruscorum concilium ad fanum Voltumnæ frequenter habitum esset, parum constitit bellone publico gentis universæ tuendi Veientes essent (Tite-Live, l. IV, c. 61).

(4) Tite-Live, l. V, c. 1.

quelle était la puissance des délibérations prises en commun sur chaque État particulier, et cette recherche nous conduit à examiner la constitution politique de ces États.

Lorsque le passage de la vie pastorale à la vie agricole, aidé par l'influence de races nouvelles apportant l'exemple d'une civilisation antérieure, eut donné naissance à des bourgs et à des villes, les habitants d'une même cité avec son territoire formèrent un État qu'un lien fédératif unissait aux États voisins. Dans quelles conditions, c'est ce qu'il est difficile de connaître, d'autant plus qu'elles semblent avoir varié aux différentes époques de l'histoire d'Étrurie. Ce que nous pouvons entrevoir dans cette première confédération, c'est le génie symbolique de l'Asie qui apparaît par la persistance de certains nombres, celui, par exemple, des douze cités qui se retrouve dans la confédération des villes de l'Ionie et se répète dans la vallée du Pô comme dans la Campanie. De l'Orient aussi nous semble venir l'institution d'une caste aristocratique et sacerdotale dont les membres, à la fois magistrats, prêtres, guerriers, veillaient au maintien des lois et à l'observance des rites sacrés.

Les lucumons, tel est le nom que leur donne l'histoire (1), apparaissent dans les traditions les plus an-

---

(1) On trouve plusieurs fois, dans l'histoire romaine, *Lucumo* (en étrusque, Ǝꟽ↓∀∧⅃, ∨ꟽ∨⟩∨⅃) employé comme nom

ciennes revêtus d'un double caractère : le sacerdoce et le pouvoir exécutif. Censorin nous apprend que la discipline de Tagès avait été écrite par les lucumons (1). Ils étaient donc les maîtres et les interprètes du code religieux dont ils expliquaient les obscures prescriptions, variant probablement ses formules selon les besoins de leur politique.

A ces familles privilégiées appartenaient les charges honorifiques de l'État et la première de toutes, la puissance royale, qui, dans les premiers temps de la confédération, a couronné de sa haute dignité les institutions du pays. Royauté élective, à ce que nous pouvons croire, et fortement restreinte par les droits de l'aristocratie ; mais qui n'en fut pas moins abolie

---

propre. Denys raconte que Romulus fut secouru par un chef étrusque nommé Lucumo (II, 37). L'un des fils de Démarate s'appelait Lucumo, l'autre Aruns, et ces noms sont encore accolés dans la tradition relative à l'entrée des Gaulois en Italie (Tite-Live, V, 33). On a même fait venir le prénom latin Lucius du nom étrusque Lucumo (Val. Max., *Epit. de Nomin.*, vol. II, p. 216, éd. Lemaire.—Cf. Strabon, l. V, c. II, § 2, p. 183, éd. Didot). D'autre part, des témoignages nombreux et authentiques ne permettent pas de douter que ce mot n'ait désigné un titre d'honneur, marque de souveraineté ou de commandement qui s'appliquait aux chefs des différents États de l'Étrurie. Otfried Müller a cru pouvoir expliquer (l. II, c. II, § 4) ce double emploi comme titre ou comme nom propre, en supposant que les aînés des familles nobles, destinés par droit de naissance à succéder au commandement exercé par leurs pères, portaient le nom de Lucumo. Cette supposition nous semble combattue par le récit que fait Denys de l'établissement de Démarate à Tarquinies (III, 46) : dans ce récit, c'est Aruns qui est le fils aîné, et Lucumo le cadet. Voyez sur le nom de Lucumo le *Glossarium italicum* de Fabretti, s. v.

(1) *De Die natali*, IV, 13.

en Étrurie, comme en Grèce et à Rome, pour être remplacée par des magistratures annuelles. Les souvenirs s'en conservaient, du reste, et se retrouvent plusieurs fois parmi les rares documents où il nous faut chercher les débris informes d'une histoire d'Étrurie (1). Mécène descendait des rois d'Arezzo, Horace et Properce nous l'ont dit. Macrobe nous apprend que les Étrusques venaient tous les huit jours saluer leur roi, et le consultaient sur leurs affaires litigieuses(2). Festus attribue aux rois étrusques la bulle d'or et la prétexte (3). Denys d'Halicarnasse leur donne tous les insignes que prit, à leur imitation, la magistrature romaine (4). Une brillante image de la pompe qui entourait ces chefs de l'État s'était conservée à Rome dans la cérémonie du triomphe. Le diadème, composé de feuilles de chêne en or, tel que le décrit Tertullien (*etrusca corona*) (5) et que nous le retrouvons encore dans les hypogées de l'Étrurie où reposent d'illustres guerriers, la tunique palmée, la toge peinte, le sceptre d'ivoire surmonté de l'aigle aux ailes éployées, avaient été les ornements des rois (6).

---

(1) Lucumones reges habebat (Tuscia) et maximam Italiæ superaverat partem (Servius ad *Æn.*, VIII, 65). — Tuscia duodecim lucumones habuit, id est reges, quibus unus præerat (*ibid.*, v. 475).

(2) Tusci nono die regem suum salutabant et de propriis negotiis consulebant (*Saturn.*, l. I, c. 15).

(3) Festus, s. v. *Sardi*.

(4) III, 61.

(5) *De Coron.*, 13.

(6) Les Romains avaient gardé la tradition de la pompe royale des

L'Étrurie fit de ses princes l'image vivante la plus auguste des divinités qu'elle adorait, et les para à l'instar des statues de Jupiter qu'on voit sur les vases peints (1). Plus tard le triomphateur romain, roi d'un jour, fut aussi revêtu des insignes du dieu auquel il allait rendre grâce de sa victoire : *triumphantes habent omnia insignia Jovis*, dit Servius (2). La Grèce n'aurait pas admis ce culte servile de la puissance qui s'explique seulement par des traditions orientales et par le caractère religieux d'une caste dont on regardait les membres comme des intermédiaires sacrés entre la terre et les dieux. Même après la chute de la royauté, les magistrats continuèrent à gouverner comme interprètes du ciel : ils l'interrogeaient à chaque fait nouveau, en observaient les phénomènes, traduisaient ses volontés et donnaient des ordres en son nom. Quant à la cause qui amena un changement de forme dans le gouvernement des États confédérés, nous ne la connaissons pas plus que l'époque à laquelle il eut lieu pour chacun d'eux : ce fut le despotisme sans doute, et les abus qu'il

---

Étrusques, à ce point qu'ils consacraient la royauté des princes étrangers, quand ils la reconnaissaient, en leur faisant don de ces insignes, devenus ceux de leurs triomphateurs. Nous lisons dans Tite-Live : Ibi Massinissam primum regem appellatum, Scipio Africanus, aurea corona, aurea patera, cella curuli et scipione eburneo, toga picta et palmata tunica donat (l. XXX, c. 15).

(1) Voyez la planche IV de l'atlas.
(2) *Ad Eclog.*, X, v. 25.

favorise. Nous le croirions d'autant plus volontiers que l'antique tradition du roi Mézence semble faire allusion à la haine des Étrusques pour la royauté et aux cruautés qui l'avaient produite.

Faut-il admettre, à côté de la caste privilégiée qui formait l'aristocratie du pays et gouvernait en vertu du droit divin, l'existence d'une population libre, placée par la constitution en dehors de la dépendance immédiate de la noblesse et entrant en lutte avec elle? Ce fait, qui constitue à Rome une si grande part de l'histoire de la république, ne ressort pas clairement de ce que nous apprennent les annales romaines à propos de l'Étrurie. Toutefois nous pressentons ce que les historiens ne nous disent pas, et nous croyons entrevoir qu'entre le patricien et l'autochthone asservi par la conquête il y avait un ordre intermédiaire. Tite-Live nous parlera (1), lorsque nous chercherons à reconstituer l'histoire des Étrusques, de la famille des Cilnius, c'est-à-dire d'une famille de lucumons, engageant avec le peuple, à Arezzo, une lutte qui ne fut apaisée que par l'intervention des Romains. Les dissensions qui éclatèrent à Véies, en l'an de Rome 348, semblent avoir eu la même cause (2). Nous verrons encore Tite-Live, parlant de la générosité de Camille pendant le siége de Faléries, ajouter qu'on vantait l'équité

---

(1) En l'an de Rome 451 (Tite-Live, X, 3-5).
(2) Tite-Live, IV, 58.

du général romain dans toute la ville, au sénat et au forum, *in foro et curia* (1). Cette expression, si elle n'est pas empruntée aux habitudes du langage romain, indiquerait mieux que tout le reste l'existence d'une classe indépendante de la noblesse ayant son forum à côté du sénat. Mais si cette classe existait, elle ne peut avoir eu qu'une faible influence. L'esprit jaloux de l'aristocratie sacerdotale lui faisait serrer ses rangs et n'y laissait rien pénétrer de ce qui était étranger à sa caste. Il était donc naturel qu'elle prît seule part aux assemblées annuelles convoquées au temple de Voltumna.

C'est en effet sous le nom de conseil des seigneurs, *principum concilia*, que les annalistes de Rome parlent des délibérations prises dans ces grandes réunions politiques; mais à l'époque comparativement récente dont ils traitent, les liens de la confédération semblent relâchés. Non-seulement la diète n'a aucune action sur la constitution intérieure des différents États, mais elle n'a même pas d'influence sur les relations ou les alliances qu'il leur plaît de contracter avec des États étrangers. Nous verrons des cités refuser de soutenir une guerre décrétée par l'assemblée, et d'autres combattre à leurs risques et périls alors que la majorité se sera déclarée pour le maintien de la paix. Si l'on se réunit encore régulièrement pour obéir aux

---

(1) Tite-Live, V, 27.

prescriptions de l'ancienne constitution, l'esprit d'unité aura disparu. Les intérêts particuliers de la cité l'emporteront sur l'intérêt général. Peut-être les libertés municipales se seront-elles étendues, par des luttes intérieures, aux dépens de l'esprit de nationalité. La guerre en commun n'étant possible qu'avec le choix d'un chef unique pour commander les armées, la crainte du despotisme militaire fera redouter ce choix. On laissera succomber Véies, parce que les Véiens, fatigués des troubles qu'amenait l'élection des magistrats annuels, auront voulu revenir au gouvernement monarchique, et, le boulevard de l'Étrurie une fois tombé, la conquête romaine ne s'arrêtera plus.

Nous suivrons mieux, du reste, le jeu des institutions de l'Étrurie telles qu'elles existèrent pendant les derniers temps de son indépendance, en faisant l'histoire de ses longues luttes avec Rome. Étudions maintenant, autant du moins qu'il nous est possible de le faire à l'aide des monuments figurés qui seront nos meilleurs guides, et de quelques textes incomplets, auxquels nous n'accordons notre confiance qu'avec réserve, le système religieux de l'Étrurie. Il se lie intimement aux institutions civiles ou politiques chez un peuple qui paraît avoir été profondément dominé, dès son origine, par une puissante théocratie.

CHAPITRE VI.

Système religieux des Étrusques et premier développement des arts en Étrurie.

§ I.

De l'immigration, de la conquête, du mélange de races diverses, autochthones ou étrangères, s'est formée une nationalité puissante. Elle occupe immédiatement, ou par son influence, les deux tiers de l'Italie, et y développe une civilisation uniforme réglementée par la volonté des dieux. La divination, mystérieux principe de la hiérarchie religieuse et civile, semble y avoir dicté à l'homme toutes les actions essentielles de la vie, et l'Étrurie est déjà ce qu'elle sera encore dix siècles plus tard, quand les pères de l'Église l'appelleront la mère des superstitions.

S'agit-il d'élever une de ces cités dont les remparts aux larges assises ont bravé le temps et les hommes, tout est réglé par des rites solennels. L'aruspice en détermine d'abord l'emplacement : debout sur un lieu élevé, le visage tourné vers le nord immuable, séjour des dieux, de son lituus, ou bâton recourbé, il trace dans le ciel une ligne imaginaire au-dessus de sa tête et le divise en deux régions, l'une à l'est, où les signes seront favorables, l'autre à l'ouest, où ils seront contraires. Cette première ligne (*cardo*) est coupée en croix par une seconde (*decumanus*) (1), et les quatre régions formées par ces deux lignes se subdivisent à leur tour jusqu'au nombre de seize (2). Tout le ciel, ainsi partagé, devient un *templum*, et la contemplation [*contemplari a templo*, voy. Varron (3)] y fait lire la volonté des dieux. C'est surtout par le sillonnement de la foudre que cette volonté se manifeste. L'air chaud et humide des Maremmes engendre de fréquents orages (4) : chacun d'eux est la voix mystérieuse des puissances supérieures, et l'homme doit l'étudier avec un soin minutieux. Tous les effets sont prévus ou décrits dans les livres sacrés (5). La partie du ciel d'où

---

(1) Hygin dit que le *cardo* et le *decumanus* sont déterminés par la discipline étrusque ; puis il ajoute : « ex quo hæc constitutio limitibus templorum adscribitur » (*Hyginus*, Goes., A. F. R., p. 150. Comparez p. 215).

(2) Cœlum in sedecim partes diviserunt Etrusci (Cic., *de Divin.*, II, 18). — Martian Capella, en se fondant probablement sur quelques fragments des *libri fulgurales* perdus pour nous, a déterminé quels étaient les dieux qui habitaient chacune des seize régions du ciel divisé par le lituus de l'aruspice. Il nous faut reconnaître toutefois que, dans la nomenclature qu'il nous donne, un grand nombre de divinités ne semblent nullement appartenir au culte de l'Étrurie primitive et doivent être des interpolations postérieures à l'époque qui nous occupe (*De nuptiis*, l. I, § 45 à 61). — Cf. la note de M. Alfred Maury à la *Symbolique* de Creuzer complétée par M. Guigniaut, t. II, 3ᵉ part., pp. 1218-1219.

(3) *De ling. lat.*, l. VII, 6, 7, 8, 9.

(4) L'une des villes les plus importantes de la confédération centrale, Vulsinies, avait été, à ce que rapporte Pline, entièrement consumée par le feu du ciel (*H. N.*, l. II, c. 53).

(5) Ut testantur Hetrusci libri de Fulguratura (Serv. ad *Æn.*, I,

s'élance l'éclair annonce quel est le dieu qui l'envoie. Neuf d'entre eux ont le pouvoir de lancer la foudre (1). Direction, couleur, longueur de la flamme électrique, ont leur signification. C'est une langue de feu qui parle, conseille, réprimande ou punit.

Quand les signes sont favorables et que l'emplacement de la cité est choisi, d'autres rites le consacrent avant qu'on puisse en élever les remparts. Une fosse carrée est creusée dans le sol, image du *templum* tracé dans le ciel; car les divinités supérieures ne sont pas les seules dont il faille obtenir la bienveillance, et les divinités inférieures doivent être apaisées par des sacrifices. Dans cette fosse, qu'on appelle *mundus*, et qui représente le monde souterrain, on jette les prémices de tout ce qui devra servir aux besoins des habitants de la ville nouvelle (2). Puis, au-

---

46). Cf. Ammien Marcellin (l. XXIII, c. 5). Lucrèce parle aussi de *Tyrrhena carmina* relatifs à la foudre (l. VI, v. 381).

(1) Tuscorum litteræ novem deos emittere fulmina existimant (Pline, *H. N.*, l. II, c. 53).

(2) Quand on se reporte au caractère divin que les peuples de l'antiquité attribuaient à la terre, comme **génératrice du blé**, et à l'espèce d'épopée religieuse que formait chez eux la série des travaux de l'agriculture, on est tenté d'établir quelque relation entre cette fosse appelée *mundus*, où l'on jetait en offrande les grains ou les fruits nécessaires à la nourriture de l'homme, et l'habitude antique en Italie de conserver le blé dans des silos pour le garantir des insectes pendant la saison chaude. Aujourd'hui encore, au milieu de la cour, dans les maisons d'habitation, se trouve la pierre qui recouvre la fosse aux grains. C'était, chez les anciens, la porte du monde souterrain. Là on plaçait les pénates, protecteurs de la famille, **puissances intermédiaires entre les hommes et les divinités**

tour de cette fosse on trace l'enceinte de la ville, qui se rapproche d'un carré autant que le permettent les exigences du terrain. Un taureau blanc et une vache blanche sont attelés à une charrue au soc d'airain. Le sillon marque le contour des murailles; à chaque emplacement d'une porte on soulève le soc et l'on interrompt le sillon (1). L'enceinte tracée par le fer de la charrue étant sacrée, et la colère des dieux devant retomber sur celui qui se hasarderait à la franchir, on n'aurait pu sans cette précaution faire entrer dans la ville les choses nécessaires à la vie ou en faire sortir les choses impures. Toute ville, pour avoir droit à ce nom, devait avoir au moins trois portes consacrées par l'accomplissement des rites religieux prescrits, et trois sanctuaires placés sur des hauteurs de manière à dominer les autres édifices (2); mais le nombre des portes, surtout celui des temples, était souvent bien plus considérable; il fallait loger tous les dieux d'un panthéon dont nous allons rechercher les traces.

---

chthoniennes auxquelles était confiée la miraculeuse résurrection du blé.

(1) Voyez le récit fait par Plutarque de la fondation de Rome. « Romulus, dit-il, avait fait venir d'Étrurie des hommes habiles à connaître toutes les prescriptions indiquées par le rituel étrusque pour la fondation des cités. » (*Vie de Romulus*, § xi.)

(2) Servius ad *Æn.*, I, 422. Cf. Vitruve, I, 7.

§ II.

Remonter aux premières conceptions d'une théogonie compliquée, retrouver l'idée primitive sous les mythes divers qui la déguisent ou la surchargent, est une tâche ardue dont l'importance égale la difficulté. L'un des sentiments les plus vifs qui dominent l'homme, alors qu'il commence à s'élever au-dessus des besoins physiques dont l'impérieuse nécessité absorbe ses premiers instincts, a été, de tout temps, le sentiment religieux. L'aspiration vers une destinée qui s'étende au-delà des bornes de la vie, la croyance à l'intervention surnaturelle d'une providence dans les choses humaines, apparaissent à l'aurore de toutes les civilisations et se sont traduites bientôt en exigences dogmatiques qui revêtirent une forme conventionnelle conforme au génie du peuple chez lequel elles s'élaboraient. La légende religieuse a donc un haut intérêt pour nous aider à déterminer la provenance des races : marquée d'une empreinte qui lui est propre, elle survit la plupart du temps à l'assimilation que produisent entre les nations les relations fréquentes amenées par un état de civilisation avancée, et son étude peut fournir à la critique historique un merveilleux instrument. Aussi cette étude a-t-elle été récemment entreprise par des hommes éminents qui lui ont fait faire de grands progrès. Les recherches ingénieuses de l'école symbolique sur les croyances de l'antiquité, les travaux publiés en Allemagne, en Angleterre et en France, sur la mythologie comparée de la race indo-européenne ou sur l'influence monothéiste de la race sémitique, ont ouvert une voie nouvelle dans laquelle nous voudrions pouvoir suivre nos devanciers, en profitant de leur exemple et en cherchant à nous prévaloir des conquêtes de la science à propos de l'histoire des Étrusques (1).

Malheureusement, si l'Inde a retrouvé le texte invariable de ses Védas, si la légende hellénique a ses hymnes orphiques et sa brillante pléiade de poëtes, de philosophes ou d'historiens, si le peuple qui représente le mieux pour nous la race théocratique des Sémites garde avec amour son *livre* immortel, devenu le nôtre, l'Étrurie n'a plus un seul texte original que nous puissions comprendre. Sa religion, sombre mysticisme chargé de superfétations étrangères et fondé sur une superstition minutieuse qui faisait intervenir le ciel dans toutes les choses de la terre, ne saurait

---

(1) Voyez la *Symbolique* de Creuzer, refondue, complétée et développée par M. Guigniaut ; — l'*Histoire des religions de la Grèce antique*, par M. Alfred Maury ; — *Prolegomena zu einer wissenschaftlichen Mythologie*, par Otf. Müller ; — les savants articles de M. Kuhn, dans son *Journal de Philologie comparée* ; — *Comparative Mythology*, par M. Max Müller ; — *Hercule et Cacus*, étude de mythologie comparée par M. Bréal ; — *Histoire générale et système comparé des langues sémitiques*, par M. E. Renan ; — *De la part des peuples sémitiques dans l'histoire de la civilisation*, par le même, etc.

être que bien imparfaitement ramenée à sa primitive origine. Les efforts de la critique la plus savante ou la plus délicate échouent quelquefois quand nous voulons scruter dans leurs antiques mystères les légendes religieuses les mieux connues ; car la distance est grande des rites extérieurs au sens intime qu'ils ont eu dans l'esprit des adeptes, et souvent nous ne trouvons plus que la lettre morte là où tout un peuple aspirait autrefois la vie de l'intelligence. Que sera-ce si la connaissance de ces rites eux-mêmes n'a pu parvenir directement jusqu'à nous ? Malgré de fréquents contacts et de nombreux emprunts, il s'en faut de beaucoup que la religion romaine, sur laquelle nous avons des documents plus précis, puisse jeter un jour suffisant sur le culte des Étrusques. En traduisant le nom de quelques-uns des dieux de l'Étrurie pour leur donner une forme latine et les placer sur leurs autels, les Romains ont évidemment altéré les notions qu'ils nous transmettent. C'est encore l'inspection des monuments qui, dans un grand nombre de cas, sera notre guide le plus fidèle.

Nous reconnaîtrons ainsi que le dualisme de quelques religions orientales, c'est-à-dire la lutte d'un bon et d'un mauvais principe, semble dominer toute la théogonie des Étrusques. Doués d'un esprit contemplatif et de la gravité de caractère qui en est le résultat, ils ont eu la conscience des courtes destinées de l'homme, et savaient que les empires meurent comme lui. Partageant l'humanité en plusieurs âges, ils s'en sont réservé un seul et ont annoncé que l'Étrurie devait périr après dix siècles d'existence (1). Sans confiance dans l'avenir, mais prêts à lutter contre le sort, ils voyaient de tous côtés de funestes présages et les détournaient par des sacrifices. Les phénomènes qui viennent troubler la marche des saisons ou le cours ordinaire de la nature, orages, météores, tremblements de terre, bruits souterrains, naissance d'êtres monstrueux ou difformes, annoncent la colère des dieux; il faut les apaiser, et l'expiation est parfois terrible. Les victimes humaines ensanglantent souvent leurs autels. Rien de cette brillante allégresse qui prête tant de charmes aux mythes de la Grèce. Dans le dualisme des Étrusques, c'est le principe du mal qui semble avoir obtenu la première place : les dieux règnent par la crainte, et sont plus honorés à mesure qu'ils se montrent plus redoutables (2).

Les trois grandes divinités dont le sanctuaire devait être consacré dans chaque ville d'Étrurie étaient

---

(1) Voyez chapitre II, p. 159-161.

(2) Parmi le petit nombre de mots échappés au complet naufrage de la langue étrusque, nous avons le nom qu'ils donnaient à leurs dieux, pris en général : ils les nommaient *aesar*. Suétone nous apprend qu'environ trois mois avant la mort d'Auguste, la foudre frappa l'une de ses statues et enleva la première lettre du nom de CAESAR, qui était inscrit sur le piédestal. Les aruspices en conclurent qu'il n'avait plus que *cent* jours à vivre, nombre marqué par la lettre *c*, mais qu'il serait mis au rang des dieux, puisque le mot AESAR, qui restait au pied de la statue, signifiait *dieu* en langue

Tinia ou Jupiter, Thalna (Cupra) ou Junon, Menerva ou Minerve. Tinia, dieu tout-puissant, est le centre de la théogonie étrusque, le seul parmi les *dii fulgurales* qui ait trois éclairs à lancer (1) : aussi est-il presque toujours représenté sur les monuments étrusques tenant en main la foudre à trois pointes, sous la forme d'un vieillard barbu et quelquefois sous celle d'un jeune homme imberbe (2).

Junon, que Strabon appelle Cupra, bien que nous ne trouvions pas ce nom sur les monuments céramiques ou les miroirs, avait comme Jupiter un temple dans l'arx, ou la citadelle, des villes étrusques (3).

étrusque (*Vie d'Auguste*, 97. — Cf. Dion, l. LVI, 29, et Hesychius s. v. Αἶσοι).

(1) Pline, *H. N.*, l. II, c. 53.

(2) Voyez Gerhard, *Etrusk. Spieg.*, t. I, pl. xiv. — On lit ΑΗΙΤ sur la belle patère, connue sous le nom de patère cospienne et conservée au musée de Bologne (*Ann. dell' Ist. arch.*, 1851, tav. d'agg. IK.), et ΑΙΜΙΤ sur la plupart des autres monuments, tels que deux miroirs du musée Grégorien, tav. xxix, 2, et xxxi, 1, et Gerhard, *Etrusk. Spieg.*, pl. lxxiv, lxxv. O. Müller, en faisant observer que les Étrusques emploient constamment la consonne *t* à la place du *d*, qui manque à leur alphabet, rapproche leur Tina ou *Tinia* du *Deus* des Latins, ou Ζεύς des Grecs (*Die Etr.*, t. II, p. 43, note 1). Cf. Lanzi, *Sagg. di ling. etr.*, t. II, p. 192, et Schiassi, *Opusc. letter.*, t. I, p. 162, qui font tous deux dériver *Tina* de Ζῆν-Δην. Sur l'étymologie arienne du nom de Jupiter, voyez Th. Benfey (*Griechisches Wurzellexikon*, t. II, p. 206 et suiv.); M. A. Maury, *Religions de l'antiquité*, t. II, 3ᵉ partie, p. 1279-1280, et M. Bréal, *Hercule et Cacus*, p. 101-102.

(3) « Au-delà de *Castellum Firmanorum* on trouve le temple dédié par les Tyrrhéniens à la déesse Junon, qu'ils honorent sous le nom de Cupra » (Strabon, l. V, c. 4, p. 201, éd. Didot). Strabon ne parle ici que d'un temple, mais nous savons qu'au lieu qu'il désigne

Elle était même la divinité protectrice de quelques villes, telles que Véies ou Faléries (1).

---

s'élevait autrefois la ville de *Cupra maritima*, aujourd'hui *Grotte a mare*, dans la province de Fermo. D'après une inscription trouvée sur les lieux, Adrien, dans sa onzième puissance tribunitienne (an de J.-C. 127), fit restaurer le temple de la déesse Cupra, dont le culte se conservait encore : MVNIFICENTIA SVA TEMPLVM DEAE CVPRAE RESTITVIT (Orelli, n° 1852). Cependant c'est le nom de Thalna (ΑΥͿΑΘ) que l'on rencontre le plus souvent sur les monuments étrusques où paraît avoir été figurée la compagne du dieu de la foudre (*Ann.*, 1851, tav. d'agg. GH; *Etrusk. Sp.*, pl. LXV; *Mon. inéd. de l'Inst. arch.*, t. II, pl. VI; *Musée Grégorien*, I, tav. XXIX). Il semble toutefois que, sur la patère cospienne, Junon soit indiquée sous le nom de Thana ou de Thanr (ᐊΗΑΘ), en présence d'une autre déesse appelée ΑΗͿΑΘ. M. Gerhard a supposé, à ce propos, que ce dernier nom n'était qu'une attribution conférée à la déesse, lorsqu'elle préside à la naissance ou à la lumière. On peut consulter encore, au sujet de la Junon étrusque, le Mémoire inséré par M. Braun dans les Annales de l'Institut archéologique, 1851, sous le titre de *Nascita di Minerva sopra specchj etrusci*. Les miroirs étrusques sont, en effet, la source la plus précieuse et la plus nationale que nous puissions consulter sur les mystérieuses croyances de l'Étrurie, et M. Gerhard a rendu un grand service à l'archéologie religieuse de ce pays, tout aussi bien qu'à l'histoire de l'art, en publiant une suite aussi complète que possible de tous les monuments de ce genre parvenus jusqu'à nous. On voit le nom de ΙΗV (*Uni*), attribué sur un de ces miroirs à Junon dans la scène si souvent reproduite de la naissance de Minerve (voy. *Ann. dell' Ist. arch.*, 1851, tav. d'agg. GH, et Gerhard, pl. CCLXXXIV, 1). Dans un autre miroir récemment décrit par M. Brunn, on voit un Jupiter imberbe, au-dessus duquel se trouve écrit le nom de ΑΙΗΙϯ, qui embrasse et attire à lui une jeune femme portant le nom de ΙΗV. Ce sont, jusqu'à présent, les deux seuls monuments connus où cette dernière dénomination puisse s'appliquer à la Junon étrusque. Cf. Henzen, *Ann.*, 1842, p. 95. Voyez encore, sur cette divinité, Gerhard, *Die Gottheiten der Etrusker*, p. 40; Orioli, *Ann.*, 1834, p. 184; Bunsen, *ibid.*, 1836, p. 172; De Witte, *Cat. Durand*, p. 416, et *Ann.*, 1835, p. 398.

(1) Dans cette dernière cité on lui rendait un culte particulier

Menerva, ainsi qu'elle est nommée sur les plus anciens monuments de l'Étrurie où son nom se lit fréquemment, répond à la Pallas-Athéné de la Grèce. La Minerve romaine porte le même nom et semble accuser ainsi une origine franchement étrusque. Bien que Varron la fasse venir de la Sabine (*Ling. lat.*, v, 74), Otfried Müller n'a pas hésité à la regarder comme la seule des trois divinités adorées au Capitole qui ait été transportée à Rome dans toute la pureté de son origine toscane, sans que son nom ou son culte y aient été altérés, comme cela avait eu lieu pour Tinia et Cupra (1).

---

sous le nom de Iuno Quiritis (*Festus*, p. 254; on trouve une inscription à Iuno Curis, dans Henzen, 5659; à Iuno Quris, dans Orelli, 1304); c'est-à-dire, dans la langue des Sabins, Junon à la lance : preuve évidente de l'échange qui s'établit de très-bonne heure entre les croyances des peuples limitrophes. Il est vrai qu'on a cru retrouver la Junon d'Argos dans la déesse de Faléries, et qu'on a considéré son culte dans cette ville comme une preuve de l'origine argienne des Falisques; mais ce qui porterait à croire que ce culte était étrusque, ce sont les sacrifices humains auxquels il donnait lieu : on immolait des jeunes filles à la Junon qu'on adorait à Faléries.

(1) L'étymologie du nom de Minerve a exercé l'imagination plus ou moins ingénieuse des grammairiens ou des philologues de l'antiquité : « Minerva dicta quod bene *moneat* (*promenervat* pro *monet*, in Saliari carmine). Hanc enim pagani pro sapientia ponebant; Cornificius vero, quod fingatur pingaturque *minitans* armis, eamdem dictam putat (Cf. Festus, s. v. *Minerva* et s. v. *Promenervat*). — Aristoteles, ut Granius memorat, ... Minervam esse Lunam probabilibus argumentis explicat et literata auctoritate demonstrat. Eamdem hanc alii ætherium verticem, et summitatis ipsius esse summam dixerunt : *memoriam* nonnulli : unde ipsum nomen *Minerva*, quasi quædam *Meminerva* formatum est. » (Arn., III, p. 118,

Les trois divinités supérieures dont nous venons de parler, faisaient évidemment partie du grand conseil des dieux appelés *dii consentes* (1). Ils portaient aussi le nom de *dii complices*, comme étant nés et devant finir ensemble, car l'immortalité n'était pas leur partage (2). Intermédiaires entre le ciel et la

---

Lugd. Bat., 1651.) On voit quelle incertitude existait chez les anciens sur les ressources qu'on peut tirer de la philologie pour expliquer le nom de Minerve. Cicéron en fait justice, quand il dit : « Vous prenez une peine qui fait pitié, à découvrir quelque sens caché sous le nom des divinités : Saturnus, quia se saturat annis; Mavors, quia magna vertit; Minerva, quia minuit aut quia minatur. Quam periculosa consuetudo ! » (*De nat. deor.*, III, 24.) Otfried Müller nous semble dans le vrai, lorsqu'il voit dans la Menerva que l'on rencontre sur de nombreux monuments étrusques (entre autres, dans Gerhard, *Etrusk. Sp.*, ΑͶΟΗƎᴍ, pl. XXXVII, LIX, LXXIV, CXXII, CLVIII; ΑͶΟƎᴍᴍ *id.*, pl. CXXIII; ΑϷᐯᐊƎᴎƎᴍ *id.*, pl. CXL, dans un miroir d'une époque évidemment plus récente) l'origine de la Minerve dont le culte est l'un des plus anciens qui se soit établi à Rome (voy. *Die Etr.*, l. III, c. III, § 3). Cf. Gerhard, *Gotth. der Etrusker*. Ce dernier savant a supposé qu'il pouvait y avoir quelque relation entre Nortia et Menerva, en se fondant sur la coutume d'enfoncer, à chaque année nouvelle, un clou dans le temple de Nortia, à Vulsinies, et dans celui de Minerve au Capitole. Ce serait, d'après M. Gerhard, sous son caractère de déesse présidant à la fortune qu'elle est représentée dans une statuette de bronze trouvée à Orte, dans l'Étrurie centrale, et qui fait partie maintenant du Musée grégorien. Elle est ailée et tient une chouette (voy. *Museo Gregoriano*, t. I, tav. XLIII, 1).

(1) Nous lisons dans Servius : « Antiqui Jovis solius putaverunt esse fulmen, nec id unum esse, *ut testantur Hetrusci libri de Fulguratura :* in quibus duodecim genera fulminum scripta sunt ; ita, ut Iovis, Iunonis, Minervæ, sic quoque aliorum. » (Serv., ad *Æn.*, l. I, v. 46.)

(2) Arnob., *Adv. gent.*, éd. de Leyde, 1651, p. 123. — Martian Capella, *De nupt.*, I, IX, § 914, éd. Kopp, 1836.

terre, rapprochés de l'humanité par leur mandat, ils partageaient le sort de tout ce qui a été créé; aussi devaient-ils mourir quand l'âge du monde serait accompli et que de ses débris renaîtraient de nouvelles races, de nouveaux empires et de nouveaux dieux (1).

Au-dessus des *dii consentes* sont placés d'autres dieux plus puissants, les plus puissants de tous. Jupiter les consulte dans les occasions solennelles, alors qu'il se prépare à lancer ses foudres pour altérer l'ordre de l'univers. Ce sont les dieux voilés, *dii involuti* (2), puissances mystérieuses qui habitaient les

---

(1) M. E. Renan a fait observer que la Perse, depuis une époque ancienne, avait conçu l'histoire du monde comme une série d'évolutions à chacune desquelles présidait un prophète; chaque prophète a son *hazar* ou règne de mille ans (chiliasme) et de ces âges successifs, analogues au million de siècles dévolus à chaque bouddha de l'Inde, se compose la trame des événements qui préparent le règne d'Ormuzd : « Ces idées, ajoute le savant orientaliste, couraient le monde et pénétraient jusqu'à Rome, où elles inspiraient un cycle de poëmes prophétiques dont les idées fondamentales étaient la division de l'humanité en périodes, la succession des dieux répondant à ces périodes, un complet renouvellement du monde et l'avénement final d'un âge d'or. » (*Histoire des origines du christianisme*, t. I, p. 47-48.) En admettant, ainsi que nous avons cru pouvoir le faire, la large part que l'Orient a eue dans la théogonie des Étrusques, nous comprenons facilement quels ont pu être les intermédiaires auprès des Romains de ces antiques conceptions sur les destinées du monde. Nous verrons les théories et les prescriptions de la discipline des Toscans conserver leur influence à Rome jusque sous l'Empire.

(2) Le passage où Sénèque parle des *dii involuti* nomme trois sortes de foudre (*manubiæ*) comme étant lancées par Jupiter, selon la doctrine religieuse des Étrusques. La première, destinée à avertir les hommes, est lancée par lui spontanément, tandis que, pour lan-

profondeurs du firmament, qu'on ne nommait jamais, et dont l'essence était d'autant plus divine qu'elle ne pouvait être définie. Nous n'avons donc que bien peu de choses à dire de ces ordonnateurs inconnus dont on adorait les décrets sans chercher à remonter jusqu'à eux, et cependant cette croyance nous est un enseignement. D'abord elle nous repose, par un principe moins matériel, de la fatigante superstition que nous avons trouvée jusqu'à présent en Étrurie; puis elle détermine chez les Étrusques une disposition contemplative que nous chercherions en vain dans les autres races italiotes. Ce qu'ils aimaient probablement dans les *dii involuti*, c'était ce quelque chose d'ignoré qui produit les grandes émotions : le mystère a été pour eux un des plaisirs de la pensée.

Bien que n'étant pas cachés aussi mystérieusement que les *dii involuti,* les *dii consentes*, dont nous avons parlé tout à l'heure, ne nous sont guère mieux connus,

---

cer la seconde, il prend l'avis des douze *dii consentes* qui forment son conseil. Toutefois, elle n'est encore qu'une menace. C'est pour lancer la troisième qu'il consulte les dieux qu'on appelle supérieurs ou cachés (*superiores et involutos*). Cette dernière foudre est un châtiment terrible qui détruit ou bouleverse tout ce qu'elle frappe. (*Quæst. nat.*, II, 41. Cf. Festus, s. v. *Manubiæ.*) Dans son Mémoire sur les dieux de l'Étrurie, M. Gerhard a donné la copie d'un dessin conservé dans les archives de Viterbe, et qui représente deux figures voilées, assises dos à dos, les mains sur la bouche (*Gottheit. der Etr.*, pl. VII). Il suppose que ce dessin a été pris d'après quelque ancien monument et pourrait représenter les *dii involuti*. Mais il se pourrait que leur essence même se fût opposée à ce qu'on fît aucune tentative pour reproduire leur image.

et l'opinion qui les confond avec les douze dieux grecs nommés dans les vers d'Ennius est tout arbitraire (1). Nous pouvons supposer, toutefois, que les neuf dieux qui avaient le privilége de lancer la foudre faisaient partie de ce grand conseil : la prédominance des mythes solaires ou météorologiques est un des caractères les plus saillants des religions ariennes, ainsi que les nouvelles découvertes de la mythologie sanscrite comparée à la mythologie grecque le confirment chaque jour. Mais quels ont été précisément ces dieux? C'est ce qu'il est difficile de déterminer avec quelque certitude. Nous sommes obligé de recourir à des documents tellement défigurés par la succession des temps et l'assimilation des races, que nous n'en pouvons obtenir qu'une lumière diffuse. Des divinités sabines, grecques, latines, semblent avoir fait partie du groupe des dieux tonnants tel que nous pouvons le reconstituer ; et si nous les y admettons, en supposant qu'ils représentent d'anciennes divinités étrusques dont le nom est perdu, nous ne pouvons y faire figurer d'autres dieux supérieurs que nous savons appartenir évidemment au culte de l'Étrurie. Essayons cependant de compléter, d'après les textes qui nous restent, l'ensemble des dieux auxquels appartenait le droit de lancer l'éclair.

---

(1) Juno, Vesta, Ceres, Deiana, Minerva, Venus, Mars, Mercurius, Jovi, Neptunus, Volcanus, Apollo.

(APUL., *De deo Socr.*)

§ III.

Outre les trois divinités que nous avons déjà nommées, Jupiter, Junon et Minerve, on comptait encore parmi eux Summanus, qu'on a supposé être le dieu de la nuit, comme Jupiter était le dieu du jour (1); Vejovis, dont le nom latin cache une divinité étrusque douée d'une maligne influence (2). Vulcain, nommé

---

(1) Fulmina diurna Jovi, nocturna Summano (Pline, *H. N.*, II, 53). Son culte a passé à Rome, et nous voyons que dans les sacrifices des Frères arvales, on lui immolait des béliers noirs, comme à une divinité infernale (Marini, *Fr. arv.*, tav. XLIII et p. 686-687). On lit sur une inscription, dans la cour du palais Rondinini, à Rome : FVLGVR SVM*manum* CONDITVM. Les anciens Romains, d'après saint Augustin, avaient rendu à Summanus un culte encore plus fervent que celui de Jupiter : Romani veteres nescio quem Summanum, cui nocturna fulmina tribuebant, coluerunt magis quam Jovem ad quem diurna pertinerent (*De civit. Dei*, IV, 23). Le saint et savant auteur de la *Cité de Dieu* ajoute que, depuis l'élévation du temple de Jupiter Capitolin, le culte de Summanus était tombé dans un tel discrédit, qu'on aurait eu peine à trouver dans Rome quelqu'un qui eût entendu parler de ce dieu, ou même qui ait jamais su son nom : « ut vix inveniatur qui Summani nomen quod audire jam non potest se saltem legisse meminerit. » Cependant, au temps de Cicéron, une statue de Summanus, en terre cuite, genre de plastique qui rappelle l'Étrurie, était encore placée sur le sommet du temple de Jupiter (*De divin.*, I, 10). Summanus avait en outre un temple à Rome (voy. Pline, XXIX, 14).

(2) In Tageticis libris legitur Vejovis fulmine mox tangendos adeo hebetari ut nec tonitrum nec majores aliquos possint audire fragores (Amm. Marcell., XVII, 10). On a trouvé près de Boville, sur la via Appia, une inscription archaïque consacrée par la gens Julia à Vejovis : VEDIOVEI. PATREI. GENTEILES. || IVLEI. VE*Diovei iuLei* AARA || LEEGE. ALBANA. DICATA. Les restaurations de la seconde ligne sont dues à M. Mommsen (voy. *Corpus Inscr. latin.*, t. I, n° 807, p. 207).

SETHLANS sur les monuments de l'Étrurie (1); Saturne, Mars (2), et peut-être Hercule, qui paraît avoir été représenté quelquefois armé du foudre et de la massue (3), figurent encore au nombre des dieux tonnants.

---

(1) On lit ᛗᚼᛆᛐᛟᛇᛉ sur la patère cospienne du musée de Bologne (*Ann. dell' Ist. arch.*, tav. d'agg. IK. — Il y avait à Pérouse, l'une des principales lucumonies de l'Étrurie centrale, un temple dédié à Vulcain, qui fut seul épargné lors de l'incendie de cette ville prise par Octave (Appien, *Bell. civ.*, V, 49. — Cf. Dion Cassius, l. XLVIII, 14).

(2) « Un fait incontestable, dit Pline, c'est que toutes les foudres qui tombent du ciel supérieur frappent en zigzag, tandis que toutes celles qu'on appelle terrestres frappent en droite ligne.... Ceux qui raisonnent plus subtilement pensent que ces dernières proviennent de Saturne, de même que les foudres qui brûlent proviendraient de Mars (*H. N.*, l. II, 53). — Otfried Müller s'est appuyé sur ce passage de la doctrine fulgurale exposée par Pline, qui l'emprunte aux Étrusques, pour admettre Saturne au nombre des neuf dieux qui lançaient la foudre. Il suppose encore que son culte était florissant dans l'ancienne ville d'Aurinia, aux murailles pélasgiques. Cette ville qui, comme colonie romaine, s'appelle Saturnia, aurait pris, sous la domination des Romains, le nom du dieu qui y était honoré plus particulièrement, par un procédé semblable à celui qui fit donner à Faléries le nom de Colonia Junonia (voy. *Die Etrusk.*, t. II, p. 57 et 58). M. Gerhard suppose également que Saturne a des droits au panthéon étrusque comme dieu lançant la foudre (*Gottheiten der Etrusker*, p. 23). Varron rapportait, dans son sixième livre sur les édifices sacrés, comme nous l'apprend Macrobe, que c'était le premier roi d'origine étrusque, Tarquin l'Ancien, qui avait ordonné la construction d'un temple à Saturne dans le Forum (*Saturn.*, l. I, c. 8). — Quant à Mars, voy. Servius, ad *Æn.*, l. VIII, v. 429. Une agrafe d'or du musée Grégorien, porte en caractères étrusques le nom du Mars Sabin ᛦᛟᛆᛖᛗᚼᛖ (*Mamers*). Voy. *Bull. dell' Ist. arch.*, 1846, p. 11. On trouve plusieurs fois le nom de ᛆᛐᛟᚼᛗ dans les tables eugubines.

(3) On a identifié plus tard l'Hercule italiote avec l'Hercule grec, mais à tort, selon nous. L'Hercule des races italiques, dont le nom paraît venir du vieux mot *hercere*, enclore, dont l'usage s'est con-

La Voltumna de Volsinies, espèce de Pomone étrusque qui paraît se confondre, ou tout au moins s'allier avec Vertumnus, dieu des fruits et des jardins (1); le double Janus, qui ouvrait les portes du ciel et de l'année (2); Nortia, le sort ou la fortune, dans le

---

servé dans la langue du droit (voy. Mommsen, *Die unteritalischen Dialekte*, p. 262), semble avoir été d'abord un dieu champêtre, gardien de l'enclos et de la maison. « Par sa nature et son rôle, dit M. Bréal, il se rapproche du dieu Terminus et de la déesse Horta, et plus encore des dieux pénates. Sur son autel, qu'il partage avec Silvanus, on offre les prémices des champs, des troupeaux et de la vigne. C'est de cet Hercule, et non de l'*Heracles* grec, que parle sans doute Denys d'Halicarnasse, quand il dit qu'il est adoré dans toute l'Italie, et que partout on y rencontre ses autels et ses temples. » (*Hercule et Cacus, étude de mythologie comparée*, p. 51 et suiv.) Les deux divinités, toutefois, ne tardèrent pas à se pénétrer si intimement, que nous trouvons représentés sur les monuments d'antiquité figurée appartenant à l'Étrurie les différents mythes ou figures de l'Hercule hellénique. C'est le dieu dont le nom figure le plus souvent sur les miroirs. La tradition, qui faisait d'Héraclès le père de Tyrrhénus, avait probablement favorisé cette adoption du mythe grec par les Étrusques. On lit sur les miroirs tantôt ƎVƆꓯƎ (Gerhard, *Et. Sp.*, pl. CXXV, CXXVII, CXXVIII), tantôt ΘEDKVLE (CXXXIV), tantôt ƎVƆꓯƎ (CXL, CXLI, CXLII, CXLVII, CLV, CLVI, CLVIII, CLXIV, CLXV, CLXVI). Quant aux représentations d'Hercule armé du foudre, v. Gerhard (*Gottheiten der Etrusker*, p. 23).

(1) Properce donne à Vertumne une origine étrusque, lorsqu'il lui fait dire :

Tuscus ego, et Tuscis orior, nec pœnitet inter
 Prælia Volsanos deseruisse focos (IV, élég. 2).

Cf. Gerhard (*Gottheiten der Etr.*, p. 31). Le nom de ANƆYƆꓶꓱꓶ découvert récemment sur une inscription de Soana (voy. Dennis, t. I, p. 499) pourrait être la forme étrusque de Voltumna.

(2) Postea captis Phaleris civitate Thusciæ, inventum est simulacrum Iani cum frontibus quatuor (Servius ad *Æn.*, VII,

temple de laquelle on enfonçait les clous destinés à marquer le cours du temps (1); tels sont peut-être les autres divinités formant l'ensemble des douze dieux *consentes*.

Nous avons parlé plus haut de la déesse Féronia (2). Le culte des Cabires arriva peut-être en Étrurie par les Tyrrhéniens pélasges (3). APLU ou Apollon, TURAN ou Vénus, TURMS ou Mercure, PHUPHLUNS ou Bacchus, NETHUNS ou Neptune, les Dios-

---

608). Cf. Joh. Lydus, *De Mens.*, IV, Januar. 2, p. 56, où l'on voit que, d'après Varron, Janus représentait le ciel chez les Étrusques. Sa double tête se trouve figurée sur les *dupondi* de Volterra. Cf. Macrobe, *Sat.*, I, 9, qui parle aussi du Janus quadrifrons de Faléries : il avait été apporté à Rome et se trouvait au Forum de Domitien. MM. Creuzer, Buttman, Böttiger, O. Müller, Hartung, Ambrosch, Klausen, ont étudié à des points de vue différents le Janus des Latins ou des Étrusques. On peut voir, dans une note savante de MM. Guigniaut et Alf. Maury, sur la véritable origine de ce dieu et les usages qui se rattachaient à son temple, à Rome, un résumé des différents travaux auxquels ce sujet a donné lieu (*Religions de l'ant.*, t. II, 3ᵉ part., pp. 1208, 1216).

(1) Voyez, plus haut, p. 191. M. Gerhard (*Ueb. die met. Spieg. der Etr.*) croit reconnaître dans Nortia une déesse pélasgique dont le culte se serait transmis des Ombriens aux Étrusques. Du reste, ce rapprochement du culte ombro-sabellien avec celui de l'Étrurie ressort évidemment des notions que nous avons sur plusieurs divinités italiques communes aux deux races.

(2) Voy. p. 268. Sur HORTA? voy. Plut., *Quæst. Rom.*, 46.

(3) Voy. sur l'incertitude où l'on est, relativement au culte des Cabires en Étrurie, et sur la confusion fréquente, à ce sujet, chez les anciens, entre les Tyrrhéniens pélasges et les Étrusques, Otf. Müller, l. III, c. III, § 10. M. Gerhard croit reconnaître dans les trois têtes qui sont représentées sur l'ancienne porte de Volterra, qu'on appelle la *Porta del arco*, les trois Cabires qu'on adorait à Lemnos (*Gotth. der Etrusk.*, p. 13).

cures, passèrent probablement de la Grèce en Italie : quoi qu'il en soit, les rapports constants qui firent adopter par l'art étrusque presque tous les sujets de la mythologie grecque, rendent difficile la tâche de fixer la part des croyances primitives de l'Étrurie (1).

---

(1) On rencontre, comme forme étrusque d'Apollon, ΗVͿ1Α, Vͽ1Α, VͿVͽ1Α (voy. *Mon. inéd. de l'Inst. arch.*, t. I, pl. LVI, A; Inghirami, II, 1ʳᵉ partie, tav. XXXIII, *Ann. dell' Ist. arch.*, 1852, p. 114. Cf. Fabretti, *Gloss. ital.*, s. v.). — Apollon, comme dieu solaire, apparaît sous la forme ͽIMV, *Usil*, dans un miroir étrusque (*Mon. inéd. de l'Inst. arch.*, t. II, tav. LX). — La forme étrusque de Vénus est ΗΑϘV†, *Touran*. Cf. Gerhard, *Etrusk. Spieg.*, pl. CXI, CXV, CXCVII, CXCVIII; *Ann. dell' Istit. archeol.*, 1851, p. 153, et tav. d'agg. M; 1845, p. 209, 356, 398; *Bull.*, 1848, p. 168; Inghirami, t. II, 1ʳᵉ part., tav. XV, et 2ᵉ part., tav. XLVII, etc. — On lit dans Macrobe que Statius Tullianus, dans le premier livre de son vocabulaire, rapportait un passage de Callimaque d'où il ressortait que les Étrusques surnommaient Mercure *Camillus* (*Saturn.*, l. III, c. 8). Cependant le nom que porte Mercure sur les miroirs étrusques est MMϘV†, *Turms*; il est quelquefois appelé MΑ†IΑ MMϘV†, *Turms-Aitas*, lorsqu'il remplit les fonctions de dieu psychopompe, comme sur le miroir de Tirésias du musée Grégorien (voy. t. I, tav. XXXIII, 1; *Mon. inéd.*, t. II, tab. XXIX, et Gerhard, *Etr. Spieg.*, Taf. CCXL). — Plusieurs miroirs ont démontré que la forme étrusque de Bacchus est ϿΗVͽ8V8, *Phuphluns*, nom qu'on a voulu rapprocher de celui de la ville de Populonia, en étrusque *Pupluna* (voy. Micali, *Ant. pop. ital.*, t. III, p. 173, et Gerhard, *Ann. dell' Ist.*, 1833, p. 193; cf. *Gotth. der Etrusk.*, p. 29). — On a hésité à admettre Neptune parmi les dieux de l'Étrurie : une ancienne tradition, rapportée par Servius, fait cependant d'Alesus, fils de Neptune, l'ancêtre d'un roi de Véies (*ad Æneid.*, l. VIII, 285). Neptune occupe aussi une place parmi les pénates d'Étrurie, d'après un passage de Nigidius rapporté par Arnobe (l. III, p. 123, éd. de Leyde, 1651). Otfried Müller a fait observer avec raison que, si le Neptune des Latins n'appartient pas précisément, malgré l'autorité douteuse de ces anciennes légendes, à la théogonie des Étrusques, il n'en est pas moins probable que ce peuple marin avait admis dans son panthéon

§ IV.

Ce qui semble appartenir plus particulièrement à la cosmogonie des Étrusques, c'est tout un système d'esprits intermédiaires entre le ciel et la terre; c'est la théorie des génies, messagers du ciel, invisibles gardiens des hommes, émanés des dieux et transmettant l'émanation divine à l'âme humaine. Leur his-

---

un dieu de la mer (*Die Etrusk.*, l. III, c. III, § 4, t. II, p. 55). Le nom de Neptune se trouve exprimé sous la forme ?HVOƎH, *Nethuns*, dans un miroir du musée Grégorien (voy. *Mon. inéd.*, t. II, tav. LX, et Gerhard, *Etr. Spieg.*, Taf. LXXVI. Cf. Panofka, *Ann. dell' Ist. arch.*, 1845, p. 66). — La forme la plus habituelle du nom des Dioscures, sur les miroirs, est OVT?AH, *Castur*, et ƎKVtJV1, *Pultuke* (voy. Gerhard, *Gotth. der Etrusk.*, p. 2, 22, 46; Inghirami, t. II, part. 2, tav. XLVIII, LIV, LXXI). On a cru reconnaître aussi les Dioscures assistant, sous les noms de ƎVAƎ(1, *Préalé*, et HAJAJ, *Lalan*, à la naissance de Minerve, sur un miroir décrit par M. Braun dans les *Ann. dell' Ist. arch.*, 1851, tav. d'agg. GH. — AJAJ ou LOZNA se trouve sur des miroirs étrusques, à côté de figures accompagnées d'un croissant et semblant personnifier Diane ou la Lune (voy. Lanzi, t. II, tav. VIII, 6; Gerhard, *Etr. Spieg.*, Taf. CLXXI, et II, 7). — On trouve aussi sur les miroirs: ?INVTA (*Adonis*); Ɨ?◁Ǝⴲ (*Persée*); mais il règne encore une grande incertitude, ainsi que l'a fait observer M. de Witte, sur le sens des noms que présentent les monuments étrusques, toutes les fois qu'on ne peut les rapporter à des sujets connus de la mythologie grecque; et, d'autre part, ajoute ce savant, nous voyons des personnages, parfaitement grecs pour la forme extérieure, porter des noms qui s'éloignent tout à fait des noms helléniques. Dans cette catégorie, on peut ranger (outre quelques-uns de ceux que nous venons de nommer) HAꙅƎO, *Thesan*; ItAHAⴲIT, *Tiphanati*; OVƎ1Ǝ, *Epeur*; ⴲ?IOJV1, *Pulthisph*; OAHƎH?, *Snenath*; OMIƎJ, *Leinth*, etc. (voy. de Witte, sur les représentations d'Adonis, *Ann. dell' Ist. arch.*, 1845, p. 398, 399).

toire se lie intimement à celle des Pénates, des Lares, des Mânes, des divinités du monde souterrain. Il nous faut étudier ensemble toute cette partie de la discipline religieuse des anciens, pour chercher à extraire des éléments confus de la démonologie romaine ce que Rome avait emprunté à l'Étrurie.

Les Pénates étaient les dieux qu'on adorait dans le *penus,* c'est-à-dire dans l'endroit situé au centre de la maison où se conservaient les provisions nécessaires à la subsistance de la famille. Ils semblent donc avoir pour mission de veiller à la prospérité de la vie matérielle et intime, dont ils étaient les gardiens fidèles ; mais rien n'oblige à croire qu'ils aient formé une classe particulière parmi les dieux du polythéisme italiote. Il est probable que chacun choisissait, pour s'adresser à eux comme protecteurs du foyer, quelques-uns des dieux admis dans le panthéon national, et tout au plus peut-on espérer de connaître le nom de ceux qui étaient regardés comme les pénates publics de telle ou telle cité. Nigidius, cité par Arnobe (*Adv. gent.*, III, 40), dit que dans la discipline étrusque les Pénates étaient divisés en quatre classes : pénates émanés de Jupiter, pénates émanés de Neptune, pénates appartenant aux divinités chthoniennes ou inférieures, pénates appartenant à la race des hommes. Otfried Müller a cru voir dans cette division allégorique la croyance que les esprits protecteurs de la famille pouvaient appartenir également à l'air, à l'eau, à la terre ou aux âmes des défunts (1). Cæsius, dont Arnobe nous fait aussi connaître l'opinion, a voulu sans doute parler des pénates publics de l'Étrurie lorsqu'il nomme, d'après la discipline étrusque, la Fortune (Nortia), Cérès, Palès, et le génie de Jupiter, *Genius jovialis* (2).

Nous arrivons ainsi à l'une des conceptions les plus spiritualistes de la théogonie compliquée qui eut cours en Étrurie. Le génie, création gréco-asiatique dont le nom étrusque est perdu, et dont il n'est resté que la traduction latine, est défini par Varron comme le dieu qui préside à toute génération (3). Anfustius, auteur inconnu cité par Festus (4), est tout à la fois plus explicite et plus bref : « Le Génie, dit-il, est fils des dieux, créateur des hommes. » On reconnaît l'Étrurie à cette définition : elle doit être empruntée aux livres qui renfermaient les prescriptions de sa discipline, car son grand législateur, Tagès, petit-fils de Jupiter dans les plus vieilles traditions étrusques, est fils du *Genius jovialis* : ainsi ressort de quelques paroles l'ordre philosophique du système où les Étrusques avaient compris l'ordonnance du monde et le mystère de la création. Pour eux Tinia ou Jupiter est le père des âmes ; il les unit au corps par le souffle du

---

(1) *Die Etrusker*, l. III, c. IV, § 4.
(2) Arn., *Adv. gent.*, III, 40.
(3) Saint Augustin, *De civ. Dei*, VII, 13.
(4) S. v. *Genius*.

génie; cette divine intelligence anime la matière et lui donne la vie. Tout ce qui vit et meurt se trouve donc protégé par les grands pénates de l'Étrurie, tels que nous les citions tout à l'heure d'après Cæsius : Nortia, ou la Fortune, préside à toutes les destinées; Cérès et Palès, divinités des moissons et des troupeaux (dont les noms romains ne sauraient être ici qu'une traduction de l'étrusque), apportent la bénédiction aux plantes et aux animaux; enfin, le *Genius jovialis* protége la couche nuptiale, et perpétue les familles par la naissance de l'homme, dont l'âme est une émanation de la divinité.

Les Lares ou Lases, qui jouent un rôle si important dans les anciennes religions de l'Italie, qui peuplent le monde romain, qu'on trouve partout, au foyer de la famille, dans la ville, à la campagne, sur les routes, dans les carrefours, *Lares familiares, urbani, rurales, viales, compitales,* etc., les Lares ont, sans aucun doute, fait partie de la cosmogonie étrusque. Leur nom seul semble le prouver. Larth ou Laris est un nom et un titre d'honneur que l'on rencontre fréquemment sur les inscriptions funéraires de l'Étrurie. On lisait, d'ailleurs, dans les livres achérontiens qui faisaient partie de la doctrine de Tagès, que les âmes humaines pouvaient, en vertu de certaines expiations, participer à l'essence des dieux, et sous le nom de *dii animales,* ou âmes divines, prendre place parmi les Pénates et les Lares (1). Ainsi s'accomplissaient, dans les croyances de l'Étrurie, les mystérieuses destinées de l'âme humaine. Le *Genius jovialis*, après l'avoir recueillie comme une émanation de la divinité, lui donnait entrée dans la vie ; puis, quand la mort venait séparer de la matière ce souffle divin, l'âme, éprouvée par les sacrifices ou l'expiation, pouvait retourner parmi les dieux, et comme pénate elle remontait au rang où le *Genius jovialis*, ainsi que nous l'avons vu, était placé lui-même (2).

Avant de quitter les Lares, il nous faut dire quelques mots de divinités, ou génies femelles, encore bien peu étudiées, mais qui semblent tout particulièrement étrusques ; espèces de parques ou interprètes du destin que nous ont fait connaître les miroirs, source précieuse de renseignements sur la théogonie des Toscans. Nous voulons parler des *Lasæ*, dont le nom paraît se rattacher aux Lares ou Lases, bien qu'on ait voulu y retrouver aussi le nom poétique du destin chez les Grecs, Αἶσα. Le rôle énigmatique assigné à ces génies, sur les différents monuments d'antiquité figurée où nous les avons trouvés jusqu'à pré-

---

(1) Servius ad *Æn.*, III, 168 et 302. Cf. Fabretti, *Gloss. Ital.*, s. v.
(2) Hésiode, dans son poëme *des Travaux et des Jours*, exprime déjà cette croyance consolante : « Les hommes de l'âge d'or, dit-il, devinrent après leur mort des génies terrestres, protecteurs et gardiens tutélaires des mortels. Voilés d'un nuage épais, ils parcourent la terre en répandant l'abondance (vv. 120-125). »

sent, semble devoir les faire comprendre au nombre de ces êtres d'une essence intermédiaire qui servaient de lien entre l'homme et la divinité (1).

D'après Apulée, qui, dans son Traité du dieu de Socrate, parle de plusieurs traditions étrusques et semble avoir puisé à de bonnes sources, l'âme dont on ne connaît pas le sort, et qui ne peut être comptée ni parmi les *lares*, divinités bienfaisantes, ni parmi les *larves*, âmes errantes privées d'un séjour heureux, porte le nom de *mâne* (2). Tandis que les Lares et les Pénates (ces derniers considérés comme âmes humaines) ont quitté le séjour des ténèbres, les Mânes y restent confinés et n'en sortent que trois jours par

---

(1) Les *Lasæ* portent différents noms sur les monuments où elles sont représentées. Ainsi, par exemple : *Lasa vecu* (V>∃⏉ A⸱A⸱), *Etrusk. Sp.*, pl. XXXVII; — *Lasa thimrae* (⸱AO⸱I◊ A⸱A⸱), pl. CLXXXI, et de Witte, Catalogue Durand, n° 1972; — *Lasa racuneta* (AT⸱NV⸱A⸱ A⸱A⸱), *Etr. Sp.*, pl. CLXXXI; — *Lasa sitmica* (A⸱I⸱TI⸱ A⸱A⸱), *Etr. Sp.*, pl. CXV. — Une divinité à peu près semblable figure sous le nom de NA∃M, *Méan*, dans d'autres miroirs étrusques (pl. LXXXII, CXLI, CXLII). Cf. ce que dit M. Gerhard des *Lasæ* (*Gotth. der Etr.*, p. 16). Plusieurs de ces génies femelles se trouvent encore figurés sur des miroirs, sans être ainsi accompagnés de noms (voy. Gerhard, planch. XXXI-XXXVI et pl. XLII-XLIV). Dans un article sur les miroirs étrusques, M. Braun a cru voir une certaine analogie entre les *Lasæ* et d'autres génies mâles qui sont représentés par couple sous le nom de ⸱I⸱A⸱, *Maris*, tels que *Maristhalna* et *Maristhusrnana* (*Etr. Sp.*, pl. CLXVI), ou *Maristuran* (*Ann. arch.*, 1851, p. 150-152, et tav. d'agg. L).

(2) *De deo Socratis* : « Quum vero incertum est, quæ cuique eorum sortitio evenerit, utrum Lar sit an Larva, nomine Manem deum nuncupant. »

an (1); ils s'élèvent du monde inférieur par une ouverture (*mundus*) que refermait pendant le reste de l'année la pierre des mânes, *lapis manalis*.

Nous arrivons, par le séjour des ténèbres où résidaient les mânes, jusqu'aux dieux infernaux et hostiles. A en juger par les monuments, ils ont un rôle important dans la religion de l'Étrurie, et lui donnent ce caractère de tristesse qui y domine. En effet, la fréquence des sacrifices expiatoires, la crainte de la fascination, la terreur qu'inspiraient les prodiges, les phénomènes célestes ou les grands accidents de la nature, donnent à cette religion un caractère fatal et menaçant. Un rigorisme cruel conduisait les Étrusques, ainsi qu'il arrive toujours, aux plus sombres superstitions. Si la doctrine enseignée par les rituels faisait espérer que quelques âmes délivrées du monde inférieur pouvaient remonter vers les dieux bienfaisants, c'était au prix de cruelles expiations. A défaut de textes, nous le voyons sur les peintures ou les sarcophages des nécropoles étrusques. Des démons représentés sous des traits effrayants, armés d'épées ou de lourds marteaux, des furies, la torche à la main, poursuivent ou entraînent les âmes qui cherchent à leur échapper ou à les attendrir par leurs prières.

---

(1) Ces trois jours sont cités par Ateius Capito, d'après les Livres pontificaux (Festus, s. v. *Mundus*) : c'était le jour des Vulcanalia, ou le III des kalendes de septembre, le III des nones d'octobre et le VI des ides de novembre.

Quelquefois les mauvais esprits lèvent leur arme comme pour frapper, tandis que la victime les implore à genoux; puis, souvent, ce sont des génies, l'un blanc, l'autre noir, représentant les deux principes du bien et du mal, qui luttent entre eux pour la possession de l'âme en détresse, ou, attelés au même char, l'entraînent vers la porte du monde souterrain gardé par l'esprit du mal armé de son maillet, pour qu'elle soit jugée sans doute par le souverain de l'enfer (1).

Mantus et Mania, les deux grandes divinités infernales, semblent avoir joué le même rôle que Pluton et Proserpine chez les Romains. Mantus, roi des enfers, est représenté comme une divinité ailée, portant une couronne sur la tête, une torche ou des clous à la main (2). Nous n'avons pas de représentation authentique de Mania, la mère des mânes, la cruelle déesse à laquelle on immolait des enfants sous le règne de Tarquin, s'il faut en croire Macrobe (3). Peut-être devons-

---

(1) Voyez, entre autres, le tombeau appelé *Grotta del Tifone*, et celui qu'on nomme *Grotta del Cardinale*, à Tarquinies, dont les peintures ont été en partie reproduites par Mrs Gray (*Sep. of Etruria*), Micali (*Ant. pop. ital.*); *Mon. ined. Inst. arch.* (t. II, tav. 5), Canina, *Ant. Etr. marit.*, etc. Cf. les descriptions données par M. Dennis (*Cemeteries of Etruria*, t. I, p. 302-323).

(2) M. Gerhard a donné, dans son traité sur les dieux de l'Étrurie, deux figures gravées sur des urnes appartenant au musée de Volterra et dont la couronne semble indiquer qu'elles représentent le roi de l'enfer des Étrusques (*Gottheit.*, pl. VI, 2, 3).

(3) *Sat.*, I, 7. Cf. Martian. Capell., *De Nupt.*, II, p. 40. — « Mania

nous la reconnaître dans quelqu'un de ces démons femelles prenant part aux scènes de tourments et de supplices. Ce serait, dans l'opinion d'Otfried Müller, après l'introduction de l'élément grec qui modifia de bonne heure les croyances étrusques, que le roi des enfers, Mantus, se confondit avec le nocher du Styx, conducteur des âmes, et que le nom de CHARUN peut se lire sur les monuments, comme celui de ce démon hideux armé du marteau dont les représentations sont si fréquentes en Étrurie (1).

En résumé, dieux voilés, inconnus, habitant les profondeurs du ciel; dieux créés et mortels, réglant l'ordre matériel de l'univers, parlant aux hommes et leur annonçant les arrêts du destin par la voix du tonnerre, le vol des oiseaux ou les entrailles des victimes; esprits médiateurs et bienfaisants, chargés de

---

avia materve Manium, » dit Festus. Varron et Arnobe appellent Mania la mère des Lares (*De l. l.*, IX, 61; *Adv. gent.*, III, 41). Les Frères Arvales lui sacrifiaient, sous ce titre, deux brebis : LARI-BVS. VERBECES. DVOS. MATRI. LARVM. OVES. DVAS (Marini, *Fr. Arv.*, tav. XXXII).

(1) ᕗᑎAᐁ ou NᐯᑎAᑐ. — Voyez le mémoire du Dr Ambrosch : *De Charonte etrusco*; et cf. l'article du Dr Braun (*Ann. Inst. arch.*, 1837, p. 269) : le premier faisant dériver cette conception bizarre de l'Égypte, d'où elle aurait passé en Grèce, puis en Étrurie, avec les doctrines orphiques; le second y voyant une émanation des croyances cabiriques. On peut voir la représentation du Charun étrusque sur la pl. XXI de notre atlas. Dans les combats des gladiateurs, à Rome, l'esclave chargé d'enlever de l'arène les cadavres des combattants qui avaient succombé apparaissait aux yeux des spectateurs sous le costume de cette divinité infernale.

veiller sur la création et sur l'homme qui peut, après la mort, entrer dans leurs phalanges ; dieux infernaux, avec leur nombreux cortége d'esprits des ténèbres, cherchant à entraîner ou à retenir dans le monde inférieur les âmes qui veulent s'en échapper pour remonter vers le principe divin dont elles sont émanées : telle est l'idée qu'on peut se former de la cosmogonie des Étrusques, d'après les textes ou les monuments qui nous restent. Quant à déterminer les conséquences qu'on doit en tirer à propos de l'origine si controversée de l'Étrurie, il semble que l'idée monothéiste, particulière aux Sémites, se rattacherait difficilement, même dans les profondeurs d'une antiquité reculée, à une mythologie complexe qui emprunte de toutes mains. Sources védiques, dualisme de la Perse, sombre mysticisme des Celtes, génie poétique de la Grèce, croyances italiotes, se retrouvent parmi les conceptions religieuses des Étrusques, et il semble, d'autre part, qu'à travers l'immense réseau de ces complications, aucun peuple riverain de la Méditerranée n'ait porté plus loin l'esprit théocratique si développé dans la race de Sem.

§ V.

Si nous avons cru devoir exposer avec quelques détails, dans le tableau que nous nous proposions de tracer, l'ensemble des croyances de l'Étrurie, c'est qu'elles ont dominé tout le système de la civilisation dans cette contrée et se sont reflétées dans les arts, dans la politique, dans les habitudes de la vie. Commentée par une aristocratie sacerdotale qui avait le dépôt de la science compliquée des rituels, des livres du destin, des livres des aruspices, des livres fulguraux, des livres de Tagès, des livres achérontiens, et qui se servait de ce dépôt probablement au profit de son pouvoir, la religion dut perdre promptement le caractère de grandeur qu'avaient pu lui donner quelques conceptions spiritualistes venues de l'Orient. On gouverna au nom des dieux, et la minutieuse interprétation de leur volonté courba l'Étrurie sous la parole des pontifes. Tout était signe ou présage. Nous avons vu quelles minutieuses prescriptions accompagnaient la fondation d'une ville et l'érection de ses murailles ou de ses temples. Il n'est pas jusqu'aux armées en marche dont le camp ne fût indiqué chaque soir d'après les règles et l'art des aruspices. C'étaient eux aussi qui délimitaient les champs et garantissaient la propriété par les lignes mystérieuses que le bâton augural traçait selon les rites qui devaient mettre la terre en rapport avec le ciel. De la divination naquit le droit privé comme le droit public.

Il y a une justice à rendre aux pontifes de l'Étrurie, c'est de constater la solidité des remparts élevés sous leurs auspices. Un peuple qui ne reconnaissait rien de stable, qui prédisait la fin des nations, des empires et des dieux, semble avoir bâti pour l'éternité. Les murailles d'un grand nombre de cités sont encore debout pour rendre témoignage de l'art avec lequel leurs énormes assises sont taillées et ajustées sans ciment. L'hygiène des habitants, la propreté, les services de voirie, étaient assurés par un système compliqué d'égouts dont on a retrouvé la trace partout où on a pu faire les fouilles nécessaires, et dont nous verrons un exemple remarquable dans la *cloaca maxima* construite à Rome sous les Tarquins. Quant aux constructions particulières, aux temples, aux édifices publics, ils ont disparu. Tout ce que nous savons, c'est que l'Étrurie fut la première à donner en Italie quelque élégance aux constructions de bois qui précédèrent tout autre mode de bâtisse; qu'elle enseigna aux races latines ou sabelliques à élever des colonnes, à orner les tympans de groupes en terre cuite, à décorer de moulures les architraves ou les impostes. Le plus ancien ordre d'architecture fut appelé par les Italiotes l'ordre toscan, et les auteurs qui ont écrit sur cette branche de l'art nous parlent de la *ratio tuscanica*, du *caveum ædium tuscanicum*.

C'est dans les villes des morts qu'il faut maintenant aller chercher l'image des lieux habités par les vivants. Les rochers de Bomarzo, de Castel d'Asso, de Bieda, de Soana, taillés en façades d'édifices, les cryptes de Tarquinies, de Cære, de Chiusi, de Volterra, avec leurs murailles peintes, leurs pilastres, leurs plafonds découpés, leurs portes encadrées, nous ont appris plus de choses sur l'architecture de l'antique Étrurie que Vitruve n'en avait enseigné aux Romains de son temps. A mesure que la confédération étendait son influence en Italie et que s'élevaient ses cités, l'aspect du pays se modifiait par la présence d'une race laborieuse, tenace, dont le sombre fatalisme ne cédait pas mollement aux obstacles, mais luttait contre les forces de la nature pour les dompter. Les travaux des Étrusques ont un caractère de grandeur et d'utilité générale que l'on ne rencontre pas toujours chez les peuples de l'antiquité qui ont laissé le plus de traces de leur passage sur la terre. Ils ne taillaient pas des obélisques ou des pyramides comme les Égyptiens, mais ils arrêtaient les inondations, creusaient des canaux, emprisonnaient les fleuves. Dans les Maremmes comme dans le delta du Pô, nous les avons vus contenir les eaux, assainir le terrain, détruire, par un véritable drainage, les miasmes qui résultent de l'humidité du sol sous un soleil ardent. Partout ils opposaient à l'ennemi leurs solides murailles, à la fièvre leur système d'endiguements et de canaux souterrains; partout ils animaient par une culture florissante de vastes plaines, rendues, depuis la chute de l'Étrurie, à la solitude et à la *mal' aria*.

Une preuve incontestable du développement hâtif de la civilisation chez les Étrusques, c'est la réputation de marins habiles qui leur est accordée par les plus anciennes traditions. La marine, alors même qu'elle est dans l'enfance, suppose un grand développement de forces, de hardiesse, et le concours de plusieurs industries. Reconnaître que les Étrusques avaient su créer des abris sur les côtes découvertes ou les rades foraines de la Toscane ; qu'ils assemblaient les bois, les toiles, les métaux nécessaires à la construction ou à l'armement des galères tyrrhéniennes ; qu'ils forgeaient les ancres ou les grappins redoutables dont on leur attribuait l'invention ; qu'ils allaient faire le commerce ou porter la terreur du nom toscan jusque dans les mers de l'Asie antérieure, c'est leur donner bien certainement la première place dans l'histoire de la civilisation italique.

Que leurs arts ne fussent pas, dans les temps primitifs, ce qu'ils sont devenus depuis leur contact avec la Grèce, c'est ce qui résulte évidemment de la comparaison de leurs monuments à différents âges : et, cependant, il y a certains travaux auxquels ils ont apporté, dès l'époque la plus archaïque, une perfection qui leur est propre. Telle a été, par exemple, cette habileté à travailler le métal qui n'empruntait rien à l'hellénisme, puisque les Grecs eux-mêmes ont recherché les bronzes ou les bijoux travaillés en Étrurie.

On peut voir depuis quelques années dans les musées de l'Europe des parures, anneaux, boucles d'oreilles, couronnes, bracelets, colliers, où l'or, l'émail, les pierres gemmes, sont mis en œuvre avec la plus rare précision. Jamais l'art du joaillier n'a été plus loin. Composés par pièces rapportées et par superpositions, non-seulement ces bijoux affectent des formes pures, mais ils offrent l'exemple de la plus grande perfection qu'on puisse atteindre dans la fabrication. Les soudures en sont si délicates qu'il n'en reste aucune trace perceptible à l'œil et qu'on ne saurait découvrir quels étaient les agents chimiques assez puissants pour assembler des pièces d'une semblable ténuité. Or, si quelques-unes de ces charmantes compositions se rapprochent, par le goût ou l'élégance du dessin, des modèles empruntés à la Grèce, il en est d'autres qui ne rappellent que l'Asie, et nous en avons rencontré nous-mêmes dans des hypogées appartenant aux époques les plus primitives, entourées de vases dont le caractère archaïque excluait toute idée d'hellénisme.

Modeler l'argile a été aussi l'un des premiers arts cultivés en Étrurie. Les vases noirs à figures en relief de Véies ou de Clusium, les poteries rouges d'Arretium, furent probablement en usage dès les premiers temps de la civilisation étrusque. Nous verrons Tarquin le Superbe faire travailler à Véies, par des ouvriers du pays, le quadrige en terre cuite qui fut placé sur le sommet du temple de Jupiter au Capitole et qui faisait partie des sept trésors, saintes reliques dont la conservation était essentielle au salut de la cité. La statue du dieu était due elle-même à un artiste étrusque (1). Sans doute on ne saurait reconnaître encore dans ces anciennes représentations plastiques l'intelligence des lois anatomiques du corps humain qu'on remarque dans le style le plus archaïque des artistes grecs. Les formes en étaient roides, les positions forcées, les proportions sans justesse. Toutefois on peut constater que, dans les monuments où l'exagération de ces défauts prouve une origine complétement étrusque, il y a souvent une perfection de détails, une naïveté de conception, une vérité dans le modelé des parties accessoires qui suffisent pour constituer un art national.

---

(1) Voyez Pline, XXVIII, 4; XXXV, 45; Vitruve, III, 3; Cicéron, *de Divin.*, I, 10. Cf. Clém. d'Alex., *Strom.*, I, p. 306. Perse, en parlant du luxe de Rome, dit que l'or a remplacé l'argile des Toscans :

> Aurum vasa Numæ, Saturniaque impulit æra,
> Vestalisque urnas et *Tuscum fictile* mutat (*Sat.*, II, v. 60).

Juvénal parle aussi de la poterie étrusque, lorsqu'il dit, dans sa onzième satire :

> Ponebant igitur Tusco farrata catino.

Pline affirme explicitement que l'art du modeleur vient surtout de l'Étrurie : « Elaborata hæc ars Italiæ et maxime Etruriæ » (XXXV, 45). « Retinet hanc nobilitatem et Arretium in Italia, » dit encore le même auteur. Toutefois la poterie rouge d'Arezzo, aux formes gracieuses et d'une pâte légère, mais d'une teinte unie, n'était pas recherchée à l'égal des vases peints : c'était la poterie usuelle. « Sic Aretinæ violant crystallina testæ, » dit Martial (l. I, 54), qui ajoute autre part :

> Aretina nimis ne spernas vasa monemus :
> Lautus erat Tuscis Porsena fictilibus (XIV, 98).

Nous allons entrer maintenant dans l'histoire des rapports ou plutôt de la lutte des Romains avec l'Étrurie, c'est-à-dire dans la phase véritablement historique des annales de la triple confédération. Ce que les chroniqueurs nous racontent avec la sécheresse et le dédain que les annalistes de Rome montrent le plus souvent pour les vaincus, nous pourrons peut-être l'étudier plus profondément à l'aide des monuments récemment découverts : ils commentent les textes qui ne s'occupent que des faits extérieurs, et ce qu'il aurait été impossible d'entreprendre il y a cinquante ans, nous oserons le tenter aujourd'hui. Suivons le développement de la puissance étrusque à l'époque des rois et dans les premiers temps de la république. Nous verrons son influence arriver à son apogée, nous verrons sa civilisation se modifier et s'épanouir chaque jour au contact des arts de la Grèce, jusqu'à ce que l'affaiblissement causé par le luxe, la rivalité des villes, la haine des partis, la jalousie des classes inférieures, aient livré l'Italie à cette race latine qui devait dominer le monde.

FIN DU TOME PREMIER.

TABLE DES CHAPITRES

DU TOME PREMIER.

	Pages.
INTRODUCTION	I
PREMIÈRE PARTIE. — LES MAREMMES.	1
DEUXIÈME PARTIE. — LES ÉTRUSQUES.	99
CHAPITRE PREMIER. Origines.	99
CHAPITRE II. Formation de la confédération des douze cités.	149
CHAPITRE III. La confédération des Étrusques dans les plaines du Pô.	205
CHAPITRE IV. Les Étrusques en Campanie.	241
CHAPITRE V. Premières relations commerciales de l'Étrurie. — Commerce maritime et commerce intérieur. — Constitution politique.	252
CHAPITRE VI. Système religieux des Étrusques et premier développement des arts en Étrurie.	278

FIN DE LA TABLE DU TOME PREMIER.